Die Verschwiegenheitsverpflichtung von
Aufsichtsratsmitgliedern in gemeindlichen Unternehmen

Europäische Hochschulschriften Recht

European University Studies in Law

Publications Universitaires Européennes de Droit

Band/Volume **6802**

Janina Helde

Die Verschwiegenheitsverpflichtung von Aufsichtsratsmitgliedern in gemeindlichen Unternehmen

Zugleich ein Beitrag zum
Informationsfluss zwischen den
Organen der Unternehmen
und denen der Gemeinde

PETER LANG

Berlin - Bruxelles - Chennai - Lausanne - New York- Oxford

Bibliografische Information der Deutschen Nationalbibliothek
Die Deutsche Nationalbibliothek verzeichnet diese Publikation in der Deutschen
Nationalbibliografie; detaillierte bibliografische Daten sind im Internet über
http://dnb.d-nb.de abrufbar.

ISSN 0531-7312
ISBN 978-3-631-91512-7
E-BOOK 978-3-631-91522-6
E-PUB 978-3-631-91523-3
DOI 10.3726/b21591

© 2024 Peter Lang Group AG, Lausanne
Verlegt durch:
Peter Lang GmbH, Berlin, Deutschland

info@peterlang.com www.peterlang.com/

Vorwort

Die vorliegende Arbeit wurde im Wintersemester 2023/2024 von der Juristischen Fakultät der Eberhard Karls Universität Tübingen als Dissertation angenommen. Literatur und Rechtsprechung wurden bis einschließlich Dezember 2022 berücksichtigt.

Besonderer Dank gebührt meiner Doktormutter Frau Professorin Dr. Barbara Remmert für Ihre geduldige und fachkundige Betreuung meines Vorhabens. Weiter danke ich Frau Professorin Dr. Christine Osterloh-Konrad für die zügige Erstellung des Zweitgutachtens. Den Anstoß, mich mit dem Gegenstand der Arbeit zu befassen, gab mir der leider viel zu früh verstorbene Professor Dr. Jan Schürnbrand, für den ich als studentische Hilfskraft tätig sein durfte. Für diese Inspiration und die lehrreiche sowie angenehme Zeit an seinem Lehrstuhl bin ich ihm dankbar.

Die Arbeit widme ich meinen Eltern Andrea und Hubert und meinem Bruder Fabian in Dankbarkeit für die immerwährende bedingungslose Unterstützung, ihren Rückhalt und die unzähligen Stunden des Korrekturlesens durch meinen Vater. Mein herzlichster Dank gilt außerdem meinem Partner Jan Burghardt für seine stete Beteiligung am Projekt Promotion und Zuversicht, Zuspruch und Zerstreuung im jeweils richtigen Moment sowie Marie Rulfs und Jasper Hermesmeier. Ich hätte mir keine besseren Verbündeten für das Abenteuer Studium und Doktorarbeit vorstellen können.

Gliederung

A. Einleitung

I. Fragestellung und Gang der Untersuchung

Gemeinden bedienen sich zur Erfüllung ihrer Aufgaben[1] teilweise privatrechtlicher Organisationsformen.[2] Sie gründen oder beteiligen sich an Unternehmen in Privatrechtsform, auf die das Gesellschaftsrecht Anwendung findet. Die gesellschaftsrechtlichen Regelungen orientieren sich unter anderem an den Prinzipien der Privatautonomie[3] und der Gewinnorientierung.[4] Gleichzeitig unterliegen die Gemeinden auch beim Tätigwerden in Privatrechtsform den Anforderungen, die das öffentliche Recht an sie stellt.[5] Wie zu zeigen sein wird, ergibt sich bereits aus dem Demokratie- und dem Rechtsstaatsgebot, dass die Unternehmen, an denen Gemeinden ausschließlich oder mehrheitlich beteiligt sind (im Folgenden: gemeindliche Unternehmen), staatlich kontrolliert und am gemeinen Wohl orientiert sein müssen. Detailliertere Voraussetzungen für die privatrechtlich organisierte Aufgabenwahrnehmung der Gemeinden normieren insbesondere das Kommunal- und das Haushaltsrecht. Die Gemeinden werden bei der privatrechtlich organisierten Aufgabenwahrnehmung somit im Spannungsfeld öffentlich-rechtlicher und gesellschaftsrechtlicher Regelungen tätig.[6] Teilweise machen diese verschiedenen Rechtsgebiete

---

1   Zum Begriff und zur Dogmatik der Aufgabe *Baer* in: *Hoffmann-Riem/Schmidt-Aßmann/Voßkuhle* GVwR I, S. 979 § 13 Rn. 12 ff.

2   *Peter H. Huber/Fröhlich* in: Hopt/Wiedemann-AktG Vor §§ 394, 395 Rn. 3; *Stober,* Wirtschaftsverwaltungsrecht, 881; *Ballerstedt,* DÖV 1951, 449, 449 ff kritisch; ebenso *Meier,* NZG 2003, 54, 54; *Werner,* NVwZ 2019, 449, 449.

3   *Enzinger* in: MüKO-HGB § 109 Rn. 6; *Grigoleit* in: Grigoleit-AktG § 1 Rn. 5; *Lieder* in: Oetker-HGB § 109 Rn. 9; *Burgi* in: *Herrler* Herausforderungen, S. 49, 56; *Storr* in: *Bauer/Peter M. Huber/Sommermann* Demokratie, S. 411, 412; *Berkemann,* Staatliche Kapitalbeteiligung, 31 f; *Towfigh,* DVBl 2015, 1016, 1019.

4   *Grigoleit* in: Grigoleit-AktG § 1 Rn. 7; *Schürnbrand* in: MüKo-AktG Vor §§ 394, 395 Rn. 22 m. w. N; *Dietlmeier,* Kommunales Unternehmensrecht, 421; *Grams,* LKV 1997, 397, 398; *Towfigh,* DVBl 2015, 1016, 1019.

5   Die Frage der Bindung an öffentlich-rechtliche Vorschriften bei privatrechtlicher Organisation ist sehr umstritten, nähere Ausführungen hierzu im Abschnitt C. I. 1. a). Diese Bindung grundsätzlich bejahend: *Ade* in: *Ade/Neumaier-Klaus/M. Thormann u. a.* Handbuch Kommunales Beteiligungsmanagement, S. 13, 21; *Ehlers,* Verwaltung, 222; *Spannowsky,* DVBl 1992, 1072, 1073.

6   *Weirauch,* KommJur 2019, 281, 281.

gegenläufige Vorgaben für gemeindliche Unternehmen, was Kollisionsnormen oder spezielle, den Konflikt ausgleichende Regelungen erforderlich macht.[7] Dieses Aufeinandertreffen von öffentlichem Recht und privatrechtlichem Gesellschaftsrecht wirft eine Vielzahl an juristischen Fragen auf, die auch von großer praktischer Relevanz sind.[8] Augenscheinlich wird dies zum Beispiel bei den Rechten und Pflichten der auf Veranlassung von Gemeinden entsandten oder gewählten Aufsichtsratsmitglieder in einem gemeindlichen Unternehmen. Nach den §§ 116 S. 1, 93 Abs. 1 S. 3 AktG sind die Mitglieder des Aufsichtsrates zur Verschwiegenheit verpflichtet. Diese Verschwiegenheitsverpflichtung umfasst insbesondere vertrauliche Berichte und vertrauliche Beratungen und gilt grundsätzlich gegenüber jedermann. Die Verschwiegenheitsverpflichtung soll die „unbefangene Beratungs- und Abstimmungsteilnahme" im Aufsichtsrat gewährleisten und Schäden für das Unternehmen verhindern, die durch die öffentliche Preisgabe derartiger Informationen entstehen könnten.[9] Die Verschwiegenheitsverpflichtung ist das notwendige Gegenstück zu den sehr umfassenden Informationsrechten des Aufsichtsrates, vgl. § 90 Abs. 1 S. 1 und 2 AktG.[10] Nur ein informierter Aufsichtsrat kann seiner Überwachungsfunktion in der Aktiengesellschaft gerecht werden.[11]

Damit die Tätigkeit der gemeindlichen Unternehmen demokratisch legitimiert ist, bedarf die Gemeinde Informationen über Unternehmensinterna.[12] Die Verschwiegenheitsverpflichtung nach §§ 116 S. 1, 93 Abs. 1 S. 3 AktG gilt jedoch auch gegenüber den Aktionären,[13] sodass für die Gemeinde relevante

---

7 *Altmann,* Verschwiegenheitspflicht, 156 ff; *Dietlmeier,* Kommunales Unternehmensrecht, 420; *Rödel,* Kommunale Eigengesellschaften, 24; *Tietje,* Wirtschaftliche Betätigung, 195; *Katz,* BWGZ 2016, 365, 370; *Weckerling-Wilhelm/Mirtsching,* NZG 2011, 327, 328.

8 *Oetker* in: *Martinek* FS Reuter, S. 1091, 1093.

9 *Groß-Bölting/Rabe* in: Hölters/Weber-AktG § 116 Rn. 3; *Spindler* in: MüKo-AktG § 93 Rn. 120.

10 *Habersack* in: MüKo-AktG § 116 Rn. 49; *J. Koch* in: Hüffer/Koch-AktG § 116 Rn. 9; *Dreyer,* Informationskonzeptionen, 1 ff; *Knirsch,* Information und Geheimhaltung, 55; *Elsing/M. Schmidt,* BB 2002, 1705, 1705 ff; *Priester,* ZIP 2011, 2081, 2083.

11 *Fleischer* in: Spindler/Stilz-AktG § 90 Rn. 1; *Habersack* in: MüKo-AktG § 116 Rn. 49; *Spindler* in: MüKo-AktG § 90 Rn. 8; *Cervellini,* Bericht des Aufsichtsrats, 64; *Dreyer,* Informationskonzeptionen, 14 ff; *Knirsch,* Information und Geheimhaltung, 55.

12 *Huber/Fröhlich* in: Hopt/Wiedemann-AktG Vor §§ 394, 395 Rn. 29; *Altmann,* Verschwiegenheitspflicht, 27.

13 *Huber/Fröhlich* in: Hopt/Wiedemann-AktG § 394 Rn. 8; *Schürnbrand* in: MüKo-AktG § 394 Rn. 1.

Informationen möglicherweise der Verschwiegenheitsverpflichtung unterliegen. Das Gesetz trägt diesem Bedürfnis der Gemeinde nach Information in § 394 S. 1 AktG Rechnung und lockert die Verschwiegenheitsverpflichtung nach §§ 116 S. 1, 93 Abs. 1 S. 3 AktG für die von einer beteiligten Gemeinde gewählten oder entsandten Aufsichtsratsmitglieder. § 395 AktG erstreckt wiederum u. a. die Verschwiegenheitsverpflichtung auf diejenigen, die durch die Lockerung des § 394 S. 1 AktG Informationen erhalten.[14] Hierdurch soll der Konflikt aufgelöst werden, der sich aus dem Informationsinteresse der beteiligten Gemeinde einerseits und der sich aus dem Sinn und Zweck der Gesellschaftsstruktur ergebenden,[15] strengen Verschwiegenheitspflicht der Aufsichtsräte andererseits ergibt.[16]

Gegenstand dieser Arbeit ist die Frage, ob § 394 S. 1 AktG eine den genannten Konflikt in angemessenen Ausgleich bringende Regelung der Verschwiegenheitspflicht von Aufsichtsratsmitgliedern in gemeindlichen Unternehmen darstellt. Sollte dies nicht der Fall sein, besteht die Möglichkeit, eine gesetzgeberische Neugestaltung der genannten Problematik einzufordern. Diese Untersuchung könnte jedoch auch ergeben, dass eine ausgleichende gesetzgeberische Regelung nicht für alle untersuchten Unternehmensformen des Privatrechts möglich ist. Dann dürften sich die Gemeinden zur Erfüllung ihrer Aufgaben bestimmter privatrechtlicher Organisationsformen nicht bedienen.

Zur Beantwortung der Frage, ob die Modifikation der grundsätzlichen Verschwiegenheitspflicht in § 394 S. 1 AktG den oben skizzierten Konflikt angemessen ausgleicht, wird unter A. II. der tatsächliche und rechtliche Rahmen des Konflikts erläutert. Der zweite Abschnitt dieser Arbeit (B.) widmet sich der Darlegung der §§ 116 S. 1, 93 Abs. 1 S. 3 AktG, die die Verschwiegenheitsverpflichtung der Aufsichtsratsmitglieder einer AG regeln. Anschließend (C.) wird dargestellt, welche möglicherweise kollidierenden verfassungsrechtlichen Vorgaben für die Verwaltungstätigkeit in den klassischen Organisationsformen bestehen. Im Fokus steht die Frage, woraus sich die Informationsrechte des gemeindlichen Trägers bei der Verwaltungstätigkeit in unterschiedlichen Organisationformen ergeben. Der vierte Teil (D.) befasst sich mit der Thematik, inwieweit durch die Modifikation der Verschwiegenheitsverpflichtung in § 394 S. 1 AktG erreicht wird, dass die Gemeinde als Trägerin einer GmbH oder

---

14 *J. Koch* in: Hüffer/Koch-AktG § 395 Rn. 1.

15 *Altmann*, Verschwiegenheitspflicht, 74.

16 *Huber/Fröhlich* in: Hopt/Wiedemann-AktG Vor §§ 394, 395 Rn. 28 ff; *Schürnbrand* in: MüKo-AktG § 394 Rn. 2; *Land/Hallermayer*, AG 2011, 114, 116.

AktG die verfassungsrechtlich vorgegebenen Informationsrechte hat. Geklärt
wird hier, ob § 394 S. 1 AktG den oben aufgezeichneten Konflikt ausgleichen
kann oder ob eine gesetzgeberische Neuregelung einzufordern ist. Die Arbeit
schließt mit einer Zusammenfassung und einem Gesamtfazit (Kapitel E.).

II. Die wirtschaftliche Betätigung des Staates in Privatrechtsform

Für diese Arbeit relevant ist nur die wirtschaftliche Betätigung der Gemeinden, die auch vom Begriff „gemeindliche Unternehmen" in Privatrechtsform
erfasst ist. Gemeindliche Unternehmen sind solche Unternehmen, auf die die
Gemeinde unmittelbar oder mittelbar beherrschenden Einfluss ausüben kann.[17]
Der beherrschende Einfluss kann durch finanzielle Beteiligung, Satzung oder
sonstige Regelungen, die die Tätigkeit des Unternehmens bestimmen, begründet werden. Bloße Kapitalbeteiligungen, die keine maßgeblichen Einflussrechte
begründen, sind keine gemeindlichen Unternehmen. Diese Kapitalbeteiligungen sind dem Finanzvermögen zugeordnet.[18] Wenn die Gemeinde zu 100 %
Anteilseignerin einer Gesellschaft in Privatrechtsform ist, ist diese Gesellschaft
eine „Eigengesellschaft" der Gemeinde.[19] Sobald neben der Gemeinde auch
ein Privater Anteilseigner einer Gesellschaft in Privatrechtsform ist, wird hier

---

17 Richtlinie 2006/111/EG der Kommission vom 16. November 2006 über die Trans-
    parenz der finanziellen Beziehungen zwischen den Mitgliedstaaten und den
    öffentlichen Unternehmen sowie über die finanzielle Transparenz innerhalb
    bestimmter Unternehmen (2006), ABl. EU Nr. L 318/17 Art. 2; *Huber/Fröhlich* in: Hopt/
    Wiedemann-AktG Vor §§ 394, 395 Rn. 4; *Brüning* in: *Schulte/Kloos* Wirtschafts-
    recht, S. 165 § 5 Rn. 13; *Hermesmeier,* Beteiligungsverwaltung, 98 ff ausführlich
    zur Thematik; *Ruthig/Storr,* Öffentliches Wirtschaftsrecht, Rn. 666; *Stober/Paschke,*
    Wirtschaftsrecht, Rn. 1181 f; *Trzeciak,* Rechtsformen, 139.
18 Richtlinie 2006/111/EG der Kommission vom 16. November 2006 über die Transpa-
    renz der finanziellen Beziehungen zwischen den Mitgliedstaaten und den öffentlichen
    Unternehmen sowie über die finanzielle Transparenz innerhalb bestimmter Unter-
    nehmen (2006), ABl. EU Nr. L 318/17 Art. 2; *Huber/Fröhlich* in: Hopt/Wiedemann-
    AktG Vor §§ 394, 395 Rn. 4; *Brüning* in: Schulte/Kloos (Hrsg.) Wirtschaftsrecht,
    S. 165 § 5 Rn. 13; *Ruthig/Storr,* Öffentliches Wirtschaftsrecht, Rn. 667.
19 *Ehlers,* Verwaltung, 9; *Gersdorf,* Öffentliche Unternehmen, 134 f; *Möller,* Stellung
    und Funktion des Aufsichtsrats, 55; *Ruthig/Storr,* Öffentliches Wirtschaftsrecht,
    Rn. 670; *Schirrmacher,* Gläubiger einer kommunalen Eigengesellschaft mbH, 4;
    Trzeciak, Rechtsformen, 189; *T. Mann* in: *Ennuschat/Geerlings/T. Mann u. a.* GS-
    Tettinger, S. 295, 296.

die Rede von „gemischtwirtschaftlichen Unternehmen" sein.[20] Gemeindliche
Unternehmen im hier verstandenen Sinne betätigen sich wirtschaftlich.[21]

1. Gründe für die wirtschaftliche Betätigung von Gemeinden in Privatrechtsform

Für die Ausgliederung der wirtschaftlichen Betätigung aus der öffentlichen
Verwaltung hin zu privatrechtlichen Organisationsformen werden mannig-
faltige Beweggründe genannt. Diese werden hier beispielhaft aufgeführt, ohne
deren inhaltliche Stichhaltigkeit zu bewerten.[22] In Bezug auf die unmittelbare
Verwaltung greifen die strengen haushalts- und dienstrechtlichen Vorschriften,
sodass die formelle Privatisierung[23] mit der Hoffnung auf ein wesentlich höheres Maß an **Flexibilität** verbunden wird.[24] Eine stärkere Orientierung an den
unternehmerischen Notwendigkeiten sei möglich, dies gelte insbesondere im

---

20 So auch *Fabry* in: *Fabry/Augsten* Unternehmen, S. 271 Teil 4 Rn. 3; *Langrehr* in: *Frank/Langrehr* Gemeinde, S. 89, 91 ff; *Altmann,* Verschwiegenheitspflicht, 143; *Berger,* Gemischtwirtschaftliche Unternehmen, 23 die diese Definition auf S. 114 wieder ändert: „Gemischtwirtschaftliche Unternehmen sind Unternehmen, die sowohl staatliche als auch private Entscheidungen treffen"; *Büchner,* Kommunale Unternehmen, 27; *Burgi,* Funktionale Privatisierung, 77; *Gersdorf,* Öffentliche Unternehmen, 136; *C. Lange,* Privatisierung, 132; *Ruthig/Storr,* Öffentliches Wirtschaftsrecht, Rn. 671; *Trzeciak,* Rechtsformen, 195; *T. Mann* in: *Ennuschat/ Geerlings/T. Mann u. a.* GS-Tettinger, S. 295, 296; *Habersack,* ZGR 1996, 544, 545.

21 So auch *Burgi* in: *Herrler* Herausforderungen, S. 49, 52; *Ronellenfitsch* in: *Uechtritz/ Reck* Kommunale Unternehmen, S. 47 § 4 Rn. 1; *Kenntner,* Öffentliches Recht, Rn. 572; *K. Lange,* Kommunalrecht, Kapitel 14 Rn. 15 ff.

22 Ausführlich hierzu *W. Engel,* Kommunalverwaltung, 38 ff, 111 ff; *Fleiner,* Institutionen, 120 f; *Haupt,* Privatrechtliche Gesellschaft, 113 ff; *Tietje,* Wirtschaftliche Betätigung, 57 ff.

23 Eine wirtschaftlich tätige Verwaltungseinheit wird in ein privatrechtlich organisiertes Unternehmen umgewandelt; der Träger bleibt jedoch derselbe; auch Organisationsprivatisierung genannt: *Brüning* in: *Schulte/Kloos* Wirtschaftsrecht, S. 165 § 5 Rn. 91; *Knauff* in: *R. Schmidt/Wollenschläger* Öffentliches Wirtschaftsrecht, S. 257 § 6 Rn. 11; *Schuppert* in: *Hoffmann-Riem/Schmidt-Aßmann/Voßkuhle* GVwR I, S. 1235, Rn. 33; *Voßkuhle* in: *Hoffmann-Riem/Schmidt-Aßmann/Voßkuhle* GVwR I, S. 3, Rn. 60; *Stober,* Wirtschaftsverwaltungsrecht; *K. Lange,* Kommunalrecht, Kapitel 11 Rn. 86; *dass.,* DÖV 1997, 353, 354; *Ronellenfitsch,* DÖV 1999, 705, 708; *ders.,* DÖV 1993, 377, 378; *Towfigh,* DVBl 2015, 1016, 1016.

24 *Burgi* in: v. Mangoldt/Klein/Starck-GG Art 86 Rn. 55; *Alfuß,* Privatrechtliche Organisationsformen, 1 ff; *C. Lange,* Privatisierung, 6; *Möller,* Stellung und Funktion des Aufsichtsrats, 26; *Stober,* Wirtschaftsverwaltungsrecht, 881.

Hinblick auf eine flexiblere Personal- und Haushaltspolitik.[25] Entscheidungserheblich können ebenso **steuerrechtliche Erwägungen** sein.[26] Außerdem ist die **Beteiligung privater Dritter** an einem Unternehmen zum Kapitalerwerb[27] oder zur Rekrutierung externer Expertise[28] erst durch privatrechtliche Organisation möglich. Oftmals dient die Umwandlung oder Gründung von Unternehmen in Privatrechtsform auch der **Vorbereitung der materiellen Privatisierung.**[29] Die privatrechtliche Ausgestaltung soll ebenso einen **psychologischen Effekt** hervorrufen: es wird erwartet, dass das Arbeitsklima stärker von einer privatwirtschaftlichen Atmosphäre bestimmt wird, welche die Mitarbeiter beispielsweise zu einer effizienteren Arbeitsweise veranlassen soll.[30] Nicht zuletzt wird durch eine privatrechtliche Ausgestaltung eine **Haftungsbegrenzung auf das Gesellschaftsvermögen** möglich.[31] Der Gesellschafter, hier die Gemeinde, bleibt dadurch vor Zugriffen Dritter auf das eigene Vermögen bewahrt.

2. Zulässigkeit der Beteiligung von Gemeinden an einem Unternehmen in Privatrechtsform

Aus gesellschaftsrechtlicher Perspektive steht den Gemeinden als Trägern von öffentlichen Unternehmen die Wahl aller Rechtsformen offen.[32] Sie werden

---

25   *Burgi* in: v. Mangoldt/Klein/Starck-GG Art. 86 Rn. 55; *Huber/Fröhlich* in: Hopt/Wiedemann-AktG Vor §§ 394, 395 Rn. 10; *Wurzel/Gaß* in: *Wurzel/Schraml/Gaß* Kommunale Unternehmen, S. 891, 904 ff ausführlich zu personalbezogenen Kriterien; *W. Hauser*, Organisationsform, 19 ff, 95 ff hierzu ausführlich; *C. Lange*, Privatisierung, 6; *Towfigh*, DVBl 2015, 1016, 1017.

26   *Gohlke/Neudert* in: *Wurzel/Schraml/Gaß* Kommunale Unternehmen, S. 559, 606 f beschreibend hierzu; *Altmann*, Verschwiegenheitspflicht, 45; *Droege*, Zur Besteuerung der öffentlichen Hand, 9 ff; *Hauser*, Organisationsform, 129.

27   *Fabry* in: *Fabry/Augsten* Unternehmen, S. 271 Teil 4 Rn. 1; *Wurzel/Gaß* in: *Wurzel/Schraml/Gaß* Kommunale Unternehmen, S. 891, 910; *C. Lange*, Privatisierung, 7; *T. Mann*, Öffentlich-rechtliche Gesellschaft, 167.

28   *Fabry* in: *Fabry/Augsten* Unternehmen, S. 271 Teil 4 Rn. 1; *Gärditz* in: *R. Schmidt/Wollenschläger* Öffentliches Wirtschaftsrecht, S. 173 § 4 Rn. 58; *R. Schmidt*, ZGR 1996, 345, 348.

29   *Schürnbrand* in: MüKo-AktG Vor §§ 394, 395 Rn. 4; *Fabry* in: *Fabry/Augsten* Unternehmen, S. 35 Teil 1 Rn. 42; *R. Schmidt*, ZGR 1996, 345, 348.

30   *Ade* in: *Ade/Neumaier-Klaus/M. Thormann u. a.* Handbuch Kommunales Beteiligungsmanagement, S. 13 Teil 1 21; *Altmann*, Verschwiegenheitspflicht, 44; *R. Schmidt*, ZGR 1996, 345, 348.

31   Zu diesem Motiv: *Alfuß*, Privatrechtliche Organisationsformen, 4 ff.

32   *Schürnbrand* in: MüKo-AktG Vor §§ 394, 395 Rn. 2; *Kersting* in: KK-AktG §§ 394, 395 Rn. 12 zur Möglichkeit der Wahl der Rechtsform der AG.

nicht anders behandelt als andere juristische und natürliche Personen.[33] Auch das Grundgesetz und das Unionsrecht stehen der Gründung von gemeindlichen Unternehmen oder der Beteiligung an gemischtwirtschaftlichen Unternehmen durch Gemeinden nicht grundsätzlich im Wege. Sie sehen kein Verbot gemeindlicher Unternehmen in Privatrechtsform vor.[34] Insbesondere aus der Finanzverfassung ergibt sich lediglich, dass Zweck der gemeindlichen Unternehmen nicht ausschließlich die Gewinnerzielung sein darf.[35]

In Art. 28 Abs. 2 S. 1 GG ist die Selbstverwaltungsgarantie der Gemeinden geregelt. Von dieser umfasst ist unter anderem die „objektive Rechtsinstitutionsgarantie", die das „Was", „Wie" und „Worin" der gemeindlichen Selbstverwaltung sichert.[36] Die Gemeinde ist für die Angelegenheiten der örtlichen Gemeinschaft zuständig („Allzuständigkeit") und regelt diese eigenverantwortlich.[37] Teilaspekt der Eigenverantwortlichkeit ist die Organi-

---

33 *Kersting* in: KK-AktG §§ 394, 395 Rn. 65; *Schürnbrand* in: MüKo-AktG Vor §§ 394, 395 Rn. 21 f; *Bolsenkötter* in: Gesellschaft für öffentliche Wirtschaft und Gemeinwirtschaft Kontrolle öffentlicher Unternehmen, S. 89, 97; *R. Schmidt*, ZGR 1996, 345, 362; *Schürnbrand*, ZIP 2010, 1105, 1105.

34 So zum Grundgesetz: *Hermes* in: Dreier-GG Art. 86 Rn. 47; *Maiwald* in: Schmidt-Bleibtreu/Hofmann/Henneke-GG Art. 87 Rn. 36; *Dittmann*, Bundesverwaltung, 87; *C. Lange*, Privatisierung, 155; *Pfeifer*, Steuerung, 3; *Ziekow*, Öffentliches Wirtschaftsrecht, 138; zum Unionsrecht: Mitteilung der Kommission "Leistungen der Daseinsvorsorge in Europa", 3 ff Tz. 21; zu beidem: *Suerbaum* in: *Ehlers/Fehling/Pünder* Besonderes Verwaltungsrecht, S. 490 § 16 Rn. 16, Rn. 29; *M. Klein*, Die öffentliche Hand, 5 ff; *Knauff*, Wirtschaftsrecht, 208; *T. Mann* Öffentlich-rechtliche Gesellschaft, 23 ff, 32.

35 Umstritten, so aber überzeugend: BVerfGE 61, 82, 107; *Schürnbrand*, in: MüKo-AktG Vor §§ 394, 395 Rn. 2; *Wernsmann* in: Haushaltsrecht-Gröpl § 65 BHO Rn. 5; *Isensee* in: *P. Kirchhof/Isensee* HStR IV, S. 117 § 73 Rn. 73; *Ronellenfitsch* in: *P. Kirchhof/Isensee* HStR IV, S. 1159 § 98 Rn. 3; *W. Weber* in: *Wurzel/Schraml/Gaß* Kommunale Unternehmen, S. 265, 269; *Ziekow*, Öffentliches Wirtschaftsrecht, 138; a. A: *Klein*, Die öffentliche Hand, 35, der die Unzulässigkeit jedenfalls aus dem Haushalts- und Kommunalrecht ableitet; *Otting*, Neues Steuerungsmodell, 151 ff; *Britz*, NVwZ 2001, 380, 382; *Jarass*, DÖV 2002, 489, 491.

36 BVerfGE 119, 331, 362; *ders.* in: BeckOK-GG Art. 28 Rn. 36; *Tettinger* in: *T. Mann/Püttner* Kommunale Wissenschaft I, S. 187 § 11 Rn. 4; *R. Engel/Heilshorn*, Kommunalrecht, 61; *Remmert*, LKV 2004, 341, 341; *Scharpf*, GewArch 2005, 1, 2.

37 BVerfGE 119, 331, 362; was die freiwilligen Aufgaben der Selbstverwaltung betrifft, ist die Gemeinde eigenverantwortlich bezüglich des „Ob", des „Wie" und des „Wann"; soweit sie Pflichtaufgaben wahrnimmt, kommt ihr keine Entschließungsfreiheit zu: *Schwarz* in: v. Mangoldt/Klein/Starck-GG; *Dreier* in: Dreier-GG Art. 28 Rn. 106; *Hellermann* in: BeckOK-GG Art. 28 Rn. 39; *Schwarz* in: v. Mangoldt/

sationshoheit.[38] Die Gemeinde kann unter anderem wählen, in welcher Form
sie ihre Aufgaben erfüllt.[39] In Betracht kommen die Formen der unmittelbaren oder mittelbaren Verwaltung sowohl durch öffentlich-rechtliche als auch
durch privatrechtliche Rechtsträger.[40] Ebenso von der Eigenverantwortlichkeit
umfasst ist die Kooperationshoheit.[41] Die Gemeinden können sich mit anderen
Gemeinden zusammenschließen oder gemeinsam mit Privaten ihre Aufgaben
erfüllen. Art. 28 Abs. 2 S. 1 GG garantiert die Selbstverwaltung jedoch nur im
Rahmen der Gesetze. Hieraus folgt auch für die Organisations- und Kooperationshoheit, dass sie durch Gesetze in verfassungsrechtlich zulässigem Rahmen

---

Klein/Starck-GG Art. 28 Rn. 178; *dass.* in: *Mutius* Selbstverwaltung, S. 209, 218; *Brüning,* Gern/Brüning-Kommunalrecht, Rn. 99; *Cronauge,* Kommunale Unter-nehmen, Rn. 37; *D. Hauser,* Wirtschaftliche Betätigung von Kommunen, 83; *T. Mann,* Öffentlich-rechtliche Gesellschaft, 43; *Remmert,* LKV 2004, 341, 341.

38   BVerfGE 119, 331, 362; *Wollenschläger* in: *Wurzel/Schraml/Gaß* Kommunale Unter-nehmen, S. 15, 41; *Ehlers* in: *Hans-Günter Henneke* Kommunale Aufgabenerfüllung, S. 47, 48; *Altmann,* Verschwiegenheitspflicht, 39; *Brüning,* Gern/Brüning-Kommu-nalrecht, Rn. 103; *Büchner,* Kommunale Unternehmen, 142; *Cronauge,* Kommu-nale Unternehmen, Rn. 22; *ders.,* Kommunales Unternehmensrecht, 307 f; *Haupt,* Privatrechtliche Gesellschaft, 12; *W. Hauser,* Organisationsform, 4 f; *Hellermann,* Daseinsvorsorge, 225, *Lange,* Kommunalrecht, Kapitel 1 Rn. 71; *Möller* Stellung und Funktion des Aufsichtsrats, 29; *Trzeciak,* Rechtsformen, 155; *Böttcher/Krömker,* NZG 2001, 590, 591.

39   *Hellermann* in: BeckOK-GG Art. 28 Rn. 40.2; *Burgi* in: *Herrler* Herausforderungen, S. 49, 53; *Langrehr* in: *Frank/Langrehr* Gemeinde, S. 89, 89 f; *Altmann,* Verschwie-genheitspflicht, 39; *Büchner,* Kommunale Unternehmen, 142; *Engel,* Kommunalver-waltung, 307 f; *Hellermann,* Daseinsvorsorge, 225; *Möller,* Stellung und Funktion des Aufsichtsrats, 29; *Trzeciak,* Rechtsformen, 155; *Böttcher/Krömker,* NZG 2001, 590, 591; *ders.,* ZGR 1996, 400, 406 f; *Schink,* NVwZ 2002, 129, 132 ff; *Schwerdtner,* KommJur 2007, 169, 170; für die Beteiligung von Gemeindeverbänden an Unter-nehmen in Privatrechtsform müsste für das „Wie" wegen Art. 28 Abs. 2 S. 2 GG, Art. 71 Abs. 1 S. 1 LV BW und § 5 Abs. 2 S. 1 GKZ BW dasselbe gelten.

40   *Hellermann* in: BeckOK-GG Art. 28 Rn. 40.2; *Altmann,* Verschwiegenheitspflicht, 39; *Engel,* Kommunalverwaltung, 307 f; *Haupt,* Privatrechtliche Gesellschaft, 12; *Knauff,* Wirtschaftsrecht, 211; *Klein,* Die öffentliche Hand, 10; *K. Lange,* Kommu-nalrecht, Kapitel 14 Rn. 72; *Katz,* BWGZ 2016, 365, 370.

41   BVerfGE 119, 331, 362; *Hellermann* in: BeckOK-GG Art. 28 Rn. 40.3; *Tettinger* in: *T. Mann/Püttner* Kommunale Wissenschaft I, S. 187 § 11 Rn. 12; *K. Lange,* Kommunalrecht, Kapitel 14 Rn. 72.

beschränkbar ist.[42] Für die wirtschaftliche Betätigung der Gemeinden finden sich solche Regelungen in den Gemeindeordnungen.[43]

Die landesrechtlichen Regelungen orientieren sich im Grundsatz noch heute an § 67 der Deutschen Gemeindeordnung (DGO),[44] wonach drei Zulässigkeitsvoraussetzungen für die wirtschaftliche Betätigung von Gemeinden vorliegen müssen. Ein öffentlicher Zweck muss das gemeindliche Unternehmen rechtfertigen und der Umfang des Unternehmens darf nicht außer Verhältnis zur Leistungsfähigkeit der Kommune stehen. Zudem darf der Zweck nicht besser oder wirtschaftlicher durch einen anderen erfüllt werden („Subsidiaritätsklausel").[45] Obwohl sich alle Gemeindeordnungen an dieser Schrankentrias orientiert haben, sind sie nicht identisch. Diese Arbeit orientiert sich an der Gemeindeordnung Baden-Württemberg (GemO). Wiederum allen gemeinderechtlichen Regelungen gemein ist die Voraussetzung, dass die unbegrenzte Haftung der Gemeinde bei privatrechtlich organisierter wirtschaftlicher Betätigung verboten ist, vgl. § 103 Abs. 1 Nr. 4 GemO. Dies hat unter anderem zur Folge, dass den Gemeinden nur solche Rechtsformen zur Wahl stehen, die eine Haftungsbegrenzung auf das Gesellschaftsvermögen zulassen. Außerdem sehen alle Gemeindeordnungen vor, dass der Einfluss der Gemeinde gewährleistet sein muss, vgl. § 103 Abs. 1 Nr. 3 GemO. Welche Anforderungen an die Möglichkeit der Einflussnahme gestellt werden, wird in den Abschnitten C und D erläutert.

3. Unternehmensformen mit Aufsichtsrat

Die Unternehmensformen des Gesellschaftsrechts sind nicht alle geeignet, die unter II. 2. skizzierten Zulässigkeitskriterien für die gemeindlichen

---

42   BVerfGE 119, 331, 362; *Hellermann* in: BeckOK-GG Art. 28 Rn. 44; *Knemeyer* in: *Mutius* Selbstverwaltung, S. 209, 223 f; *Cronauge,* Kommunale Unternehmen, Rn. 17; *T. Mann,* Öffentlich-rechtliche Gesellschaft, 43.

43   *Fabry* in: *Fabry/Augsten* Unternehmen, S. 35 Teil 1 Rn. 22; *Ade* in: *Ade/Neumaier-Klaus/M. Thormann u. a.* Handbuch Kommunales Beteiligungsmanagement, S. 13 Teil 1 15; *Cronauge,* Kommunale Unternehmen, Rn. 70; *T. Mann,* Öffentlich-rechtliche Gesellschaft, 43.

44   *Ade* in: *Ade/Neumaier-Klaus/M. Thormann u. a.* Handbuch Kommunales Beteiligungsmanagement, S. 13 Teil 1 15; *J. Ipsen* in: *T. Mann/Püttner* Kommunale Wissenschaft I, S. 565 § 24 Rn. 7; *Püttner,* Öffentliche Unternehmen, 19; *Ruffert,* VerwArch 2001, 27, 29.

45   Hierzu ausführlich: *M. Kaufmann,* Erweiterte Prüfung, 17 ff; *Ehlers,* DVBl 1998, 497, 498ff; *ders.,* KommJur 2007, 41, 42 ff; *Ruffert,* VerwArch 2001, 27, 38 ff; *Weiblen,* BWGZ 1999, 1005, 1006.

Unternehmen in Privatrechtsform einzuhalten. Die Beteiligung an oder die Gründung von Personengesellschaften kommt zwar grundsätzlich in Betracht, allerdings nicht zur Gründung von Eigengesellschaften, da Personengesellschaften vertraglich begründet werden und somit mindestens zwei Gründungsmitglieder voraussetzen. Bei der Gesellschaft des bürgerlichen Rechts und gleichermaßen bei der offenen Handelsgesellschaft ist die unbeschränkte Haftung der Gesellschafter für die Verbindlichkeiten der Gesellschaft[46] nicht mit der oben genannten Voraussetzung der begrenzten Haftung vereinbar.[47] Gemeindliche Träger könnten als Kommanditisten an einer Kommanditgesellschaft beteiligt sein, da diese zwar persönlich, aber der Höhe nach auf die Haftungseinlage begrenzt haften, vgl. §§ 171 ff HGB.). Vor allem werden gemeindliche Unternehmen in Privatrechtsform jedoch als Kapitalgesellschaften betrieben, namentlich als Aktiengesellschaft oder als Gesellschaft mit beschränkter Haftung.[48] Auf diese Rechtsformen beschränkt sich diese Arbeit.

a) Aktiengesellschaft

Die Aktiengesellschaft ist eine Kapitalgesellschaft, die lediglich mit dem Gesellschaftsvermögen haftet, vgl. § 1 Abs. 1 S. 2 AktG.[49] Nach § 2 AktG ist es einer Einzelperson möglich, eine Aktiengesellschaft zu gründen. Somit kommt die Rechtsform der Aktiengesellschaft auch zur Gründung einer Eigengesellschaft in Betracht. Sie verfügt über drei Organe: den Vorstand (§§ 76 ff AktG), den Aufsichtsrat (§§ 95 ff AktG) und die Hauptversammlung (§§ 118 ff AktG). § 103 Abs. 2 GemO bestimmt, dass auf die Rechtsform der Aktiengesellschaft nur zurückgegriffen werden darf, wenn „der öffentliche Zweck des Unternehmens" nicht ebenso gut in einer anderen Rechtsform realisiert werden kann. Die Aktiengesellschaft eignet sich insbesondere dann besser als andere Rechtsformen, wenn das Unternehmen in einer Branche tätig wird, in der es auf externes Kapital angewiesen ist.[50] Für Private macht die Formenklarheit des Aktienrechts – die Zuständigkeitsbereiche der Gesellschaftsorgane sind

46 § 128 HGB bzw. § 128 HGB analog für die Gesellschaft bürgerlichen Rechts, vgl. BGHZ 146, 341, 358.
47 § 65 Abs. 1 Nr. 2 BHO; § 65 Abs. 1 Nr. 2 LHO; §·103 Abs. 1 Nr. 4 GemO.
48 *Burgi* in: *Ruffert* Recht und Organisation, S. 55, 60.
49 Erforderlich nach § 103 Abs. 1 Nr. 4 GemO bzw. § 65 Abs. 1 Nr. 2 BHO bzw. § 65 Abs. 1 Nr. 2 LHO.
50 *Fabry* in: *Fabry/Augsten* Unternehmen, S. 35 Teil 1 Rn. 42 hält die AG bei „dynamischen Märkten" wie dem Energiemarkt wegen der Unabhängigkeit des Vorstands für attraktiv; i. E. ebenso W. *Weber* in: *Wurzel/Schraml/Gaß* Kommunale

nicht disponibel – die Beteiligung an einer Aktiengesellschaft kalkulierbar und dadurch attraktiv.[51] Gemeinden bedienen sich daher häufig der Rechtsform der Aktiengesellschaft, um eine materielle Privatisierung vorzubereiten.[52]

b) GmbH

Auch die GmbH ist eine juristische Person, deren Haftung nach § 13 Abs. 2 GmbHG auf das Gesellschaftsvermögen beschränkt ist.[53] Nach § 1 GmbHG ist die Gründung einer Einmanngesellschaft möglich. Das GmbHG enthält viele dispositive Regelungen. Zwingend vorgeschrieben ist, dass die GmbH einen oder mehrere Geschäftsführer, vgl. § 6 Abs. 1 GmbHG, und eine Gesellschafterversammlung, vgl. §§ 45 ff GmbHG, hat, in der die Gesamtheit der Gesellschafter vertreten ist. Ein Aufsichtsrat kann, muss aber nicht eingerichtet werden ("fakultativer Aufsichtsrat"), vgl. § 52 Abs. 1 GmbHG. Lediglich in einigen Fällen ist ein obligatorischer Aufsichtsrat vorgesehen.[54]

4. Das Verhältnis von öffentlich-rechtlichen und gesellschaftsrechtlichen Vorgaben für gemeindliche Unternehmen in Privatrechtsform

Aus gesellschaftsrechtlicher Perspektive werden Gesellschaften unabhängig davon, ob eine Gemeinde oder ein Privater Gesellschafter bzw. Aktionär ist, gleichbehandelt. Das bedeutet, dass das GmbHG bzw. das AktG grundsätzlich unabhängig von der Rechtsnatur der Gesellschafter oder Aktionäre gleichermaßen Anwendung finden.[55] Durch die Wahl einer privatrechtlichen Organisationsform können sich Gemeinden ihren öffentlich-rechtlichen Bindungen gleichwohl nicht entziehen.[56] Gemeinden haben auch bei der Gründung von

---

Unternehmen, S. 265, 270; *T. Mann,* Öffentlich-rechtliche Gesellschaft, 174; *K. Schmidt,* Gesellschaftsrecht, 811 ff.

51   *Huber/Fröhlich* in: Hopt/Wiedemann-AktG Vor §§ 394, 395 Rn. 11.

52   *Schürnbrand* in: MüKo-AktG Vor §§ 394, 395 Rn. 4; *Fabry* in: *Fabry/Augsten* Unternehmen, S. 35 Teil 1 Rn. 42.

53   Erforderlich nach § 103 Abs. 1 Nr. 4 GemO BW bzw. § 65 Abs. 1 Nr. 2 BHO bzw. § 65 Abs. 1 Nr. 2 LHO BW.

54   S. hierzu unter B II.

55   *Koch* in: Hüffer/Koch-AktG § 394 Rn. 2a; *Müller-Michaels* in: Hölters/Weber-AktG § 394 Rn. 1.

56   Die Frage der Bindung an öffentlich-rechtliche Vorschriften bei privatrechtlicher Organisation ist sehr umstritten, nähere Ausführungen hierzu im Abschnitt C. I. 1. a). Diese Bindung grundsätzlich bejahend: *Ade* in: *Ade/Neumaier-Klaus/M. Thormann*

und der Beteiligung an gemeindlichen Unternehmen in Privatrechtsform
die aus dem Demokratie- und Rechtsstaatsprinzip abgeleiteten Rechte und
Pflichten.[57] Somit bestehen gesellschaftsrechtliche und öffentlich-rechtliche
Verpflichtungen, was zu divergierenden bzw. konträren Vorgaben für gemeindliche Unternehmen durch die unterschiedlichen Rechtsgebiete führen kann.
Welchem Regelungssystem bei einer Kollision von konträren Direktiven der
Vorrang zu gewähren ist, wird unterschiedlich bewertet und unter den Stich-
wörtern „Lehre vom Verwaltungsgesellschaftsrecht" bzw. „Lehre vom Vorrang
des Gesellschaftsrechts" diskutiert. Vertreter der „Lehre vom Verwaltungsgesellschaftsrecht" plädieren für eine Modifikation oder Überlagerung der
gesellschaftsrechtlichen Normen, um die Einhaltung der öffentlich-rechtlichen
Anforderungen durch die gemeindlichen Unternehmen in Privatrechtsform
zu gewährleisten.[58] Hieraus ergibt sich beispielsweise die Forderung nach
einer Bindung der Aufsichtsratsmitglieder an die Weisungen des Aktionärs,
also der Gemeinde,[59] während das Gesellschaftsrecht grundsätzlich die Unabhängigkeit der Aufsichtsratsmitglieder vorsieht. Die „Lehre vom Vorrang des
Gesellschaftsrechts" geht hingegen von einer uneingeschränkten und nicht
anpassbaren Anwendbarkeit der gesellschaftsrechtlichen Normen aus.[60]

---

u. a. Handbuch Kommunales Beteiligungsmanagement, S. 13, 21; *Ehlers,* Verwaltung, 222; *Spannowsky,* DVBl 1992, 1072, 1073; s. auch Abschnitt C. I. 1. a).

57 Vorausgesetzt beispielsweise bei *W. Weber* in: *Wurzel/Schraml/Gaß* Kommunale
Unternehmen, S. 238, 261; s. Kapitel C.

58 *Berkemann,* Staatliche Kapitalbeteiligung, 36 f; *von Danwitz,* AöR 120 (1995), 595,
622; *H. Ipsen,* JZ 1955, 593, 598; *Katz,* BWGZ 2016, 370, 374, der jedoch von „Kolli-
sionskonzept" spricht; *Ossenbühl,* ZGR 1996, 504, 514; *Stober,* NJW 1984, 449, 455
a. A.: *Schall* in: Spindler/Stilz-AktG § 394 Rn. 3 m. w. N.; *Schürnbrand,* in: MüKo-
AktG Vor §§ 394, 395 Rn. 18 m. w. N.

59 *von Danwitz,* AöR 120 (1995), 595, 622; trotz des klaren Widerspruchs zu § 76 Abs. 1
AktG und somit trotz Verstoßes gegen Art. 31, Art. 72 I GG auch in einigen Gemein-
deordnungen vorgesehen, vgl. Art. 93 Abs. 2 S. 3 Bay GO; § 104 Abs. 1 S. 4, Abs. 2
GO Bbg; § 125 Abs. 1 S. 2, Abs. 2 GO Hess; § 71 Abs. 1 S. 5, Abs. 2 GO MV; § 113
Abs. 1 S. 2 GO NW; § 87 Abs. 3 Nr. 3 GO RP; § 114 Abs. 1 S. 3 KSVG Saarl; § 119
Abs. 1 S. 5 GO LSA a. A.: *Koch,* in: Hüffer/Koch-AktG § 394 Rn. 28 ff m. w. N.;
Schürnbrand, in: MüKo-AktG Vor §§ 394, 395 Rn. 18 m. w. N.

60 *Schall* in: Spindler/Stilz-AktG § 394 Rn. 3; *Gärditz* in: *R. Schmidt/Wollenschläger*
Öffentliches Wirtschaftsrecht, S. 173 § 4 Rn. 59; *Altmann,* Verschwiegenheitspflicht,
162; *Püttner,* Öffentliche Unternehmen, 234 f; *Müller-Michaels* in: Hölters/Weber-
AktG § 394 Rn. 1 „im Rahmen der verfassungsrechtlichen Ordnung"; *Schmolke,*
WM 2018, 1913, 1913 ff.

§ 394 S. 1 AktG, welcher die Verschwiegenheitsverpflichtung der von Gemeinden gewählten oder entsandten Aufsichtsratsmitgliedern lockert, zeigt, dass der Gesetzgeber den oben aufgezeigten Konflikt zwischen öffentlich-rechtlichen und gesellschaftsrechtlichen Regelungen gesehen hat. Das Aktiengesetz regelt ausschließlich die Frage der Verschwiegenheitsverpflichtung der Aufsichtsratsmitglieder in gemeindlichen Unternehmen und äußert sich im Übrigen nicht zur Stellung des gemeindlichen Trägers bzw. der Gesellschafts-organe in gemeindlichen Unternehmen.[61] Hieraus lässt sich ableiten, dass der Gesetzgeber, abgesehen von der speziell modifizierten Verschwiegenheitsver-pflichtung, von der uneingeschränkten Anwendbarkeit der gesellschaftsrecht-lichen Normen ausgeht.[62] Hierfür sprechen auch die Überschrift zu § 394 S. 1 AktG: „Sondervorschriften bei Beteiligung von Gebietskörperschaften"[63] und die Entstehungsgeschichte.[64] Der Vorrang der gesellschaftsrechtlichen Nor-men vor den Regelungen der Gemeindeordnungen ergibt sich zudem aus dem Grundsatz „Bundesrecht bricht Landesrecht", vgl. Art. 31, 72 Abs. 1 GG. Eine Modifikation des Gesellschaftsrechts durch das Gemeindeorganisationsrecht ist hiernach ausgeschlossen.[65]

Anders als teilweise vertreten, lässt sich der Vorrang des Gesellschaftsrechts aber nicht mit dem Grundsatz der Gleichbehandlung der Aktionäre bzw. der Gesellschafter[66] begründen. Dieser Grundsatz besagt zwar, dass die Aktionäre und Gesellschafter „unter gleichen Voraussetzungen gleich zu behandeln"[67]

---

61 *Rachlitz* in: Grigoleit-AktG § 394 Rn. 2; *Schürnbrand* in: MüKo-AktG Vor §§ 394, 395 Rn. 1.

62 *Müller-Michaels* in: Hölters/Weber-AktG § 394 Rn. 4; *Altmann,* Verschwiegen-heitspflicht, 162; *Gersdorf,* Öffentliche Unternehmen, 261 f; *Püttner,* Öffentliche Unternehmen, 234 f.

63 *Schürnbrand* in: MüKo-AktG Vor §§ 394, 395 Rn. 14; *R. Fischer,* AG 1982, 85, 90.

64 *Kropff,* Aktiengesetz 1965, 496; *R. Fischer,* AG 1982, 85, 90.

65 *Huber/Fröhlich* in: Hopt/Wiedemann-AktG Vor §§ 394, 395 Rn. 17; *Koch* in: Hüffer/Koch-AktG § 394 Rn. 2a; *Burgi* in: *Herrler* Herausforderungen, S. 49, 57; *Klein,* Die öffentliche Hand, 79 f; *Bayer,* AG 2012, 141, 152; *Schwintowski,* NJW 1995, 1316, 1317; a. A.: *T. Mann* Öffentlich-rechtliche Gesellschaft, 272; *Katz,* BWGZ 2016, 370, 371, 374, der die Geltung des Art. 31 GG zumindest nicht einschränkungslos bejaht.

66 Der Grundsatz der Gleichbehandlung ist für die Aktiengesellschaft in § 53a AktG ausdrücklich normiert, ergibt sich für die GmbH aus einer Gesamtschau einzelner Vorschriften und ist insgesamt als Prinzip des Gesellschaftsrechts anerkannt: *Götze* in: MüKo AktG § 53a Rn. 1; *B. Mayer/vom Albrecht Kolke* in: Hölters/Weber-AktG § 53a Rn. 1; *Möller* Stellung und Funktion des Aufsichtsrats, 47.

67 *Götze* in: MüKo AktG § 53a Rn. 1 ff; *J. Koch* in: Hüffer/Koch-AktG § 53a AktG Rn. 4; *B. Mayer/vom Albrecht Kolke* in: Hölters/Weber-AktG § 53a Rn. 1.

sind. Ausnahmen vom Gleichbehandlungsgrundsatz sind jedoch dann zulässig, wenn sie nicht willkürlich sind.[68] Eine Andersbehandlung gemeindlicher
Aktionäre ist durch den Grundsatz der Gleichbehandlung der Aktionäre daher
nicht kategorisch ausgeschlossen.[69]

Die Lehre vom Verwaltungsgesellschaftsrecht argumentiert gegen den Vorrang des Gesellschaftsrechts, in dem sie auf die der Theorie des Verwaltungsprivatrechts zugrunde liegende Idee verweist:[70] Nicht nur das Handeln der
Gemeinde in Privatrechtsform unterliegt öffentlich-rechtlichen Bindungen (so
die Grundlage der Theorie des Verwaltungsprivatrechts). Auch die gemeindliche Organisation in gesellschaftsrechtlicher Unternehmensform hat sich an
öffentlich-rechtliche Vorgaben zu halten.[71] Nur durch eine verfassungskon-
forme Modifikation gesellschaftsrechtlicher Normen könne die Einhaltung
dieser Bindungen gewährleistet werden. Die Idee des Verwaltungsgesellschaftsrechts ist jedoch nicht mit der Idee des Verwaltungsprivatrechts vergleichbar.[72]
Unter dem Stichwort Verwaltungsprivatrecht wird die Einschränkung privatrechtlicher Normen wegen öffentlich-rechtlicher Regelungen diskutiert.[73] Das
Verwaltungsgesellschaftsrecht möchte hingegen das Gesellschaftsrecht erweitern.[74] Dies scheitert, wie oben bereits erläutert, schon daran, dass der Gesetzgeber bereits abschließende Sondervorschriften erlassen hat.[75] Darüber hinaus

---

68 BGHZ 33, 175, 175 ff; *Götze* in: MüKo AktG § 53a Rn. 14; *Janssen* in: Heidel-AktG §
    53a Rn. 7, 16; *J. Koch* in: Hüffer/Koch-AktG § 53a Rn. 4, 10 ff; *B. Mayer/vom Albrecht
    Kolke* in: Hölters/Weber-AktG § 53a Rn. 3.

69 *Möller,* Stellung und Funktion des Aufsichtsrats, 48; a. A.: *Gersdorf,* Öffentliche
    Unternehmen, 262.

70 *Kraft,* Verwaltungsgesellschaftsrecht, 238 ff; *von Danwitz,* AöR 120 (1995), 595, 617;
    Ossenbühl, ZGR 1996, 504, 513.

71 Die Frage der Bindung an öffentlich-rechtliche Vorschriften bei privatrechtli-
    cher Organisation ist sehr umstritten, nähere Ausführungen hierzu im Abschnitt
    C. I. 1. a). Diese Bindung grundsätzlich bejahend: *Ade* in: *Ade/Neumaier-
    Klaus/M. Thormann u. a.* Handbuch Kommunales Beteiligungsmanagement,
    S. 13, 21; *Ehlers,* Verwaltung, 222; *Spannowsky,* DVBl 1992, 1072, 1073; s. außerdem
    Abschnitt C. I 1. a).

72 *Schürnbrand* in: MüKo-AktG Vor §§ 394, 395 Rn. 17; *Habersack,* ZGR 1996,
    544, 555.

73 *T. Mann,* Öffentlich-rechtliche Gesellschaft, 284 kritisch darstellend; ebenso *von
    Danwitz,* AöR 120 (1995), 595, 617; ebenso *Zezschwitz,* NJW 1983, 1873, 1873 ff.

74 *Schürnbrand,* in: MüKo-AktG Vor §§ 394, 395 Rn. 17 kritisch darstellend; *Gersdorf*
    Öffentliche Unternehmen, 256 ff ebenso; *T. Mann* Öffentlich-rechtliche Gesell-
    schaft, 285 ebenso; *Habersack,* ZGR 1996, 544, 555 ebenso.

75 *Kropff,* Aktiengesetz 1965, 496; *R. Fischer,* AG 1982, 85, 90.

sind keine Modifikationen denkbar. Aus den genannten Punkten ist die Lehre vom Verwaltungsgesellschaftsrecht abzulehnen. Es ist vom Vorrang des Gesellschaftsrechts auszugehen.[76] Gemeinden sind demnach verpflichtet, sich einer Form des Privatrechts nicht zu bedienen, wenn mit dieser die verfassungsrechtlich gebotenen Pflichten nicht realisierbar sind.[77]

---

76   *Gasteyer* in: Semler/v. Schenck-AktG § 394 Rn. 1; *Schall* in: Spindler/Stilz-AktG § 394 Rn. 3; *Gärditz* in: *R. Schmidt/Wollenschläger* Öffentliches Wirtschaftsrecht, S. 173 § 4 Rn. 59; *Geerlings* in: *T. Mann/Püttner* Kommunale Wissenschaft II, S. 409 § 52 Rn. 10; *Altmann* Verschwiegenheitspflicht, 162; *Emmerich*, Öffentliche Unternehmen, 210; *Gersdorf,* Öffentliche Unternehmen, 266; *Pape,* Kommunales Aufsichtsratsmandat, 85; *Püttner,* Öffentliche Unternehmen, 234 f; *Erle/R. Becker,* NZG 1999, 58, 59; *ders.*, GewArch 2009, 337, 341 ff; *Meier/Wieseler,* Der Gemeindehaushalt 1993, 174, 174; *Pitschas/Schoppa*, DÖV 2009, 469, 476; *Ristelhuber*, NWVBl 2016, 359, 359; *Spannowsky*, ZGR 1996, 400, 424; *Thümmel*, DB 1999, 1891, 1891 f; a. A.: *Puhl* in: *Isensee/P. Kirchhof* HStR III, S. 639 § 48 Rn. 45 der die landesrechtlichen Regelungen, die von den Vorgaben des GmbHG bzw. des AktG abweichen, als zulässig erachtet, jedenfalls solange keine Regelungen, die dem Gläubigerschutz dienen, ausgehöhlt werden (ohne den Begriff des Verwaltungsgesellschaftsrechts zu verwenden); *Wahl* in: *Hans-Günter Henneke* Aufgabenerfüllung, S. 15, 29 schließt „Überformungen des Aktienrechts durch das Kommunalrecht nicht gänzlich" aus.

77   *Gärditz* in: *R. Schmidt/Wollenschläger* Öffentliches Wirtschaftsrecht, S. 173 § 4 Rn. 59; *Altmann,* Verschwiegenheitspflicht, 162; *Leisner*, GewArch 2009, 337, 341; *Püttner*, DVBl 1986, 748, 751; *R. Schmidt*, ZGR 1996, 345, 351; *Spannowsky*, ZGR 1996, 400, 424.

B. Verschwiegenheitsverpflichtung nach §§ 116 S. 1, 93 Abs. 1 S. 3 AktG

I. Die Verschwiegenheitsverpflichtung der Aufsichtsratsmitglieder einer Aktiengesellschaft

Die Betrachtung der Verschwiegenheitsverpflichtung der Aufsichtsratsmitglieder setzt einige Grundkenntnisse über Zusammensetzung und Funktion des Aufsichtsrats in der Aktiengesellschaft voraus.

1. Aufsichtsrat einer Aktiengesellschaft

Die §§ 95 ff AktG befassen sich mit dem Aufsichtsrat. Der Aufsichtsrat besteht aus mindestens drei Mitgliedern, wenn durch Satzung keine höhere Zahl vorgesehen ist. Maximal kann der Aufsichtsrat 21 Mitglieder haben, vgl. § 95 S. 4 AktG. § 96 Abs. 1 AktG regelt die Zusammensetzung des Aufsichtsrates. Bei Aktiengesellschaften, für die keines der Mitbestimmungsgesetze gilt[78], besteht der Aufsichtsrat ausschließlich aus Vertretern der Aktionäre, vgl. § 96 Abs. 1 AktG. Die Bestellung der Aufsichtsratsmitglieder bestimmt sich nach § 101 Abs. 1 AktG. Grundsätzlich[79] werden die Mitglieder von der Hauptversammlung gewählt (§ 101 Abs. 1 S. 1 AktG) und (mit Dreiviertelmehrheit) abberufen, vgl. § 103 Abs. 1 S. 1 u. 2 AktG.

Alle Aufsichtsratsmitglieder haben die gleichen Rechte und Pflichten, sie sind ungebunden und weisungsfrei[80] und nur auf das Unternehmen-

---

78 Nach § 1 Abs. 1 Nr. 1 S. 1 DrittelbG, § 1 Abs. 1 Nr. 1 und 2 MitbestG, § 1 Abs. 2 MontanMitbestG gelten die Mitbestimmungsgesetze für die Aktiengesellschaft.

79 Dies gilt nur soweit sie nicht in den Aufsichtsrat zu entsenden oder als Aufsichtsratsmitglieder der Arbeitnehmer nach einem der Mitbestimmungsgesetze zu wählen sind, vgl. § 101 Abs. 1 S. 1 AktG; eine andere Mehrheit und weitere Erfordernisse zur Abberufung können in der Satzung bestimmt werden, vgl. § 103 Abs. 1 S. 3 AktG.

80 *Hoffmann-Becking* in: *Hoffmann-Becking* Münchener Handbuch, S. 676 § 33 Rn. 7; *Schüppen* in: Schüppen/Schaub-MAH/AktG § 23 Rn. 8 f; *dies.* in: *Habersack/Hommelhoff* FS W. Goette, S. 254, 255; *F.-J. Säcker* in: *Niederleithinger/Rosemarie Werner/G. Wiedemann* FS Lieberknecht, S. 107, 125; *Haupt,* Privatrechtliche Gesellschaft, 225; *Raiser/Veil,* Kapitalgesellschaften, Rn. 97; *Trzeciak,* Rechtsformen, 194; *Dreher,* JZ 1990, 896, 896; *Harder/Ruter,* GmbHR 1995, 813, 814; so wohl auch *ders.,* NZG 2012, 48, 53 f; *Kiethe,* NZG 2006, 45, 49; *Schön,* ZGR 1996, 429; *Weber-Rey/Buckel,* ZHR 2013, 13; *Schwintowski,* NJW 1990, 1009, 1013 f.

sinteresse[81] verpflichtet. Die Verpflichtung auf das Unternehmensinteresse bei der Wahrnehmung ihres Amtes gilt ungeachtet anderer Interessen, die insbesondere Arbeitnehmervertreter oder von gemeindlichen Trägern entsandte Aufsichtsratsmitglieder oftmals haben.[82] Das Aktienrecht zeichnet sich durch seine Formenstrenge aus. Verantwortungs- und Entscheidungskompetenzen der Gesellschaftsorgane sind gesetzlich zugewiesen und nicht disponibel.[83] Zentrale Aufgabe des Aufsichtsrates ist nach § 111 Abs. 1 AktG die Überwachung des Vorstandes.[84] Die Maßnahmen des Vorstands werden auf Rechtmäßigkeit, Wirtschaftlichkeit, Ordnungsmäßigkeit und Zweckmäßigkeit hin überprüft.[85] Die Überprüfung kann und muss nicht lediglich bezüglich

81 BGHZ 64, 325, 331; *Grigoleit/Tomasic* in: Grigoleit-AktG § 116 Rn. 11; *Pelz* in: Bürgers/Körber/Lieber-AktG Vor §§ 394, 395 Rn. 7; *ders.* in: *ders.* Münchener Handbuch, S. 676 § 33 Rn. 1; *Püttner* in: Gesellschaft für öffentliche Wirtschaft und Gemeinwirtschaft Kontrolle öffentlicher Unternehmen, S. 137, 138; *Wilhelm,* Kapitalgesellschaftsrecht, Rn. 1142; *Hennrichs/Pöschke* in: *Dauner-Lieb/Hennrichs/Henssler u. a.* FS für Barbara Grunewald, S. 327, 334; *Preussner,* NZG 2005, 575, 578; *Priester,* ZIP 2011, 2081, 2082; *Riegel,* Versorgungswirtschaft 2002, 53, 53; a. A.: *Büchner,* Kommunale Unternehmen, 207 der an erster Stelle die Verpflichtung auf das Unternehmensinteresse nennt, jedoch an zweiter Stelle die Verfolgung anderer Interessen für möglich hält; *Martens,* AG 1984, 29, 29, der die von gemeindlichen Trägern entsandten oder gewählten Aufsichtsratsmitglieder lediglich „ebenfalls" (neben anderen Interessen) auf das Unternehmensinteresse verpflichtet sieht; näheres zum Begriff des Unternehmensinteresses: *Raisch* in: *R. Fischer/Gessler/ Wolfgang Schilling u. a.* FS Hefermehl, S. 347, 348 ff; *Rittner* in: *R. Fischer/Gessler/ Wolfgang Schilling u. a.* FS Hefermehl, S. 365, 369.
82 *Grigoleit/Tomasic* in: Grigoleit-AktG § 116 Rn. 11; *Habersack* in: MüKo-AktG § 116 Rn. 46; *Raiser/Veil* Kapitalgesellschaften, Rn. 115; *Schüppen* in: Schüppen/Schaub-MAH/AktG § 23 Rn. 32 f; *F. Säcker* in: *Eyrich/Odersky/F. Säcker* FS Rebmann, S. 781, 784; *Keller/Paetzelt,* KommJur 2005, 451, 451; *Sina,* NJW 1990, 1016, 1016; *Wilhelm,* DB 2009, 944, 946; dies gilt insb. auch für Personen, die in mehreren Gesellschaften Aufsichtsratsmitglied sind; die Pflicht besteht dann immer bzgl. der jeweiligen Gesellschaft: *Buch-Heeb,* WM 2016, 1469, 1470; *ders.,* ZIP 1990, 277, 279; *Grams,* LKV 1997, 397, 398; *J. Koch,* ZIP 2015, 1757, 1763; *Schwintowski,* ZIP 2015, 617, 617; *Werner,* WM 2016, 1474, 1477; ausführlich zu Interessenkonflikten: *K. Krebs,* Interessenkonflikte, 65 ff; *Uwe Schneider* in: *Habersack/Hommelhoff* FS W. Goette, S. 475, 475 ff; *Dreher,* JZ 1990, 896, 896 ff.
83 Vgl. Wortlaut des § 23 Abs. 5 AktG; *Decher,* ZIP 1990, 277.
84 Ausführlich zu den hierdurch erfassten Rechten und Pflichten *Semler,* Aktiengesellschaft, Rn. 85 ff; *Ristelhuber,* NWVBl 2016, 359, 359.
85 BGHZ 75, 120, 133; *ders.* in: MüKo-AktG § 111 Rn. 42; *P. Wolff* in: *Frodermann/ Jannott* Handbuch Aktienrecht, Rn. 1–118 Teil 8 Rn. 6; *Wilhelmi* in: Verlag Moderne

abgeschlossener Maßnahmen stattfinden. Vielmehr ist der Aufsichtsrat gleichermaßen verpflichtet, präventiv zu agieren.[86] Im Grundsatz ist das Amt des Aufsichtsrats als Nebentätigkeit ausgestaltet. Aus den begrenzten Arbeitskapazitäten ergibt sich, dass der Aufsichtsrat nicht das alltägliche Geschäft des Vorstands, sondern vor allem Maßnahmen grundlegender Natur zu überprüfen hat.[87] Um seiner Überwachungsfunktion gerecht zu werden, ist der Vorstand nach § 90 Abs. 1 S. 1 AktG verpflichtet, dem Aufsichtsrat Bericht zu erstatten.[88] Nach § 90 Abs. 3 S. 1 AktG hat der Aufsichtsrat das Recht, weitere Berichte einzufordern, und nach § 111 Abs. 2 AktG kann er eigene Ermittlungen anstellen. Ebenso erhält er einen jährlichen Bericht durch den Wirtschaftsprüfer, vgl. §§ 170 Abs. 1 S. 1, Abs. 3, 171 Abs. 1 S. 2 AktG.

2. Verschwiegenheitsverpflichtung

Die Verschwiegenheitsverpflichtung der Aufsichtsratsmitglieder zählt zu den organschaftlichen Treuepflichten der Aufsichtsratsmitglieder.[89] Nach §§ 116 S. 1, 93 Abs. 1 S. 3 AktG haben Aufsichtsratsmitglieder „über vertrauliche Angaben und Geheimnisse der Gesellschaft, namentlich Betriebs- oder Geschäftsgeheimnisse, die den Aufsichtsratsmitgliedern durch ihre Tätigkeit im Aufsichtsrat bekannt geworden sind, (…) Stillschweigen zu bewahren." Die Verschwiegenheitsverpflichtung gilt nach § 116 S. 2 AktG insbesondere für „erhaltene vertrauliche Berichte und vertrauliche Beratungen." Die Vertraulichkeit der Beratungen des Aufsichtsrates wird

---

Industrie Handbuch Aufsichtsrat, S. 243 4.B. Rn. 474; *Cervellini,* Bericht des Aufsichtsrats, 32; *Lutter/Krieger/Verse,* Rechte und Pflichten des Aufsichtsrats Rn. 73; *Riebartsch,* Aufsichtsrat, 67 ff; *Beisheim/Hecker,* KommJur 2015, 49, 51; *Frerk,* AG 1995, 212, 212; *Harder/Ruter,* GmbHR 1995, 813, 815; *Ristelhuber,* NWVBl 2016, 359, 359; *Theisen,* AG 1995, 193, 200 f; *Wilsing/Linden,* ZHR 2014, 419, 423.

86 BGHZ 114, 127, 129 ff; *ders.,* Bericht des Aufsichtsrats, 31 f; *Uwe Schneider* in: Forster/Grunewald/Lutter u. a. FS Kropff, S. 271, 275; *Beisheim/Hecker,* KommJur 2015, 49, 51; *ders.,* BB 2000, 209, 214; *Ristelhuber,* NWVBl 2016, 359, 359.

87 *Cervellini,* Bericht des Aufsichtsrats, 30 f, macht dies an einer engeren Auslegung des Begriffs „Geschäftsführung" im Sinne des § 111 Abs. 1 AktG fest; i. E. so auch *ders.,* Unternehmensverträge, 71; *Fett/Habbe,* AG 2018, 257, 258.

88 *Loeser,* Berichtswesen, 105 ff hierzu ausführlich.

89 BGHZ 64, 325, 327; *J. Koch* in: *Hüffer/Koch-AktG* § 116 Rn. 9; *ders.,* Kommunales Unternehmensrecht, 426; *Gundlach/Frenzel/N. Schmidt,* LKV 2001, 246, 250; *M. Mann,* AG 2018, 57, 57; *Schwintowski,* NJW 1990, 1009, 1011.

außerdem durch die Nichtöffentlichkeit der Aufsichtsratssitzungen gemäß § 109 S. 1 AktG sichergestellt.[90]

a) Sinn der Vorschrift

Die Verschwiegenheitsverpflichtung stellt das notwendige Gegenstück zu den weitreichenden Informationsrechten des Aufsichtsrats dar.[91] Zum einen soll durch die umfassende Verschwiegenheitsverpflichtung die Binnenstruktur der Gesellschaft geschützt werden.[92] Hierzu gehört die Funktionsfähigkeit des Aufsichtsrates.[93] Zu diesem Zweck ist es unerlässlich, dass Inhalt, Ablauf und Resultat der Beratungen vertraulich bleiben, vgl. § 116 S. 2 AktG.[94] Denn ein offener Austausch,[95] die Bereitschaft, Irrtümer einzugestehen[96] und somit eine rundum

---

90 *Habersack* in: MüKo-AktG § 109 Rn. 2; *Tomasic* in: Grigoleit-AktG § 109 Rn. 1; *Bätge* in: *Beckmann/Mansel/Matusche-Beckmann* GS Hübner, S. 463, 475; *Meier/Wieseler*, Der Gemeindehaushalt 1993, 174, 174; *Weber-Rey/Buckel*, ZHR 2013, 13, 16; kritisch hierzu: *W. Thormann*, DÖV 2016, 991, 991 ff. Die Nichtöffentlichkeit sollte nach einem Regierungsentwurf für die Aktienrechtsnovelle 2010 zur Disposition gestellt werden. Nach erheblicher Kritik wurde dieser Entwurf jedoch zurückgenommen. Hierzu ausführlich: *Sünner*, CCZ 2012, 107, 112.

91 *Habersack* in: MüKo-AktG § 116 Rn. 49; *Koch* in: Hüffer/Koch-AktG § 116 Rn. 9; *Spindler* in: Spindler/Stilz-AktG § 116 Rn. 99; *Oetker* in: Hommelhoff/Hopt Corporate Governance, S. 277, 297, der Information und Vertraulichkeit als „Sinneinheit" bezeichnet; *Cervellini*, Bericht des Aufsichtsrats, 144; *K. Schmidt* Gesellschaftsrecht, 823 f; *T. Mann* in: *Ennuschat/Geerlings/T. Mann u. a.* GS-Tettinger, S. 295, 302; *Barta*, GmbHR 2002, R313–R314, R314; *Mülbert/Sajnovits*, NJW 2016, 2540, 2541; a. A.: *Köstler/T. Schmidt*, BB 1981, 87, 90, der den Zusammenhang zwischen Information und Vertraulichkeit verneint.

92 So auch die Ausführungen in 3.1. ff Deutscher Corporate Governance Kodex (DCGK); *Oetker* in: *Martinek* FS Reuter, S. 1091, 1092; *F.-J. Säcker*, NJW 1986, 803, 806; *Stegmaier*, AG 2017, 336, 338.

93 Reg. Begr. BT- Drs. 14/8769 S. 24 f abrufbar unter http://dipbt.bundestag.de/doc/btd/14/087/1408769.pdf; *Habersack* in: MüKo-AktG § 116 Rn. 49; *Koch* in: Hüffer/Koch-AktG § 116 Rn. 9; *Spindler* in: Spindler/Stilz-AktG § 116 Rn. 112; *Cervellini*, Bericht des Aufsichtsrats, 146; a. A.: *Klinkhammer/Rancke*, Verschwiegenheitspflicht der Aufsichtsratsmitglieder, 50.

94 *Habersack* in: MüKo-AktG § 116 Rn. 54; *Mertens/Cahn* in: KK-AktG § 116 Rn. 53; *Oetker* in: *Hommelhoff/Hopt* Corporate Governance, S. 277, 296.

95 *Hopt/M. Roth* in: Hirte/Mülbert/Roth-AktG § 116 Rn. 251; *Lutter/Krieger/Verse*, Rechte und Pflichten des Aufsichtsrats, Rn. 266; *Wilsing/Linden*, ZHR 2014, 419, 420.

96 *Lutter/Krieger/Verse*, Rechte und Pflichten des Aufsichtsrats, Rn. 266; *Wilsing/Linden*, ZHR 2014, 419, 420.

„vertrauensvolle Zusammenarbeit"[97] zwischen den Aufsichtsratsmitgliedern kann nur gewährleistet werden, wenn kein Druck von außen ausgeübt werden kann und eine direkte Einflussnahme von Externen ausgeschlossen ist.[98] Auch muss vermieden werden, dass der Aufsichtsrat beziehungsweise seine einzelnen Mitglieder einem Rechtfertigungszwang gegenüber Dritten unterliegen.[99]

Wesentliches Element der Binnenstruktur der Gesellschaft und daher vom Schutzzweck der Norm erfasst ist des Weiteren die Zusammenarbeit zwischen Vorstand und Aufsichtsrat.[100] Hätte der Vorstand zu befürchten, dass über den Aufsichtsrat Interna nach außen gelangen, würde der Vorstand womöglich Informationen länger für sich behalten, sie gar nicht preisgeben oder nur mündlich übermitteln.[101] Der Aufsichtsrat könnte so, wenn überhaupt, erst später von Problemen erfahren und naturgemäß würde dies seine Einflussmöglichkeiten einschränken.[102] Außerdem ist es grundsätzlich die originäre Aufgabe des Vorstandes, die Öffentlichkeit zu informieren, und nicht die des

---

97   *Habersack* in: MüKo-AktG § 116 Rn. 49; *Lutter/Krieger/Verse,* Rechte und Pflichten des Aufsichtsrats, Rn. 266 der diese als „Magna Charta" der Arbeit des Aufsichtsrates bezeichnet; *Rittner* in: *R. Fischer/Gessler/Wolfgang Schilling u. a.* FS Hefermehl, S. 365, 365; *Bungert/Wettich,* ZIP 2011, 160, 164 der als Sinn die „kollegiale Zusammenarbeit" nennt; *Mülbert/Sajnovits,* NJW 2016, 2540, 2541.

98   *Habersack* in: MüKo-AktG § 116 Rn. 54; *Hoffmann-Becking* in: *Hoffmann-Becking* Münchener Handbuch, S. 676 § 33 Rn. 63; *Cervellini,* Bericht des Aufsichtsrats, 153 f; *Hengeler* in: *R. Fischer/Hefermehl* FS Schilling, S. 175, 175; *Säcker,* NJW 1986, 803, 807; *Schwintowski,* NJW 1995, 1316, 1318; *Veil,* ZHR 2008, 239, 245; *Wilsing/Linden,* ZHR 2014, 419, 420.

99   *Hoffmann-Becking* in: *Hoffmann-Becking* Münchener Handbuch, S. 676 § 33 Rn. 63; *Cervellini,* Bericht des Aufsichtsrats, 153 f; *M. Mann,* AG 2018, 57, 58.

100   *Habersack* in: MüKo-AktG § 116 Rn. 49; *Mertens/Cahn* in: KK-AktG § 116 Rn. 38; *Spindler* in: Spindler/Stilz-AktG § 116 Rn. 99; *Cervellini,* Bericht des Aufsichtsrats, 146; *Bäcker* in: Grundmann FS Schwark, S. 101, 115; *Oetker* in: *Martinek* FS Reuter, S. 1091, 1092; *Bungert/Wettich,* ZIP 2011, 160, 164; *Mülbert/Sajnovits,* NJW 2016, 2540, 2541; *Ristelhuber,* NWVBl 2016, 359, 360.

101   BegrRegE TransPuG, TB-Drs. 14/8769, 18 abrufbar unter: http://dipbt.bundestag. de/doc/btd/14/087/1408769.pdf; *Hopt/M. Roth* in: Hirte/Mülbert/Roth-AktG § 116 Rn. 190; *dies.* in: KK-AktG § 116 Rn. 39; *Oetker* in: *Hommelhoff/Hopt* Corporate Governance, S. 277, 297; *Cervellini,* Bericht des Aufsichtsrats, 144; *Lutter/Krieger/Verse,* Rechte und Pflichten des Aufsichtsrats, Rn. 256; *Bormann,* NZG 2011, 926, 927; *M. Mann,* AG 2018, 57, 58; *Veil,* ZHR 2008, 239, 255.

102   *Spindler* in: Spindler/Stilz-AktG § 116 Rn. 103; *Cervellini,* Bericht des Aufsichtsrats, 144; ähnlich auch *Lutter,* BB 1980, 291, 291.

Aufsichtsrates.[103] Eine funktionierende Binnenstruktur ist zudem kein reiner Selbstzweck, sondern wesentliche Voraussetzung dafür, dass das Unternehmen wirtschaftlich geführt werden kann und wettbewerbsfähig ist.[104]

Zum anderen dient die Verschwiegenheitsverpflichtung dem Geheimnisschutz.[105] Namentlich Betriebs- und Geschäftsgeheimnisse, vgl. §§ 116 S. 1, 93 Abs. 1 S. 3 AktG, haben einen wirtschaftlichen Wert. Ihr allgemeines Bekanntwerden kann der Gesellschaft schaden.[106] In Betracht kommen sowohl materielle[107] als auch immaterielle Schäden,[108] letztere beispielsweise in Form eines Vertrauens- oder Ansehensverlustes des Unternehmens in der Öffentlichkeit.[109]

b) Umfang der Verschwiegenheitsverpflichtung

Alle Aufsichtsratmitglieder sind gleichermaßen[110] gegenüber jedermann, insbesondere auch gegenüber den Aktionären[111], zur Verschwiegenheit

---

103 *Groß-Bölting/Rabe in: Hölters/Weber-AktG* § 116 Rn. 76; *Hoffmann-Becking in: Hoffmann-Becking* Münchener Handbuch, S. 676 § 33 Rn. 65; *F.-J. Säcker in: Lutter/Stimpel/Wiedemann* FS Robert Fischer, S. 633, 636; *Schwintowski*, NJW 1990, 1009, 1010; *Linker/Zinger*, NZG 2002, 497, 502.

104 *Seibt in: Hommelhoff/Hopt* Corporate Governance, S. 391, 392; *F.-J. Säcker in: Lutter/Stimpel/Wiedemann* FS Robert Fischer, S. 633, 633 ff.; *ders.*, Verschwiegenheitspflicht, 14; *Säcker*, NJW 1986, 803, 806; *Spieker*, NJW 1965, 1937, 1939.

105 *Habersack in: MüKo-AktG* § 116 Rn. 49; *Cervellini*, Bericht des Aufsichtsrats, 146; *ders. in: Martinek* FS Reuter, S. 1091, 1092; *Ristelhuber*, NWVBl 2016, 359, 360.

106 *Habersack in: MüKo-AktG* § 116 Rn. 49; *ders.*, Bericht des Aufsichtsrats, 146; *Lutter/Krieger/Verse*, Rechte und Pflichten des Aufsichtsrats, Rn. 259.

107 *Belcke/Mehrhoff*, GmbHR 2016, 576, 576; *Ristelhuber*, NWVBl 2016, 359, 360.

108 *Spindler in: Spindler/Stilz-AktG* § 116 Rn. 111; *Hopt/M. Roth in: Hirte/Mülbert/Roth-AktG* § 93 Rn. 193; *Raiser in: Raiser/Veil/Jacobs-MitbestG* § 25 Rn. 132; *Stebut*, Geheimnisschutz und Verschwiegenheitspflicht, 43; *D. Gaul*, GmbHR 1986, 296, 298; *Riegel*, Versorgungswirtschaft 2002, 53, 54; *Stegmaier*, AG 2017, 336, 338.

109 *Hopt/M. Roth in: Hirte/Mülbert/Roth-AktG* § 93 Rn. 283; *ders.*, Bericht des Aufsichtsrats, 148; *Lutter/Krieger/Verse*, Rechte und Pflichten des Aufsichtsrats, Rn. 260.

110 BGHZ 64, 325, 330 f; *Habersack in: MüKo-AktG* § 116 Rn. 55; *Mertens/Cahn in: KK-AktG* § 116 Rn. 39; *Altmann* Verschwiegenheitspflicht, 59; *Cervellini*, Bericht des Aufsichtsrats, 156; *Mülbert/Sajnovits*, NJW 2016, 2540, 2541; *Ristelhuber*, NWVBl 2016, 359, 362.

111 *Hoffmann-Becking in: Hoffmann-Becking* Münchener Handbuch, S. 676 § 33 Rn. 58; *Linker/Zinger*, NZG 2002, 497, 501 f; *M. Mann*, AG 2018, 57, 58; *Schmidt-Aßmann/Ulmer*, BB 1988, 1, 4; *Weber-Rey/Buckel*, ZHR 2013, 13, 15; *Will*, VerwArch 2003, 248, 251.

verpflichtet.[112] Auch gegenüber dem Aktionär, der den Aufsichtsrat entsandt hat, gilt nichts anderes.[113] Die Aktionäre haben lediglich ein Auskunftsrecht gegenüber dem Vorstand in der Hauptversammlung, vgl. § 131 Abs. 1 S. 1 AktG.[114] Dieses Auskunftsrecht besteht nur bezüglich solcher Informationen, die „zur sachgemäßen Beurteilung des Gegenstands der Tagesordnung erforderlich" sind und erfasst insbesondere keine vertraulichen Angaben, Berichte oder Beratungen bzw. Geheimnisse der Gesellschaft[115]. Die Aktionäre sind bezüglich der Inhalte aus der Hauptversammlung nicht zur Verschwiegenheit verpflichtet und dürfen dem gemeindlichen Träger der AG Bericht erstatten.[116]

Die Schweigepflicht gilt grundsätzlich nicht gegenüber anderen Aufsichtsratsmitgliedern und dem Vorstand.[117] Eine Geheimhaltungspflicht gegenüber dem Vorstand kann allerdings dann bestehen, wenn es um Kontroversen innerhalb des Aufsichtsrates oder um Vorstandsangelegenheiten geht, z. B. um die Geltendmachung von Ersatzansprüchen gegen den Vorstand oder um dessen Anstellungsverträge.[118] Die Verpflichtung bleibt auch nach dem Ausscheiden

112 *Habersack* in: MüKo-AktG § 116 Rn. 56; *Albrecht-Baba*, NWVBl 2011, 127, 128; *Ristelhuber*, NWVBl 2016, 359, 361 f; *Wilhelm*, DB 2009, 944, 946 zur mitbestimmten GmbH (inhaltlich aber auch für die AG geltend); *Veil*, ZHR 2008, 239, 244.
113 *Grigoleit/Tomasic* in: Grigoleit-AktG § 116 Rn. 21; *Habersack* in: MüKo-AktG § 116 Rn. 55; *Mertens/Cahn in: KK-AktG* § 116 Rn. 56; *Schmidt-Aßmann/Ulmer*, BB 1988, 1, 4; *Wilhelm*, DB 2009, 944, 946 zur mitbestimmten GmbH (inhaltlich aber auch für die AG geltend); zu den Ausnahmeregelungen in §§ 394, 395 AktG s. Kapitel D.
114 Kollektiv besitzt die Hauptversammlung folgende Informationsrechte, die jedoch mit Blick auf die Informationen, die Vorstand und Aufsichtsrat haben, insgesamt nicht bedeutsam sind: §§ 175 Abs. 1, 176 Abs. 1 und 2, 293, 295 Abs. 1 AktG und § 318 HGB. Weitere individuelle Informationsrechte sind in §§ 124 Abs. 2, 125 Abs. 2, 175 Abs. 2, 186 Abs. 4 Akt geregelt; zu den Details s. *Dietlmeier,* Kommunales Unternehmensrecht, 428 f.
115 *Brete/Braumann*, GWR 2019, 59, 63 zum sachlichen Umfang.
116 *Erichsen*, Vertretung der Kommunen, 44; *Püttner*, Öffentliche Unternehmen, 237.
117 *Drygala* in: Schmidt, K./Lutter-AktG § 116 Rn. 38; *Habersack* in: MüKo-AktG § 116 Rn. 56; *Spindler* in: Spindler/Stilz-AktG § 116 Rn. 106; *dies.*, Aufsichtsratspraxis, Rn. 551, 553; *Albrecht-Baba*, NWVBl 2011, 127, 128; *Meier/Wieseler*, Der Gemeindehaushalt 1993, 174, 175.
118 *Habersack* in: MüKo-AktG § 116 Rn. 56; *Groß-Bölting/Rabe* in: Hölters/Weber-AktG § 116 Rn. 72; *Hopt/M. Roth* in: Hirte/Mülbert/Roth-AktG Rn. 238; *Spindler* in: Spindler/Stilz-AktG § 116 Rn. 106.

aus dem Aufsichtsrat weiter bestehen.[119] Von ihr umfasst sind nur Informationen, die in Zusammenhang mit der Aufsichtsratstätigkeit erlangt wurden.[120] Bei der Weitergabe anderweitig erlangter Kenntnisse an Dritte zum Nachteil der Gesellschaft kommt jedoch ein Verstoß gegen die organschaftliche Treuepflicht in Betracht.[121] Die Verschwiegenheitsverpflichtung kann weder durch die Satzung noch durch die Geschäftsordnung verschärft oder abgemildert werden, vgl. § 23 Abs. 5 S. 1 AktG.[122] Es ist der Gesellschaft lediglich möglich, unverbindliche Richtlinien zu erlassen, die den Inhalt der Verpflichtung erläutern.[123]

aa) Betriebs- und Geschäftsgeheimnisse

Die Verpflichtung zu Schweigen gilt nach §§ 116 S. 1, 93 Abs. 1 S. 3 AktG für Geheimnisse der Gesellschaft. Ein Geheimnis im Sinne der Norm ist eine Tatsache, die nicht allgemein bekannt ist. Sie muss jedoch nicht völlig unbekannt sein.[124] Der Tatsachenbegriff „ist weit zu verstehen".[125] Gemeint sind neben

119 OLG München AG 2021, 769, 771; *Grigoleit/Tomasic* in: Grigoleit-AktG § 116 Rn. 16; *Habersack* in: MüKo-AktG § 116 Rn. 50; *Koch* in: Hüffer/Koch-AktG § 116 Rn. 9; *Hoffmann-Becking* in: *Hoffmann-Becking* Münchener Handbuch, S. 676 § 33 Rn. 57; *Theisen*, GmbHR 1979, 134, 135.

120 *Habersack* in: MüKo-AktG § 116 Rn. 50; *Spindler* in: Spindler/Stilz-AktG § 116 Rn. 114; *Köstler/Zachert/M. Müller* Aufsichtsratspraxis, Rn. 528.

121 *Habersack* in: MüKo-AktG § 116 Rn. 50; *Spindler* in: Spindler/Stilz-AktG § 116 Rn. 114; *Saage* in: Verlag Moderne Industrie Handbuch Aufsichtsrat, S. 409 Rn. 606; *Stegmaier*, AG 2017, 336, 337.

122 BGHZ 64, 325, 327; *Koch* in: Hüffer/Koch-AktG § 116 Rn. 11; *Mertens/Cahn* in: KK-AktG § 116 Rn. 50; *Hoffmann-Becking* in: *Hoffmann-Becking* Münchener Handbuch, S. 676 § 33 Rn. 66; *Flore*, BB 1993, 133, 133; *Kittner*, ZHR 1972, 208, 249; *Wagner*, Aufsichtsgremien, 112.

123 BGHZ 64, 325, 328; *Bürgers/S. Fischer* in: Bürgers/Körber/Lieber-AktG § 116 Rn. 20; *Koch* in: Hüffer/Koch-AktG § 116 Rn. 11; *Hoffmann-Becking* in: *Hoffmann-Becking* Münchener Handbuch, S. 676 § 33 Rn. 66; *K. Schmidt*, Gesellschaftsrecht, 826; *Wagner*, Aufsichtsgremien, 112.

124 *Habersack* in: MüKo-AktG § 116 Rn. 52; *Hopt/M. Roth* in: Hirte/Mülbert/Roth-AktG § 116 Rn. 195; *Mertens/Cahn* in: KK-AktG § 116 Rn. 47; *Cervellini*, Bericht des Aufsichtsrats, 147; *Albrecht-Baba*, NWVBl 2011, 127, 129; *Meier/Wieseler*, Der Gemeindehaushalt 1993, 174, 175; *Riegel*, Versorgungswirtschaft 2002, 53, 54; *Schwill*, NVwZ 2019, 109, 112.

125 *Lutter/Krieger/Verse*, Rechte und Pflichten des Aufsichtsrats, Rn. 259; *van Kann/Keiluweit*, DB 2009, 2251, 2251; *Stebut*, Geheimnisschutz und Verschwiegenheitspflicht, 6; *Schenck* in: Semler/v. Schenck-AktG § 116 Rn. 428.

objektiven Daten auch geäußerte Meinungen, Absichten und Wertungen.[126] Die Geheimhaltung des Geheimnisses muss objektiv im Interesse des Unternehmens sein.[127] Ein Geheimhaltungswille von Vorstand oder Aufsichtsrat ist nicht erforderlich und auch nicht maßgeblich.[128] Jedes Aufsichtsratsmitglied muss im Rahmen seiner pflichtgemäßen Amtsführung selbst entscheiden, ob die Geheimhaltung im Interesse der Gesellschaft ist.[129] Es kommt ihm hier kein Beurteilungs- oder Ermessensspielraum zu.[130] Die Entscheidung ist gerichtlich voll überprüfbar. Der Aufsichtsrat darf die Äußerung des Vorstandes zur Geheimhaltungsbedürftigkeit einer Information als Indiz für die eigene Beurteilung werten.[131] Sie entbindet ihn gleichwohl nicht von einer eigenen Entscheidung, für die er verantwortlich ist. Eine Unterscheidung zwischen Betriebs- und Geschäftsgeheimnissen ist nicht klar möglich, muss aber auch nicht vorgenommen werden.[132] Erfasst sind kaufmännische Daten wie

---

126 BGHZ 64, 325, 329; *Hopt/M. Roth* in: Hirte/Mülbert/Roth-AktG § 116 Rn. 195; *Spindler* in: Spindler/Stilz-AktG § 116 Rn. 111; *Lutter/Krieger/Verse*, Rechte und Pflichten des Aufsichtsrats, Rn. 259; *Riegel*, Versorgungswirtschaft 2002, 53, 54.

127 BGHZ 64, 325, 329; *Breuer/Fraune* in: Heidel-AktG § 116 Rn. 14; *Habersack* in: MüKo-AktG § 116 Rn. 52; *Spindler* in: Spindler/Stilz-AktG § 116 Rn. 110; *Albrecht-Baba*, NWVBl 2011, 127, 129; *Meier/Wieseler*, Der Gemeindehaushalt 1993, 174, 175; *Mertens*, AG 1975, 235, 235; *Ristelhuber*, NWVBl 2016, 359, 361; *Schwerdtner*, KommJur 2007, 169, 170; *Stegmaier*, AG 2017, 336, 337.

128 *Hoffmann-Becking* in: *Hoffmann-Becking* Münchener Handbuch, S. 676 § 33 Rn. 61; *Köstler/Zachert/M. Müller*, Aufsichtsratspraxis, Rn. 532; *K. Schmidt*, Gesellschaftsrecht, 824; *Schmidt-Aßmann/Ulmer*, BB 1988, 1, 3 f; *Schwerdtner*, KommJur 2007, 169, 170; a. A.: *J. Koch*, ZHR 2019, 7, 32; *Meier/Wieseler*, Der Gemeindehaushalt 1993, 174, 175.

129 BGHZ 64, 325, 329; *Habersack* in: MüKo-AktG § 116 Rn. 53; *Groß-Bölting/Rabe* in: Hölters/Weber-AktG § 116 Rn. 68; *Mertens/Cahn* in: KK-AktG § 116 Rn. 50; *Hoffmann-Becking* in: *Hoffmann-Becking* Münchener Handbuch, S. 676 § 33 Rn. 62; *Nagel*, BB 1979, 1799, 1802; *Schmidt-Aßmann/Ulmer*, BB 1988, 1, 4.

130 OLG Stuttgart, NZG 2007, 72, 74; *Breuer/Fraune* in: Heidel-AktG § 116 Rn. 15; *Groß-Bölting/Rabe* in: Hölters/Weber-AktG § 116 Rn. 68; *Habersack* in: MüKo-AktG § 116 Rn. 53; *Koch* in: Hüffer/Koch-AktG § 116 Rn. 11; *Spindler* in: Spindler/Stilz-AktG § 116 Rn. 107; *Cervellini*, Bericht des Aufsichtsrats, 149; *Claussen*, AG 1981, 57, 58 f; a. A.: *Mertens/Cahn*, in: KK-AktG § 116 Rn. 50; *Klinkhammer/Rancke*, Verschwiegenheitspflicht der Aufsichtsratsmitglieder, 45; *Nagel*, BB 1979, 1799, 1802.

131 *Habersack* in: MüKo-AktG § 116 Rn. 52; *Köstler/Zachert/M. Müller*, Aufsichtsratspraxis, Rn. 534; *K. Schmidt*, Gesellschaftsrecht, 824.

132 *Habersack* in: MüKo-AktG § 116 Rn. 53; *Schenck* in: Semler/v. Schenck-AktG § 116 Rn. 429; *Stebut*, Geheimnisschutz und Verschwiegenheitspflicht, 50.

zum Beispiel die „Kenndaten",[133] welche die Kontrolle der Leistung des Unternehmens ermöglichen. Umsatz, Ertrag, Marktstellung, Kostenstruktur usw. gehen daraus hervor.[134] Typische Geheimnisse sind des Weiteren die Unternehmens-[135] und Investitionsplanung[136], die Ausrichtung der Forschung[137], Daten der Produktentwicklung[138], anstehende Personalentscheidungen[139] und die Absatzstrategie[140].

bb) Vertrauliche Angaben

Die Verschwiegenheitsverpflichtung umfasst nach §§ 116 S. 1, 93 Abs. 1 S. 3 AktG auch vertrauliche Angaben. Gemeint sind beispielsweise Informationen, die dem Tätigkeitsbereich des Aufsichtsrates bzw. sonstigen Unternehmensbereichen zuzuordnen sind[141] und die vom Vorstand an den Aufsichtsrat weitergeleitet wurden.[142] Einbezogen werden aber auch sonstige Angelegenheiten, deren Veröffentlichung dem Unternehmensinteresse widerspricht.[143] Die vertraulichen Angaben müssen nicht weitgehend unbekannt und somit kein Geheimnis im Sinne von §§ 116 S. 1, 93 Abs. 1 S. 3 AktG sein.[144] Ob die vertrauliche Behandlung nach dem Unternehmensinteresse erforderlich ist, bestimmt sich ebenso

133 *Drygala* in: Schmidt, K./Lutter-AktG § 116 Rn. 36; *Hopt/M. Roth* in: Hirte/Mülbert/Roth-AktG § 116 Rn. 220; *Mertens/Cahn* in: KK-AktG § 116 Rn. 48; *Cervellini,* Bericht des Aufsichtsrats, 151; *Lutter/Krieger/Verse,* Rechte und Pflichten des Aufsichtsrats, Rn. 269.

134 *Meier/Wieseler,* Der Gemeindehaushalt 1993, 174, 175.

135 *Banspach/Nowak,* Der Konzern 2008, 195, 199; *Dittmar,* AG 2013, 498, 499; *Keilich/Brummer,* BB 2012, 897, 898.

136 *Bettenburg/Weirauch,* DÖV 2012, 352, 354; *Dittmar,* AG 2013, 498, 499; *Will,* VerwArch 2003, 248, 250.

137 *Cervellini,* Bericht des Aufsichtsrats, 151; *K. Schmidt,* Gesellschaftsrecht, 824.

138 *Cervellini,* Bericht des Aufsichtsrats, 151; *Dittmar,* AG 2013, 498, 499; *D. Gaul,* GmbHR 1986, 296, 297; *Schwill,* NVwZ 2019, 109, 112.

139 *Banspach/Nowak,* Der Konzern 2008, 195, 199; *Burgi,* NVwZ 2014, 609, 612.

140 *Dittmar,* AG 2013, 498, 499; *Will,* VerwArch 2003, 248, 250.

141 *Groß-Bölting/Rabe* in: Hölters/Weber-AktG § 116 Rn. 42.

142 *Habersack* in: MüKo-AktG § 116 Rn. 54; *Hopt/M. Roth* in: Hirte/Mülbert/Roth-AktG § 116 Rn. 195; *Meier/Wieseler,* Der Gemeindehaushalt 1993, 174, 175.

143 BGHZ 64, 325, 329 f; *Lutter/Krieger/Verse,* Rechte und Pflichten des Aufsichtsrats, Rn. 264; *Reichard,* GWR 2017, 72, 72.

144 *Spindler* in: Spindler/Stilz-AktG § 116 Rn. 109; *Cervellini,* Bericht des Aufsichtsrats, 151; *Albrecht-Baba,* NWVBl 2011, 127, 128; *Keilich/Brummer,* BB 2012, 897, 898; *Ristelhuber,* NWVBl 2016, 359, 361; *Stegmaier,* AG 2017, 336, 338.

wie bei den Geheimnissen objektiv.[145] Nach § 116 S. 2 AktG gilt die Schweigepflicht insbesondere auch für erhaltene vertrauliche Berichte und vertrauliche
Beratungen. Hierbei handelt es sich um eine deklaratorische Feststellung, da
vertrauliche Berichte und vertrauliche Beratungen bereits von der Schweigepflicht nach §§ 116 S. 1, 93 Abs. 1 S. 3 AktG erfasst sind.[146] Unter Berichten
versteht man die an den Aufsichtsrat übermittelten Informationen.[147] Auf die
Form der Übermittlung kommt es nicht an.[148]

Das Merkmal der Beratungen umfasst alles, was im Zusammenhang mit der
Aufsichtsratssitzung steht: Protokolle, Redebeiträge[149], eingebrachte Schrift-
stücke, den Diskussionsverlauf,[150] die Tagesordnungspunkte und auch das
Abstimmverhalten.[151] Das Abstimmverhalten ist sogar dann als vertraulich zu
behandeln, wenn das Abstimmergebnis veröffentlicht wird.[152] Dies gilt immer
für die Stimmabgabe der anderen Aufsichtsratsmitglieder.[153] Diskutiert wird,

---

145 *Mertens/Cahn* in: KK-AktG § 116 Rn. 49; *Spindler* in: Spindler/Stilz-AktG § 116
    Rn. 112; *Albrecht-Baba*, NWVBl 2011, 127, 128; *Schmidt-Aßmann/Ulmer*, BB 1988,
    1, 3 f.

146 „Zur Verdeutlichung" eingefügt: BegrRegE TransPuG, TB-Drs. 14/8769, 18
    abrufbar unter: http://dipbt.bundestag.de/doc/btd/14/087/1408769.pdf; *Dry-
    gala* in: Schmidt, K./Lutter-AktG § 116 Rn. 29; *Habersack* in: MüKo-AktG
    § 116 Rn. 49; *Schick* in: Wachter-AktG § 116 Rn. 12; *Spindler* in: Spindler/Stilz-
    AktG § 116 Rn. 113; *T. Mann* in: Ennuschat/Geerlings/T. Mann u. a. GS-Tettinger,
    S. 295, 302; *Wilsing/Linden*, ZHR 2014, 419, 426.

147 *Spindler* in: Spindler/Stilz-AktG § 116 Rn. 113.

148 *ders.*, in: Spindler/Stilz-AktG § 116 Rn. 113.

149 *Hoffmann-Becking* in: *Hoffmann-Becking* Münchener Handbuch, S. 676 § 33
    Rn. 63, der von „Stellungnahmen" spricht; ebenso *Breuer/Fraune* in: Heidel-AktG
    § 116 Rn. 16.

150 *Groß-Bölting/Rabe* in: Hölters/Weber-AktG § 116 Rn. 67; *Hoffmann-Becking*
    in: *Hoffmann-Becking* Münchener Handbuch, S. 676 § 33 Rn. 63; *Bettenburg/
    Weirauch*, DÖV 2012, 352, 354.

151 *Groß-Bölting/Rabe* in: Hölters/Weber-AktG § 116 Rn. 42; *Hopt/M. Roth* in: Hirte/
    Mülbert/Roth-AktG § 116 Rn. 199; *Spindler* in: Spindler/Stilz-AktG § 116 Rn. 113;
    Hoffmann-Becking in: *Hoffmann-Becking* Münchener Handbuch, S. 676 § 33
    Rn. 63; *Albrecht-Baba*, NWVBl 2011, 127, 128; *Banspach/Nowak*, Der Konzern
    2008, 195, 199; *Bettenburg/Weirauch*, DÖV 2012, 352, 354 ausschließlich zum
    Abstimmverhalten; *Ristelhuber*, NWVBl 2016, 359, 361.

152 *Groß-Bölting/Rabe* in: Hölters/Weber-AktG § 116 Rn. 42; *Habersack* in: MüKo-
    AktG § 116 Rn. 54; *Wilsing/Linden*, ZHR 2014, 419, 419.

153 BGHZ 64, 325, 332; *Hopt/M. Roth* in: Hirte/Mülbert/Roth-AktG § 93 Rn. 283;
    Koch in: Hüffer/Koch-AktG § 116 Rn. 9; *Cervellini*, Bericht des Aufsichtsrats, 154;
    Klinkhammer/Rancke, Verschwiegenheitspflicht der Aufsichtsratsmitglieder, 51;

ob das eigene Abstimmverhalten der Schweigepflicht jedenfalls dann nicht unterliegt, wenn Rückschlüsse auf das Abstimmverhalten anderer nicht möglich sind. Hierfür wird angeführt, dass ansonsten die Verbindung zwischen gemeindlichem Unternehmen und der Gemeinde, die die Aufsichtsratsmitglieder gewählt oder entsendet hat, leiden könnte.[154] Wie genau welcher Schaden dadurch droht, bleibt bei dieser Argumentation jedoch offen.[155] Würden einzelne Aufsichtsratsmitglieder ihr Stimmverhalten preisgeben, könnte Druck auf die anderen Mitglieder entstehen.[156] Sie würden einem Rechtfertigungszwang unterliegen[157] oder sich genötigt sehen, ihre Stimmabgabe ebenfalls publik zu machen.[158] Außerdem geht mit der Bekanntgabe des eigenen Abstimmverhaltens die Veröffentlichung des Beschlussgegenstandes einher, worüber ein einzelnes Aufsichtsratsmitglied grundsätzlich nicht disponieren darf.[159] Es ist nicht ausgeschlossen, dass die vertrauliche Zusammenarbeit im Aufsichtsrat leidet, wenn Einzelne über ihr Abstimmverhalten nicht schweigen.[160] Somit unterliegt grundsätzlich auch das eigene Abstimmverhalten der Verpflichtung, Stillschweigen zu bewahren.[161]

Lutter/Krieger/Verse, Rechte und Pflichten des Aufsichtsrats, Rn. 267; *Ristelhuber,* NWVBl 2016, 359, 361.

154 *Mertens/Cahn* in: KK-AktG § 116 Rn. 54; *F.-J. Säcker,* NJW 1986, 803, 808.

155 *Mertens/Cahn* in: KK-AktG § 116 Rn. 54.

156 *Schenck* in: Semler/v. Schenck-AktG § 116 Rn. 444; *Cervellini,* Bericht des Aufsichtsrats 154 f; *Lutter/Krieger/Verse,* Rechte und Pflichten des Aufsichtsrats, Rn. 267.

157 *Hopt/M. Roth* in: Hirte/Mülbert/Roth-AktG § 116 Rn. 223; *Mertens/Cahn* in: KK-AktG § 116 Rn. 54; *Cervellini,* Bericht des Aufsichtsrats, 154 f.

158 *Hopt/M. Roth* in: Hirte/Mülbert/Roth-AktG § 116 Rn. 223; *Schenck* in: Semler/v. Schenck-AktG § 116 Rn. 444; *Cervellini,* Bericht des Aufsichtsrats, 154 f.

159 *Hopt/M. Roth* in: Hirte/Mülbert/Roth-AktG § 116 Rn. 223.

160 *Mertens/Cahn* in: KK-AktG § 116 Rn. 54; *Cervellini,* Bericht des Aufsichtsrats, 154 f.

161 *Drygala* in: Schmidt, K./Lutter-AktG § 116 Rn. 35; *Hopt/M. Roth* in: Hirte/Mülbert/Roth-AktG § 93 Rn. 283; *Bürgers/S. Fischer* in: Bürgers/Körber/Lieber-AktG § 116 Rn. 22; *Koch* in: Hüffer/Koch-AktG § 116 Rn. 9; *Mertens/Cahn* in: KK-AktG § 116 Rn. 54; *Hoffmann-Becking* in: *Hoffmann-Becking* Münchener Handbuch, S. 676 § 33 Rn. 63; *Cervellini,* Bericht des Aufsichtsrats, 154 f, der Ausnahmen in seltenen Fällen für möglich hält, dann aber einen Beschluss des Gesamtaufsichtsrats fordert; a. A.: *Dietlmeier,* Kommunales Unternehmensrecht, 432; *Köstler/Zachert/M. Müller* Aufsichtsratspraxis, Rn. 563; *Klinkhammer/Rancke,* Verschwiegenheitspflicht der Aufsichtsratsmitglieder, 51; *Keilich/Brummer,* BB 2012, 897, 898; *Säcker,* NJW 1986, 803, 808.

c) Grenzen der Verschwiegenheitsverpflichtung

Ausnahmen vom Grundsatz der Verschwiegenheitsverpflichtung können sich aus verschiedenen Gründen ergeben. Eine Ausnahme von der Verpflichtung zur Verschwiegenheit liegt vor, wenn es dem Aufsichtsratsmitglied nicht zumutbar ist, die Pflicht zu erfüllen.[162] Eine solche Unzumutbarkeit ist beispielsweise gegeben, wenn sich der Aufsichtsrat nur durch Bruch der Schweigepflicht gegen eine Abberufung zur Wehr setzen kann.[163] Die Anforderungen an eine solche Unzumutbarkeit sind jedoch sehr hoch und nur gegeben, wenn sie sich in Abwägung aller Umstände gegenüber der Verschwiegenheitsverpflichtung durchsetzen.[164]

Weitere Ausnahmen können sich aus Offenbarungspflichten der Gesellschaft ergeben.[165] Meist treffen diese den Vorstand, sodass sie keine Ausnahme für den Aufsichtsrat begründen.[166] So verpflichtet beispielsweise Art. 17 der europäischen Marktmissbrauchsverordnung (MAR) den Vorstand zur Veröffentlichung von kursbeeinflussenden Informationen (Ad-Hoc-Publizität).[167]

Grenze der Verschwiegenheitsverpflichtung ist grundsätzlich das Unternehmensinteresse.[168] Da insbesondere für eine anstehende Fusion oder einen potentiellen Verkauf Informationen für eine „due diligence" an Dritte gegeben werden müssen, kann gerade auch die Weitergabe an (ihrerseits zur Verschwiegenheit verpflichtete) Außenstehende im Interesse des Unternehmens sein.[169]

---

162 *Groß-Bölting/Rabe* in: Hölters/Weber-AktG § 116 Rn. 48; *Habersack* in: MüKo-AktG § 116 Rn. 59; *Koch* in: Hüffer/Koch-AktG § 116 Rn. 10; *Spindler* in: Spindler/Stilz-AktG § 116 Rn. 116; *Wagner* Aufsichtsgremien, 112; *Spieker*, NJW 1965, 1937, 1943.

163 *Groß-Bölting/Rabe* in: Hölters/Weber-AktG § 116 Rn. 48; *Habersack*, in: MüKo-AktG § 116 Rn. 62; *Spindler* in: Spindler/Stilz-AktG § 116 Rn. 116.

164 *Habersack* in: MüKo AktG § 116 Rn. 62; *Hopt/M. Roth* in: Hirte/Mülbert/Roth-AktG § 116 Rn. 270 spricht von „Extremfällen".

165 Beispielsweise §§ 90, 93, 97 AO, § 24b GewO, § 138 StGB, Art. 16 MAR: *Grigoleit/Tomasic* in: Grigoleit-AktG § 116 Rn. 20; *K. Schmidt,* Gesellschaftsrecht, 823; *Albrecht-Baba,* NWVBl 2011, 127, 129.

166 *Groß-Bölting/Rabe* in: Hölters/Weber-AktG § 116 Rn. 76; *Spindler* in: Spindler/Stilz-AktG § 116 Rn. 115; *Albrecht-Baba,* NWVBl 2011, 127, 129.

167 *Habersack* in: MüKo-AktG § 116 Rn. 61; *Spindler* in: Spindler/Stilz-AktG § 116 Rn. 115.

168 BGHZ 64, 325, 331; *Koch* in: Hüffer/Koch-AktG § 116 Rn. 10; *van Kann/Keiluweit,* DB 2009, 2251, 2251; *Linker/Zinger,* NZG 2002, 497, 499; *Reichard,* GWR 2017, 72, 73; *Seibt/Kulenkamp,* AG 2021, 1, 7.

169 *Habersack* in: MüKo-AktG § 116 Rn. 51; *Mertens/Cahn* in: KK-AktG § 116 Rn. 47; *Seibt/Kulenkamp,* AG 2021, 1, 8.

Außerdem müssen sich Aufsichtsratsmitglieder nicht nach § 138 StGB strafbar machen, sondern können, wenn dies droht, ihr Schweigen brechen.[170]

Über die vertraulichen Angaben, die aus der Sphäre des Aufsichtsrates selbst stammen, kann der Aufsichtsrat mit Blick auf das Unternehmensinteresse als Gesamtorgan disponieren.[171] Umstritten ist, ob diejenigen Mitglieder, um deren Beiträge oder Abstimmverhalten es geht, durch Mehrheitsbeschluss überstimmt werden können. Gegen diese Möglichkeit sprechen jedoch Sinn und Zweck der Norm, das Vertrauen in die Zusammenarbeit und in die Diskussionskultur zu stärken. Wer befürchten muss, dass seine Beiträge, entgegen dem eigenen Willen, veröffentlicht werden, kalkuliert das bereits in sein Handeln ein und wird sich weniger frei äußern.[172] Keine Ausnahme liegt bei einer Pflichten- oder Interessenkollision in der Person des Aufsichtsrates vor. Eine solche reicht regelmäßig nicht zur Durchbrechung der Schweigepflicht.[173]

d) Sanktionierung bei Verstoß gegen Verschwiegenheitsverpflichtung

Die Bedeutung der Verschwiegenheitsverpflichtung für die Gesellschaft zeigt sich auch durch die verschiedenen Sanktionen, die bei Verstoß gegen die Verschwiegenheitsverpflichtung drohen. Die unbefugte Offenbarung von Geheimnissen (nicht jedoch von vertraulichen Angaben) der Gesellschaft ist nach § 404 Abs. 1 u. 2 AktG mit Strafe bewehrt. Nach den §§ 116 S. 1, 93 Abs. 2 S 1 AktG macht sich das Aufsichtsratsmitglied schadensersatzpflichtig, wenn es die Schweigepflicht schuldhaft verletzt.[174] Auch ein nicht schuldhafter Verstoß gegen die Verschwiegenheitsverpflichtung kann einen wichtigen Grund zur Abberufung des Aufsichtsratsmitgliedes nach § 103 Abs. 3 S. 1 AktG darstellen.[175]

---

170   *Grigoleit/Tomasic* in: Grigoleit-AktG § 116 Rn. 20; *Koch* in: Hüffer/Koch-AktG § 116 Rn. 10 allgemein für die Durchbrechung zur Verteidigung im Strafverfahren; *Spindler* in: Spindler/Stilz-AktG § 116 Rn. 115.

171   *Habersack* in: MüKo-AktG § 116 Rn. 62; *Koch*, in: Hüffer/Koch-AktG § 116 Rn. 10; *Mertens/Cahn* in: KK-AktG § 116, Rn. 47; *Linker/Zinger*, NZG 2002, 497, 502.

172   *Groß-Bölting/Rabe* in: Hölters/Weber-AktG § 116 Rn. 42; *Habersack* in: MüKo-AktG § 116 Rn. 54; a. A.: *Koch* in: Hüffer/Koch-AktG § 116 Rn. 10.

173   *P. Wolff* in: Frodermann/Jannott Handbuch Aktienrecht, Rn. 1–118 Teil 8 Rn. 11, 108; *Ganzer/Tremml*, GewArch 2010, 141, 142; *Ristelhuber*, NWVBl 2016, 359, 362.

174   *T. Mann* in: Ennuschat/Geerlings/T. Mann u. a. GS-Tettinger, S. 295, 303; *Schmidt-Aßmann/Ulmer*, BB 1988, 1, 3.

175   *Habersack* in: MüKo-AktG § 116 Rn. 49; *ders.*, Bericht des Aufsichtsrats, 145; *Stegmaier*, AG 2017, 336, 337; *Wilhelm*, DB 2009, 944, 946.

Außerdem kommen Ansprüche auf Unterlassen aus § 1004 Abs. 1 S. 2 BGB analog in Betracht.[176]

II. Verschwiegenheitsverpflichtung der Aufsichtsratsmitglieder einer GmbH mit obligatorischem Aufsichtsrat

Für die GmbH ist nur in einigen Fällen die Errichtung eines Aufsichtsrats gesetzlich vorgeschrieben. Nach § 1 Abs. 1 Nr. 3 S. 1 u. S. 2 Hs. 1 DrittelbG (Drittelbeteiligungsgesetz) ist in GmbHs mit in der Regel mehr als 500 (und weniger als 2000) Arbeitnehmern ein Aufsichtsrat einzurichten. Jeder dritte Aufsichtsratssitz steht den Arbeitnehmern zu.[177] Für GmbHs mit in der Regel mehr als 2000 Arbeitnehmern setzt sich der nach § 1 Abs. 1 Nr. 1 Var. 3, Nr. 2 Mitbestimmungsgesetz (MitbestG) zu errichtende Aufsichtsrat je zur Hälfte aus Vertretern der Arbeitnehmer und Vertretern der Anteilseigner zusammen, vgl. §§ 6 Abs. 2 S. 1, 7 Abs. 1 S. 1 MitbestG. Für Unternehmen, die im Montanbereich tätig sind, als GmbH[178] oder AG betrieben werden und in der Regel mehr als 1000 Arbeitnehmer beschäftigen, findet das Montanmitbestimmungsgesetz (MontanMitbestG) Anwendung, vgl. § 1 Abs. 2 MontanMitbestG. Nach §§ 1 Abs. 1, 3 Abs. 1 MontanMitbestG ist ein obligatorischer Aufsichtsrat zu errichten. Nach § 4 Abs. 1 setzt sich dieser aus vier Anteilseignervertretern, vier Arbeitnehmervertretern und drei weiteren Mitgliedern zusammen. Die weiteren Mitglieder dürfen nach § 4 Abs. 2 MontanMitbestG weder Arbeitnehmer noch Anteilseigner sein. Nach § 95 S. 3 AktG muss die Anzahl der Aufsichtsratsmitglieder durch drei teilbar sein, wenn dies zur Erfüllung mitbestimmungsrechtlicher Vorgaben erforderlich ist.[179]

Die Rechte und Pflichten der Aufsichtsratsmitglieder entsprechen denen aus dem Aktiengesetz. Insbesondere gilt der Gleichbehandlungsgrundsatz.[180] Nach

---

176   *Grigoleit/Tomasic in: Grigoleit-AktG* § 116 Rn. 16; *Cervellini*, Bericht des Aufsichtsrats, 145; *Erker/Freund Lydia*, GmbHR 2001, 463, 466.

177   Hierzu ausführlich: *Nießen*, NJW-Spezial 2008, 367, 367 f.

178   Die Ausführungen zur GmbH im Montanbereich dürften rein theoretischer Natur sein.

179   *Ihrig/Wandt*, BB 2016, 6, 12.

180   BGHZ 64, 325, 330 f; *Hoffmann-Becking* in: *Hoffmann-Becking* Münchener Handbuch, S. 676 § 33 Rn. 2; *Lutter/Krieger/Verse*, Rechte und Pflichten des Aufsichtsrats; Rn. 1158; *Hoyningen-Huene/Powietzka*, BB 2001, 529, 532; *Meyer-Landrut*, ZGR 1976, 510, 515; *Veith*, NJW 1966, 526, 529; *Wessing/Hölters*, DB 1976, 1671, 1672; *Wilhelm* Kapitalgesellschaftsrecht, Rn. 1002.

§ 25 Abs. 1 Nr. 2 MitbestG, § 1 Abs. 1 Nr. 3 S. 2 DrittelbG, § 3 Abs. 2 MontanMitbestG finden u. a. §§ 111 Abs. 1, 116 S. 1 AktG i. V. m. § 93 Abs. 1 S. 3, 109 Abs. 1 S. 1 AktG Anwendung. Aufgabe des Aufsichtsrates ist auch in der mitbestimmten GmbH die Überwachung der Geschäftsführung im Hinblick auf die Rechtmäßigkeit, Ordnungsmäßigkeit, Zweckmäßigkeit und Wirtschaftlichkeit ihrer Tätigkeit.[181] Außerdem sind die Aufsichtsratsmitglieder zur Verschwiegenheit verpflichtet und die Sitzungen des Aufsichtsrats finden unter Ausschluss der Öffentlichkeit statt. Die Verweisung ist zwingend, die Verschwiegenheitsverpflichtung unterfällt nicht der Satzungsautonomie.[182] Aus dem umfassenden Informationsrecht der Gesellschafter gegenüber der Geschäftsführung nach § 51a Abs. 1 GmbHG ergibt sich, dass die Verschwiegenheitsverpflichtung der Aufsichtsratsmitglieder nicht gegenüber den Gesellschaftern besteht.[183] Anspruchsinhaber nach § 51a Abs. 1 GmbHG

---

181 *Diekmann* in: *Priester/D. Mayer/Wicke* Handbuch GmbH, S. 1131 § 48 Rn. 151; *Lutter/Krieger/Verse*, Rechte und Pflichten des Aufsichtsrats, Rn. 1122; für den Aufsichtsrat nach Mitbestimmungsgesetz: *Habersack* in: Habersack/Henssler-Mitbestimmungsrecht § 25 MitbestG Rn. 49; *Jansen*, Mitbestimmung, 2.

182 *Giedinghagen* in: Michalski/Heidinger/Leible/J. Schmidt-GmbHG § 52 Rn. 183a; *Koch* in: Hüffer/Koch-AktG § 116 Rn. 11; *Schnorbus* in: Rowedder/Schmidt-Leithoff-GmbHG § 52 Rn. 90; *Peres* in: Saenger/Inhester-GmbHG § 52 Rn. 191; *Raiser* in: Raiser/Veil/Jacobs-MitbestG § 25 MitbestG Rn. 140; *Uwe Schneider/Seyfarth Georg* in: Scholz-GmbHG § 52 Rn. 112*Uwe Schneider/Seyfarth Georg* in: Scholz-GmbHG; *Schubert* in: WKS-Mitbestimmungsrecht § 25 MitbestG Rn. 363; *Spindler* in: MüKo-GmbHG § 52 Rn. 661; *Möller*, Stellung und Funktion des Aufsichtsrats, 238; *Bormann*, Versorgungswirtschaft 2015, 174, 174; *Erker/Freund Lydia*, GmbHR 2001, 463, 466; *van Kann/Keiluweit*, DB 2009, 2251, 2254; *Spindler*, ZIP 2011, 689, 691; DrittelbeteilG: *Raiser/Veil* Kapitalgesellschaften § 45 Rn. 4; a. A.: *ders.*, Kommunales Unternehmensrecht, 455 f für die Möglichkeit der Abmilderung; ebenso *Lutter*, Information und Vertraulichkeit, 772.

183 BGHZ 135, 48, 53 ff; *Altmeppen* in: Roth/Altmeppen-GmbHG § 52 Rn. 30; *Huber/ Fröhlich* in: Hopt/Wiedemann-AktG § 394 Rn. 14; *Lutter* in: Lutter/Hommelhoff-GmbHG § 52 Rn. 25; *Uwe Schneider/Seyfarth Georg* in: Scholz-GmbHG § 52 Rn. 581; *Diekmann* in: *Priester/D. Mayer/Wicke* Handbuch GmbH, S. 1131 § 48 Rn. 89; *Dietlmeier*, Kommunales Unternehmensrecht, 451 „mit Ausnahme der in § 51a Abs. 2 und 3 GmbHG geregelten Fälle"; *ders.*, Information und Vertraulichkeit, Rn. 773; *Rödel*, Kommunale Eigengesellschaften, 72; *K. Hommelhoff* in: *Erle/ Goette/Kleindiek* FS Hommelhoff, S. 447, 453; *Bracht*, NVwZ 2016, 108, 110; *Weber-Rey/Buckel*, ZHR 2013, 13, 18; a. A.: *Noack* in: NSH-GmbHG § 52 Rn. 67; *Möller* Stellung und Funktion des Aufsichtsrats, 235; *Battke*, SächsVBl 2006, 273, 274; *Riegel*, Versorgungswirtschaft 2002, 53, 54.

ist der Vertreter des Gesellschafters in der Gesellschafterversammlung. Nach § 104 Abs. 1 S. 1 GemO ist das der Bürgermeister bzw. ein Gemeindebediensteter für die Gemeinde. Anspruchsinhaber ist daher nicht der Gemeinderat.[184] Das Recht des Gemeinderats auf Unterrichtung, Akteneinsicht oder Antwort nach § 24 Abs. 3 S. 1 u. 2, Abs. 4 S. 1 GemO gegenüber dem Bürgermeister bleibt hierdurch unberührt.[185] Die Gesellschafter selbst unterliegen ihrerseits einer aus der gesellschaftlichen Treuepflicht abgeleiteten Verschwiegenheitsverpflichtung gegenüber Dritten.[186] Die Verletzung der Geheimhaltungspflicht ist nach § 85 GmbHG strafbewehrt.

III. Verschwiegenheitsverpflichtung der Aufsichtsratsmitglieder einer GmbH mit fakultativem Aufsichtsrat

Auch wenn keine Verpflichtung zur Errichtung eines Aufsichtsrates besteht, darf ein solcher jederzeit errichtet werden, vgl. § 52 Abs. 1 GmbHG. Die Zahl der Aufsichtsratsmitglieder, Zuständigkeiten, Rechte und Pflichten des Aufsichtsrates können im Gesellschaftsvertrag weitestgehend frei festgelegt werden, vgl. § 52 Abs. 1 GmbHG.[187] Soweit dies nicht geschieht, verweist § 52 Abs. 1 GmbHG auf aktiengesetzliche Regelungen.

Wie weit die Satzungsfreiheit der Gesellschafter einer GmbH in diesem Punkt reicht, ist umstritten. Fraglich ist insbesondere, ob bzw. inwieweit die Verschwiegenheitsverpflichtung der Aufsichtsratsmitglieder nach § 52 Abs. 1 GmbHG i. V. m. §§ 116 S. 1, 93 Abs. 1 S. 3 AktG in der Satzung abbedungen werden kann und ob die Aufsichtsratsmitglieder auch im fakultativen Aufsichtsrat weisungsfrei sein müssen. Aus dem Grundsatz der Privatautonomie folgt die Gestaltungsfreiheit der Gesellschafter.[188] Ausdruck findet die Satzungsfreiheit auch in

---

184   *Weber-Rey/Buckel*, ZHR 2013, 13, 18 f.

185   *Dünchheim*, KommJur 2016, 441, 445.

186   BGHZ 197, 181, 184; *Häußermann*, Steuerung, 87; *Lutter*, Information und Vertraulichkeit, Rn. 774; *Erker/Freund Lydia*, GmbHR 2001, 463, 465; *Kühne/Czarnecki*, LKV 2005, 481, 483; *Lutter*, ZGR 1982, 1, 13; *Weber-Rey/Buckel*, ZHR 2013, 13, 19.

187   *Giedinghagen* in: Michalski/Heidinger/Leible/J. Schmidt-GmbHG § 52 Rn. 7; *Wicke* in: Wicke-GmbHG § 52 Rn. 22; *Diekmann* in: *Priester/D. Mayer/Wicke* Handbuch GmbH, S. 1131 § 48 Rn. 53.

188   *Ders.*, Beirat, 107; *Schürnbrand*, Organschaft, 52; *ders.*, NVwZ 2007, 1355, 1356; *Müller/R. Wolff*, GmbHR 2003, 810, 810.

§ 45 Abs. 1 GmbHG[189] und in der Nichtexistenz einer mit § 23 Abs. 5 S. 1 AktG vergleichbaren Regelung.[190] Aus der Gestaltungsfreiheit folgt, dass auch weitere Organe geschaffen werden können.[191] Wenn die Gesellschafter entscheiden können, ob es einen Aufsichtsrat gibt, müssen sie auch entscheiden können, welche Rechte und Pflichten er hat.[192] Somit würde auch die Schweigepflicht der Satzungsfreiheit unterliegen.[193] Hierfür könnte auch der Wortlaut des § 52 Abs. 1 GmbHG sprechen („anzuwenden, soweit nicht im Gesellschaftsvertrag ein anderes bestimmt ist.")[194]

Der Wortlaut spricht allerdings nicht von der Bestellung eines beliebigen Organs, sondern von der Bestellung eines „Aufsichtsrates".[195] Fraglich ist, wie der Begriff „Aufsichtsrat" im GmbHG zu verstehen ist. § 52 Abs. 1 GmbHG verweist auf die aktienrechtlichen Normen zum Aufsichtsrat. Dieser Verweis ist nicht zwingend. Somit kann jedenfalls nicht eins zu eins auf den Aufsichtsrat im Aktiengesetz abgestellt werden.[196] Andererseits wird durch die Verweisung

---

189 *Rohleder,* Beiräte, 29; *Hofbauer,* (GmbH-)Beirat, 45; *C. Weber,* Privatautonomie, 30.

190 *Mangoldt,* Beirat, 107; *Pfeifer,* Steuerung, 89; *Hammen,* WM 1994, 765, 766; *dies.,* GmbHR 2021, 621, 621; *K. Müller/R. Wolff,* NZG 2003, 751, 751.

191 *Peres* in: Saenger/Inhester-GmbHG § 52 Rn. 193; *Rieble* in: Bork/Schäfer-GmbHG § 52 Rn. 5; *Diekmann* in: Priester/D. Mayer/Wicke Handbuch GmbH, S. 1131 § 48 Rn. 6; *Lutter/Krieger/Verse,* Rechte und Pflichten des Aufsichtsrats, Rn. 1207; *Mangoldt,* Beirat, 106 f; *Schürnbrand* Organschaft, 50 ergänzt, dass sich das für die GmbH auch aus § 82 Abs. 2 Nr. 2 GmbHG ergebe, der von Mitgliedern des Aufsichtsrats und von solchen eines „ähnlichen Organs" spricht; *Wagner* Aufsichtsgremien, 161; *Kempermann/Nießen Tobias,* NJW-Spezial 2012, 271, 271; *K. J. Müller/R. Wolff,* NZG 2003, 751, 752; *Thümmel,* DB 1995, 2461, 2461; a. A.: *Reuter* in: *Lutter/Ulmer* FS GmbHG, S. 631, 635 ff, der vertritt, dass es zur Schaffung eines Organes einer gesetzlichen Grundlage bedürfe und dass daher nur ein fakultatives Organ auf der Grundlage des § 52 GmbHG denkbar sei.

192 *Schnorbus* in: Rowedder/Schmidt-Leithoff-GmbHG § 52 Rn. 9; *Altmann,* Verschwiegenheitspflicht, 202 ff.

193 *Schnorbus,* in: Rowedder/Schmidt-Leithoff-GmbHG § 52 Rn. 43; *Altmann,* Verschwiegenheitspflicht, 207.

194 Ebenfalls hiermit argumentierend: BVerwGE 140, 300, 301 ff; *Giedinghagen,* in: Michalski/Heidinger/Leible/J. Schmidt-GmbHG § 52 Rn. 16; *Cronauge,* Kommunale Unternehmen, Rn. 324; *van Kann/Keiluweit,* DB 2009, 2251, 2254; *Lutter,* in: Lutter/Hommelhoff-GmbHG § 52 Rn. 21.

195 Das BVerwG geht in BVerwGE 140, 300, 301 ff davon aus, dass aus dieser Bezeichnung keine Konsequenz folgt, da der Begriff „Aufsichtsrat" nicht abschließend definiert sei.

196 *K. Müller/R. Wolff,* NZG 2003, 751, 753.

eine Verbindung zum Aufsichtsrat der Aktiengesellschaft hergestellt. Der Aufsichtsrat der GmbH ist also nicht gänzlich wesensfremd zum Aufsichtsrat der AG. Hauptaufgabe des Aufsichtsrates der AG ist die Überwachung der Geschäftsführung, vgl. § 111 Abs. 1 AktG.[197] Diese Aufgabe ist auch für den Aufsichtsrat der GmbH vorgesehen.[198] Damit § 52 Abs. 1 GmbHG Anwendung findet, muss es sich um ein Überwachungsorgan handeln. Maßgeblich ist nicht die Bezeichnung des Organes, sondern dessen Funktion.[199] Die Überwachung muss nicht die einzige Funktion sein, die das geschaffene Organ innehat.[200]

Für die Deutung des Begriffs „Aufsichtsrat" in § 52 Abs. 1 GmbHG als Überwachungsorgan spricht auch die systematische Auslegung im Hinblick auf § 52 Abs. 3 S. 2 Hs. 1 GmbHG.[201] In § 52 Abs. 3 Hs. 1 GmbHG ist vorgeschrieben, dass die Aufsichtsratsmitglieder im Handelsregister eingetragen werden müssen. Der Gesetzgeber geht also davon aus, dass der Rechtsverkehr ein Interesse daran hat zu wissen, ob eine GmbH ein Organ im Sinne von § 52 Abs. 1 GmbHG hat oder nicht und wer diesem Organ angehört.[202] Dies

---

197 K. J. *Müller/R. Wolff,* NZG 2003, 751, 753 wertet dieses Argument als „Indiz".

198 *Giedinghagen* in: Michalski/Heidinger/Leible/J. Schmidt-GmbHG § 52 Rn. 9; *Henssler* in: Henssler/Strohn-GmbHG § 52 Rn. 2; *Wicke* in: Wicke-GmbHG § 52 Rn. 3; *Möller,* Stellung und Funktion des Aufsichtsrats, 240; *Pape,* Kommunales Aufsichtsratsmandat, 92; *Keßler,* GmbHR 2000, 71, 72; *Vetter,* GmbHR 2012, 181, 182.

199 *Schnorbus* in: Rowedder/Schmidt-Leithoff-GmbHG § 52 Rn. 8; *Hofbauer* (GmbH-)Beirat, 85; *Lutter/Krieger/Verse,* Rechte und Pflichten des Aufsichtsrats, Rn. 1207; *Raiser/Veil,* Kapitalgesellschaften § 44 Rn. 2; *Reichert,* Aufsichtsrat, 30; *Rohleder* Beiräte, 8 f; *K. Schmidt* Gesellschaftsrecht, 1108; *K. J. Müller/R. Wolff,* NZG 2003, 751, 752; *Bayer* in: *Burgard* FS Schneider, S. 75, 77; *Keßler,* GmbHR 2000, 71, 72; *Lieder/M. Becker/T. Hoffmann,* GmbHR 2021, 621, 623; *Simon,* GmbHR 1999, 257, 258; wohl auch *Wolf Schilling,* BB 1995, 109, 109: „um seiner Bezeichnung gerecht zu werden muss der freiwillige Aufsichtsrat vor allem die Aufgabe der Überwachung der Geschäftsführung übernehmen"; a. A.: *Mangoldt,* Beirat, 9 der keine Abgrenzung vornimmt; *Voormann,* Der Beirat, 21 der die Abrenzung von Organen nach § 52 GmbhG und „sonstigen Organen" ohne nähere Begründung als „müßig" und unnötig bezeichnet.

200 *Lieder/M. Becker/T. Hoffmann,* GmbHR 2021, 621, 623; *K. J. Müller/R. Wolff,* NZG 2003, 751, 755 vertritt, dass die Überwachungsfunktion jedoch „dominieren" müsse.

201 *Noack* in: NSH-GmbHG § 52 Rn. 27; *Schürnbrand,* Organschaft, 51, Fn. 107; *K. J. Müller/R. Wolff,* NZG 2003, 751, 753; *Vetter,* GmbHR 2011, 449, 453.

202 *Giedinghagen* in: Michalski/Heidinger/Leible/J. Schmidt-GmbHG § 52 Rn. 9 der ohne dogmatische Anknüpfung mit den Erwartungen des Rechtsverkehrs

leuchtet auch ein, da ein weiteres Überwachungsorgan positiven Einfluss auf die Geschäftsführung nehmen kann.[203] Die Anerkennung dieses Interesses des Rechtsverkehrs hat das GmbHG für die Existenz von Aufsichtsräten auch mit §§ 35a Abs. 1 S. 1, 71 Abs. 5 GmbHG deutlich gemacht.[204] Hier ist geregelt, dass der Aufsichtsratsvorsitzende auf Geschäftsbriefen genannt werden muss. Keiner Publizitätspflicht unterliegen die Gesellschafter einer GmbH, obwohl sie durch ihr Weisungsrecht Geschäftsführungsaufgaben wahrnehmen können.[205] Naturgemäß stehen Organe, die mangels ausreichender Rechte und Pflichten keinerlei Einfluss auf die Gesellschaft ausüben können, nicht im Fokus der Aufmerksamkeit des Rechtsverkehrs.[206] Der Gesetzgeber hat also das Interesse des Rechtsverkehrs an der Existenz und an der Besetzung eines Überwachungsorganes anerkannt, das Interesse an Informationen über das geschäftsführende Organ hingegen nicht. § 52 Abs. 1 GmbHG findet nur auf Überwachungsorgane, die die Geschäftsführung kontrollieren, Anwendung.[207]

Der fakultative Aufsichtsrat im Sinne von § 52 Abs. 1 GmbHG muss also zumindest die Geschäftsführung überwachen. Da ohne Kenntnis keine Kontrolle möglich ist, können die Informationsrechte des Aufsichtsrats durch die Satzung nicht vollständig abgeschafft werden.[208] Die Verschwiegenheitsverpflichtung

---

argumentiert; *Spindler* in: MüKo GmbHG § 52 Rn. 3; *Lutter/Krieger/Verse,* Rechte und Pflichten des Aufsichtsrats, Rn. 1205; *Gräwe/Stütze,* GmbHR 2012, 877, 878; *Grossfeld/Brondics,* AG 1987, 293, 295; *Schürnbrand,* NZG 2010, 1207, 1211.

203 *K. J. Müller/R. Wolff,* NZG 2003, 751, 753; *Vetter,* GmbHR 2011, 449, 453.

204 *Vetter,* GmbHR 2011, 449, 453.

205 *Beurskens* in: NSH-GmbHG § 39 Rn. 1; *Schürnbrand,* Organschaft, 51, Fn. 107; *K. J. Müller/R. Wolff,* NZG 2003, 751, 754 betont, dass die Geschäftsführung selbst nur der Publizitätspflicht unterliegt, damit keine Zweifel an ihrer Vertretungsmacht entstehen.

206 *K. J. Müller/R. Wolff,* NZG 2003, 751, 753.

207 *Henssler* in: Henssler/Strohn-GmbHG § 52 Rn. 2; *Schnorbus* in: Rowedder/Schmidt-Leithoff-GmbHG § 52 Rn. 8; *Spindler* in: MüKo-GmbHG § 52 Rn. 23; *Hofbauer,* (GmbH-)Beirat, 88 der als Mindesterfordernis die Kontrolle der laufenden Kassen- und Buchführung und des Rechnungswesens inklusive der Prüfung des Jahresabschlusses nennt; *Lutter/Krieger/Verse,* Rechte und Pflichten des Aufsichtsrats, Rn. 1206 „Kern der Überwachungsaufgabe darf nicht tangiert werden"; *dies.,* Kapitalgesellschaften, § 44 Rn. 2; *K. Schmidt,* Gesellschaftsrecht, 1108; *Krämer/Winter* in: Habersack/P. Hommelhoff FS W. Goette, S. 254, 257; *Banspach/Nowak,* Der Konzern 2008, 195, 197 f; *Keßler,* GmbHR 2000, 71, 72 f; *K. J. Müller/R. Wolff,* NZG 2003, 751, 754; *Simon,* GmbHR 1999, 257, 258; *Vetter,* GmbHR 2012, 181, 182.

208 *Giedinghagen* in: Michalski/Heidinger/Leible/J. Schmidt-GmbHG § 52 Rn. 9; *Noack* in: NSH-GmbHG § 52 Rn. 135; *Peres* in: Saenger/Inhester-GmbHG § 52

ist essenziell für die Arbeit im Aufsichtsrat und dient zudem dem Schutz der Zusammenarbeit zwischen Geschäftsführung und Aufsichtsrat.[209] Sie ermöglicht somit erst eine effektive Kontrolle. Es kann nur ein Organ mit Mitgliedern, die einer Verschwiegenheitsverpflichtung unterliegen, Überwachungsorgan im Sinne von § 52 Abs. 1 GmbHG sein.[210]

Die Verschwiegenheitsverpflichtung gilt, wie auch bei der GmbH mit Pflichtaufsichtsrat, nicht gegenüber den Gesellschaftern.[211] § 109 Abs. 1 S. 1 AktG, der

Rn. 7 ff; i. E. auch *Diekmann* in: *Priester/D. Mayer/Wicke* Handbuch GmbH, S. 1131 Rn. 60; *Schürnbrand*, Organschaft, 427; *Witte*, ZGR 1998, 151, 159; a. A.: (für vollständige Satzungsfreiheit) *Schnorbus* in: Rowedder/Schmidt-Leithoff-GmbHG § 52 Rn. 9; *Lutter* in: Lutter/Hommelhoff-GmbHG § 52 Rn. 26; *Buken*, Kommunale GmbH, 214; *Lutter*, Information und Vertraulichkeit, Rn. 775 ff.

209   Siehe Abschnitt B I 2. a); ebenso argumentierend: *Möller,* Stellung und Funktion des Aufsichtsrats, 240; *van Kann/Keiluweit*, DB 2009, 2251, 2254.

210   *Peres* in: Saenger/Inhester-GmbHG § 52 Rn. 191; *B. Schmidt* in: Ensthaler/Füller/Schmidt-GmbHG § 52 Rn. 5; *Birkhold*, Fakultativer Aufsichtsrat, 246; *Möller,* Stellung und Funktion des Aufsichtsrats, 240; *Kiethe*, NZG 2006, 45, 49; a. A.: (für einen Gestaltungsspielraum bei der Ausgestaltung) *Giedinghagen* in: Michalski/Heidinger/Leible/J. Schmidt-GmbHG § 52 Rn. 183a leitet die Schweigepflicht des Aufsichtsrates einer GmbH aus der allgemeinen Treuepflicht ab und nimmt jedenfalls die Möglichkeit einer Verschärfung der Verschwiegenheitsverpflichtung durch die Satzung an; *Hölters*, Beirat, 40; ähnlich *Wagner,* Aufsichtsgremien; *Pape*, Kommunales Aufsichtsratsmandat; *Rödel,* Kommunale Eigengesellschaften, 66 der eine „teilweise Entbindung von der Verschwiegenheitsverpflichtung" für möglich hält; *van Kann/Keiluweit*, DB 2009, 2251, 2255 plädiert für einen Gestaltungsspielraum, der aber einen „Kernbereich" der Vertraulichkeit – insbesondere bezüglich Inhalten von Beratungen und bezüglich Abstimmungsergebnissen – wahrt; ebenso *Bettenburg/Weirauch*, DÖV 2012, 352, 354; *Riegel*, Versorgungswirtschaft 2002, 53, 54; a. A.: (für die absolute Satzungsfreiheit) *VGH München*, NVwZ-RR 2007, 622, 623; *Altmeppen* in: Roth/Altmeppen-GmbHG § 52 Rn. 30; *Jaeger* in: BeckOK-GmbHG § 52 Rn. 74; *Schnorbus* in: Rowedder/Schmidt-Leithoff-GmbHG § 52 Rn. 43; *Lutter* in: Lutter/Hommelhoff-GmbHG § 52 Rn. 26; *Altmann,* Verschwiegenheitspflicht, 207; *Häußermann*, Steuerung, 91; *Lampert,* Einflussnahme, 68; *Merz*, Kommunale Gesellschaften, 91; *Altmeppen*, NJW 2003, 2561, 2566; *Battke*, SächsVBl 2006, 273, 276; *Erker/Freund Lydia*, GmbHR 2001, 463, 467; *Kühne/Czarnecki*, LKV 2005, 481, 483; wohl auch *M. Mann*, AG 2018, 57, 58; *Meiski*, NVwZ 2007, 1355, 1358; *Ries/Garbers*, KommJur 2004, 407, 410; *Weber-Rey/Buckel*, ZHR 2013, 13, 19.

211   *Pape*, Kommunales Aufsichtsratsmandat, 196.

die Nichtöffentlichkeit der Aufsichtsratssitzungen regelt, findet auch ohne ausdrückliche Verweisung Anwendung.[212]

Eine effektive Kontrolle durch den Aufsichtsrat setzt außerdem voraus, dass dieser unabhängig von Weisungen des gemeindlichen Trägers bleibt.[213] Denn nur wer nicht gesteuert, sondern eigenverantwortlich agiert, kann wirklich eigenen Sachverstand einbringen.[214] Wie oben ausgeführt, vertraut der Rechtsverkehr darauf, dass die Aufsichtsratsmitglieder ihre persönliche Expertise einbringen.[215] Ein Weisungsrecht kann daher nicht in der Satzung vorgesehen werden. Die Mitglieder des Aufsichtsrats – auch die eines fakultativen – können nicht an Weisungen gebunden werden.[216]

---

212   *Henssler* in: Henssler/Strohn-Gesellschaftsrecht § 52 Rn. 9; *Peres* in: Saenger/Inhester-GmbHG § 52 Rn. 14; *Cronauge,* Kommunale Unternehmen, Rn. 322; *Spindler,* ZIP 2011, 689, 691; *Weber-Rey/Buckel,* ZHR 2013, 13, 18; a. A.: *Wilhelm,* Kapitalgesellschaftsrecht, Rn. 944; *Bettenburg/Weirauch,* DÖV 2012, 352, 354; *Meiski,* NVwZ 2007, 1355, 1358.

213   *Birkhold,* Fakultativer Aufsichtsrat, 246; *Lutter/Krieger/Verse,* Rechte und Pflichten des Aufsichtsrats, Rn. 1214.

214   *Vetter,* GmbHR 2011, 449, 457.

215   *Banspach/Nowak,* Der Konzern 2008, 195, 198; *Krämer/Winter* in: *Habersack/Hommelhoff* FS W. Goette, S. 254, 257; *Vetter,* GmbHR 2011, 449, 457; *Weber-Rey/Buckel,* ZHR 2013, 13, 25, der ergänzt, dass das Vertrauen dann nicht geschützt werden müsse, wenn sich Gegenteiliges aus dem im Handelsregister hinterlegten Gesellschaftsvertrag – öffentlich – ergebe.

216   *Birkhold,* Fakultativer Aufsichtsrat, 246; *dies.,* Rechte und Pflichten des Aufsichtsrats, Rn. 1214; *Möller,* Stellung und Funktion des Aufsichtsrats, 224 ff; *Bäcker* in: *Grundmann* FS Schwark, S. 101, 109; *Krämer/Winter* in: *Habersack/Hommelhoff* FS W. Goette, S. 254, 256 ff; *dies.,* Der Konzern 2008, 195, 198; *Keßler,* GmbHR 2000, 71, 77; *T. Mann,* VBlBW 2010, 7, 15; *Mutter/Pernfuß,* AG 2009, R441–R442, 442; *Raiser,* ZGR 1978, 391, 399; *Spindler,* ZIP 2011, 689, 693 ff; *Vetter,* GmbHR 2011, 449, 457 f; a. A.: (Weisungsrecht kann in Satzung eingeräumt werden) BVerwGE 140, 300, 302 ff Rechtsverkehr vertraue gerade auf keine speziellen Vorkehrungen, wenn er die Satzung nicht kennt; *Pape,* Kommunales Aufsichtsratsmandat, 149; *ders.,* Kommunale Unternehmen, Rn. 272 hält Weisung auch ohne satzungsrechtliche Regelung möglich; *Altmeppen,* NJW 2003, 2561, 2563; *von Danwitz,* AöR 120 (1995), 595, 626 bei Eigengesellschaften; *Kiethe,* NZG 2006, 45, 49 möglich, da keine Verpflichtung zur Errichtung eines Aufsichtsrats bestünde; *Pauly/Schüler,* DÖV 2012, 339, 341 f; *Riegel,* Versorgungswirtschaft 2002, 53, 53 verweist jedoch auf unabhängigen Kernbestand von Aufgaben eines fakultativen Aufsichtsrats; *Ries/Gabers,* KommJur 2004, 407; *Ries/Garbers,* KommJur 2004, 407, 410; *R. Schmidt,* ZGR 1996, 345, 354; *Schoepke,* VBlBW 1994, 81, 82; *Weber-Rey/Buckel,* ZHR 2013, 13, 25 Weisungsrecht kann im Gesellschaftsvertrag

Auch können sie nicht durch einen Stimmbindungsvertrag durch den gemeindlichen Träger verpflichtet werden. Denn auch durch einen solchen Vertrag könnte das Aufsichtsratsmitglied in Konfliktsituationen geraten, die einer unabhängigen und lediglich an Unternehmensinteresse und -zweck orientierten Ausübung der Aufsichtsratstätigkeit im Wege stehen.[217]

Der fakultative Aufsichtsrat einer GmbH ist zur Verschwiegenheit verpflichtet und weisungsfrei.

IV. Informationspflichten und Verschwiegenheitsverpflichtung

Der Aufsichtsrat ist das Überwachungsorgan der AG und überprüft die grundlegenden Entscheidungen des Vorstands. Um dieser Funktion gerecht werden zu können, ist er durch den Vorstand zu informieren und kann seinerseits Berichte vom Vorstand einfordern. Diesen weitreichenden Informationsrechten korrespondiert eine Pflicht zur Verschwiegenheit der Aufsichtsratsmitglieder gegenüber jedermann und insbesondere auch gegenüber den eigenen Aktionären. Der Aufsichtsrat ist weisungsfrei.

Auch der Aufsichtsrat – ob fakultativ oder obligatorisch – einer GmbH ist ein Überwachungsorgan der Gesellschaft. Als solches unterliegt er der aktienrechtlichen Verschwiegenheitsverpflichtung. Im Unterschied zur AG gilt die Verschwiegenheitsverpflichtung wegen § 51a Abs. 1 GmbHG jedoch nicht gegenüber den Gesellschaftern. Gegenüber dem Bürgermeister als Vertreter der Gesellschafterversammlung einer gemeindlichen GmbH besteht keine Verschwiegenheitsverpflichtung des Aufsichtsrates. Gleichwohl ist auch der Aufsichtsrat einer GmbH zwingend weisungsfrei.

Welche Informationen der Verschwiegenheitsverpflichtung unterliegen, ergibt sich objektiv mit Blick auf das Unternehmensinteresse. Die Einschätzung steht nicht zur Disposition des Vorstands bzw. Geschäftsführers oder des Aufsichtsrats. Hieran ändert sich auch dann nichts, wenn der Aktionär bzw. der Gesellschafter eine Gemeinde ist. Denn wegen des Vorrangs des

---

zulässigerweise dann vorgesehen sein, wenn die Weisung mit dem Gesellschaftszweck übereinstimmt; *Weckerling-Wilhelm/Mirtsching*, NZG 2011, 327, 331; *dass.*, BWGZ 2000, 177, 178; *Ziche*, DÖV 2014, 111, 113; *Zieglmeier*, LKV 2005, 338, 340.

217 *Ehlers*, Verwaltung, 137; *Möller*, Stellung und Funktion des Aufsichtsrats, 102; *Harder/Ruter*, GmbHR 1995, 813, 814; *Schmidt-Aßmann/Ulmer*, BB 1988, 1, 15 f; *Schön*, ZGR 1996, 429, 450 f.

Gesellschaftsrechts (s.o.) finden die gesellschaftsrechtlichen Normen auch auf gemeindliche Unternehmen unverändert Anwendung.

Es ist somit gesetzlich geregelt, welche Informationen der Verschwiegenheitsverpflichtung unterliegen. Diese Informationen sind grundsätzlich auch vor den Aktionären einer Aktiengesellschaft geheim zu halten.

C. Verfassungsrechtliche Vorgaben zur Informationspflicht der Gemeinde

Im Folgenden ist zu klären, ob die dargestellte weitreichende Verschwiegenheitsverpflichtung der Aufsichtsratsmitglieder Probleme aufwirft, wenn Trägerin eines Unternehmens eine Gemeinde ist. Das könnte der Fall sein, wenn sie der Wahrnehmung gemeindlicher Informationspflichten entgegensteht. Es wird gezeigt, dass es solche Informationspflichten gibt und woraus sie abzuleiten sind. Zu diesem Zweck werden zunächst die verfassungsrechtlichen Vorgaben für die Tätigkeit der Verwaltung herausgearbeitet. Zu diesen zählt auch, dass die Gemeinde informiert sein muss. Anschließend wird dargestellt, wie die Informationspflichten bei der Verwaltungstätigkeit in öffentlich-rechtlicher Organisationform umgesetzt werden. Hierfür wird die Tätigkeit der unmittelbaren Gemeindeverwaltung, des Regiebetriebs, des Eigenbetriebs und der selbstständigen Kommunalanstalt beleuchtet. Sodann wird die Umsetzung der Informationspflichten bei der Verwaltungstätigkeit von gemeindlichen Unternehmen in Privatrechtsform skizziert.

I. Die Grundlagen der verfassungsrechtlichen Vorgaben zur Verwaltungstätigkeit unabhängig von der Organisationsform

Im Zusammenhang mit Informationspflichten relevante Vorgaben zur Verwaltungsorganisation lassen sich vor allem dem Demokratie- und dem Rechtsstaatsprinzip entnehmen.

1. Demokratieprinzip

Das Demokratieprinzip ergibt sich aus Art. 20 Abs. 1 u. 2 GG und besagt u. a., dass alle Staatsgewalt vom Volk ausgeht.[218] Für die Länder gilt nach Art. 28 Abs. 1 S. 1 GG, dass „die verfassungsmäßige Ordnung [...] den Grundsätzen

---

218 *Ders.* in: Dreier-GG Art. 20 Rn. 97; *Grzeszick* in: Dürig/Herzog/Scholz-GG Art. 20 Rn. 1, 12, 59; *Huster/Rux* in: BeckOK-GG Art. 20 Rn. 55 ff der das Demokratieprinzip letztlich aus Art. 1 Abs. 1 S. 2 GG ableitet; *Emde*, Legitimation, 327; *Jestaedt*, Demokratieprinzip, 146 ff der eine Ableitung des Demokratieprinzips ausschließlich aus Art. 20 Abs. 1 und 2 GG für nicht zwingend erachtet; *Mann*, Öffentlich-rechtliche Gesellschaft, 55.

des [...] demokratischen [...] Rechtsstaates im Sinne [des] Grundgesetzes entsprechen" muss.[219] Für die Gemeinden gilt dies grundsätzlich auch.[220]

Die Ausübung von Staatsgewalt muss auf den Willen des Volkes zurück-
führbar sein, sie muss also durch das Volk legitimiert sein[221] und gegenüber
dem Willen des Volkes verantwortet werden.[222] Die Rückbindung an den
Willen des Volkes geschieht durch Wahlen und Abstimmungen sowie durch
besondere Organe der Legislative, Exekutive und Judikative, vgl. Art. 20 Abs. 2
S. 2 GG.[223] Zu klären ist, auf welche staatlichen Tätigkeiten das Erfordernis der
demokratischen Legitimation anzuwenden ist.

a) Ausübung von Staatsgewalt durch die unmittelbare Gemeindeverwaltung, öffentlich-rechtlich organisierte Unternehmen und gemeindliche Unternehmen in Privatrechtsform

Das Demokratieprinzip findet Anwendung, soweit die Ausübung von Staatsgewalt vorliegt.

Eine Definition des Begriffes „Staatsgewalt" findet sich im Grundgesetz
nicht.[224] Art. 20 Abs. 2 GG legt fest, dass „alle" Staatsgewalt vom Volk ausgeht und abgesehen von Wahlen und Abstimmungen ausschließlich durch
die besonderen Organe der Gesetzgebung, der vollziehenden Gewalt und der
Rechtsprechung ausgeübt wird. Eine Beschränkung des Legitimationserforder-
nisses lediglich auf hoheitliches Handeln, hier verstanden als die Ausübung ein-
seitiger Rechtsmacht in der Form des öffentlichen Rechts, hat demnach keine
verfassungsrechtliche Grundlage.[225] Vielmehr ist jegliches Handeln, das der

---

219   *Huster/Rux* in: BeckOK-GG Art. 20 GG Rn. 130.
220   *Hellermann* in: BeckOK-GG Art. 28 GG Rn. 9; *Mehde* in: Dürig/Herzog/Scholz-
GG Art. 28 GG Rn. 52.
221   *Dreier* in: Dreier-GG, Art. 20 Rn. 97; *Huster/Rux* in: BeckOK-GG Art. 20 Rn. 62;
Sachs in: Sachs-GG Art. 20 Rn. 35; *Böckenförde* in: *Isensee/P. Kirchhof* HStR II,
S. 429 § 24 Rn. 1, Rn. 11; *Schmidt-Aßmann* in: *Hoffmann-Riem/Schmidt-Aßmann*
Reform Verwaltungsrecht, S. 11, 22; *Emde*, Legitimation, 327; *Jestaedt*, Demokratieprinzip, 158 f; *Mann*, Öffentlich-rechtliche Gesellschaft, 56 f.
222   BVerfGE 107, 59, 88; BVerfGE 83, 60, 71 f; BVerfGE 93, 37, 67 f; *Teuber*, Informationsrechte, 45.
223   *Grzeszick* in: Dürig/Herzog/Scholz-GG Art. 20 Rn. 12; *Mann*, Öffentlich-rechtliche
Gesellschaft, 55; *Mayen*, DÖV 2004, 45, 46 f.
224   Allgemeine Ausführungen zum Begriff der Staatsgewalt in *Herzog*, Staatslehre, 155 f.
225   *Dreier* in: Dreier-GG Art. 20 Rn. 91; *Grzeszick* in: Dürig/Herzog/Scholz-GG
Art. 20 Rn. 90; *Robbers* in: BK-GG Art. 20 GG Rn. 3024; i. E. a. *Böckenförde*
in: *Isensee/P. Kirchhof* HStR II, S. 429 § 24 Rn. 12; *Trute* in: *Hoffmann-Riem/*

Wahrnehmung staatlicher Aufgaben dient, unabhängig davon, ob es sich um hoheitliches Handeln, schlichtes Verwaltungshandeln, Leistungsverwaltung oder Handeln in Privatrechtsform handelt, erfasst.[226] Eine Differenzierung in wichtige und unwichtige Aufgaben wird mangels exakter Abgrenzbarkeit und verfassungsrechtlicher Verankerung ebenso wenig vorgenommen,[227] denn die Verfassung unterscheidet nicht zwischen einem legitimationsbedürftigen und einem nicht legitimationsbedürftigen Staat.[228] Es kommt auch nicht darauf an, ob dem Handeln Außenwirkung zukommt oder nicht.[229] Legitimationsbedürftig ist daher sowohl das Handeln der unmittelbar wie der mittelbar,[230] der privatrechtlich wie der öffentlich-rechtlich organisierten Verwaltung.[231]

Schmidt-Aßmann/Voßkuhle GVwR I, S. 551 § 9 Rn. 27 f; *Köller*, Funktionale Selbstverwaltung, 38; *Ossenbühl*, ZGR 1996, 504, 508.

226 Das Bundesverfassungsgericht fordert „jedenfalls" für jedes Handeln „mit Entscheidungscharakter" demokratische Legitimation, vgl.: BVerfGE 47, 253, 272 f; 77, 1, 40; 83, 60, 73; 93, 37, 68; *Dreier* in: Dreier-GG Art 20 Rn. 91; *Huster/Rux* in: BeckOK-GG Art. 20 Rn. 62; *Grzeszick* in: Dürig/Herzog/Scholz-GG Art. 20 Rn. 90; *Robbers* in: BK-GG Art. 20 Rn. 3024; *Sommermann* in: v. Mangoldt/Klein/Starck-GG Art. 20 Rn. 146; *Böckenförde* in: Isensee/P. Kirchhof HStR II, S. 429 § 24 Rn. 12 f; *Wollenschläger* in: *R. Schmidt/Wollenschläger* Öffentliches Wirtschaftsrecht, S. 63 § 2 Rn. 13; *Engel*, Kommunalverwaltung, 241 f; *Jestaedt*, Demokratieprinzip, 238 f; *Köller*, Funktionale Selbstverwaltung, 39; *Ossenbühl*, ZGR 1996, 504, 508.

227 *Dreier* in: Dreier-GG Art. 20 Rn. 91; *Grzeszick* in: Dürig/Herzog/Scholz-GG Art. 20 Rn. 92; *Trute* in: *Hoffmann-Riem/Schmidt-Aßmann/Voßkuhle* GVwR I, S. 551 § 9 Rn. 27; *Köller*, Funktionale Selbstverwaltung, 42; dies schließt nicht aus, dass unterschiedlich wichtige Aufgaben auf unterschiedliche Art und Weise bzw. in unterschiedlicher Intensität demokratisch legitimiert werden können, hierzu *Grzeszick* in: Dürig/Herzog/Scholz-GG Art. 20 Rn. 93; *Jestaedt*, Demokratieprinzip, 253; a. A.: BVerfGE 47, 253, 274.

228 *W. Krebs* in: *Schmidt-Aßmann/Hoffmann-Riem* Verwaltungsorganisationsrecht, S. 339, 348; *Ehlers*, Verwaltung, 77 f; *Jestaedt*, Demokratieprinzip, 243 ff; ähnlich *Stern*, Staatsrecht II, 1413; *Schnapp*, JuS 1989, 1, 8.

229 *Dreier* in: Dreier-GG Art. 20 Rn. 90; *Grzeszick* in: Dürig/Herzog/Scholz-GG Art. 20 Rn. 90; *Sommermann* in: Mangoldt/Klein/Starck-GG Art. 20 Rn. 146; *Böckenförde* in: Isensee/P. Kirchhof HStR II, S. 429 § 24 Rn. 12; *Jestaedt*, Demokratieprinzip, 263; *Teuber*, Informationsrechte, 193.

230 *Jestaedt*, Demokratieprinzip, 265; *Mann*, Öffentlich-rechtliche Gesellschaft, 58 f; *Pfeifer*, Steuerung, 5; *Storr*, Staat als Unternehmer, 86; *Teuber*, Informationsrechte, 194 f; a. A.: *Püttner*, Öffentliche Unternehmen, 136 f.

231 *Dreier* in: Dreier-GG Art. 20 Rn. 137; *Grzeszick* in: Dürig/Herzog/Scholz-GG Art. 20 Rn. 90 f; *Sommermann* in: v. Mangoldt/Klein/Starck-GG Art. 20 Rn. 146;

Schwieriger zu beantworten ist die Frage, ob es sich um Staatsgewalt handelt, wenn der Staat in Ausübung von Kompetenzen gemeinsam mit einem freiheitsausübenden Privaten ein gemischtwirtschaftliches Unternehmen gründet und betreibt, denn Private üben grundsätzlich keine Staatsgewalt aus.[232] An der staatlichen Entscheidung zur Begründung eines solchen gemischtwirtschaftlichen Unternehmens und an der Ausübung der Informationspflichten durch den Staat ist der private Kooperationspartner nicht beteiligt. Es handelt sich insoweit um Handlungen des Staates und somit um die Ausübung von Staatsgewalt.[233] Anders zu beurteilen könnten die Tätigkeiten des gemischtwirtschaftlichen Unternehmens selbst sein. Um diese Tätigkeiten als Staatsgewalt qualifizieren zu können, müssten diese dem Staat als eigene Tätigkeiten zuzurechnen sein. Das ist dann möglich, wenn der Staat beherrschenden Einfluss auf die Tätigkeiten des gemischtwirtschaftlichen Unternehmens hat.[234] Diese Arbeit behandelt nur solche öffentlichen Unternehmen, die von der Gemeinde beherrscht sind (A.II). Somit üben alle hier in der Arbeit behandelten Unternehmen, auch die gemischtwirtschaftlichen, Staatsgewalt aus.

Suerbaum in: *Ehlers/Fehling/Pünder* Besonderes Verwaltungsrecht, S. 490 § 16 Rn. 47; *Trute* in: *Hoffmann-Riem/Schmidt-Aßmann/Voßkuhle* GVwR I, S. 551 § 9 Rn. 28; *Engel,* Kommunalverwaltung, 241 f; *Häußermann,* Steuerung, 96; *Mann,* Öffentlich-rechtliche Gesellschaft, 59; *Pfeifer,* Steuerung, 6 f; *Storr,* Staat als Unternehmer, 86 f; *Teuber,* Informationsrechte, 194 f; *Trzeciak,* Rechtsformen, 153; *Burgi,* NVwZ 2018, 601, 601; *J. Becker,* DÖV 2014, 910, 910; *Mayen,* DÖV 2001, 110, 113; *Ossenbühl,* ZGR 1996, 504, 508; a. A.: *Püttner,* Öffentliche Unternehmen, 136 f geht trotzdem von einer Einwirkungs- und Kontrollpflicht des Staates auf die öffentlichen Unternehmen in Privatrechtsform aus; *Kerber,* Recht und Politik 2006, 161, 161 ff hierzu kritisch.

232   *Grzeszick* in: Dürig/Herzog/Scholz-GG Art. 20 Rn. 95.
233   *Dreier* in: Dreier-GG Art. 20 Rn. 127; *Schmidt-Aßmann,* AöR 1991, 330, 346.
234   BVerfGE 147, 50, 55 zum Begriff der Staatsgewalt; *Dreier* in: Dreier-GG Art. 20 GG Rn. 126, jedenfalls dann, wenn auch ein Letztentscheidungsrecht beim Staat bleibt; *Grzeszick* in: Dürig/Herzog/Scholz-GG Art. 20 Rn. 100 zieht daraus den Schluss, dass der Staat keine Beteiligungen eingehen darf, bei denen er nicht durch Beherrschung sicherstellen kann, dass er Einfluss auf die Tätigkeiten der Kooperation nehmen kann; *dass.* in: *Hoffmann-Riem/Schmidt-Aßmann/Voßkuhle* GVwR I, S. 551 § 6 Rn. 28; *Gersdorf,* Öffentliche Unternehmen, 166; *Pfeifer,* Steuerung, 20 f fordert eine „qualifizierte Mehrheitsbeteiligung"; *Storr,* Staat als Unternehmer, 88 f; *Teuber,* Informationsrechte, 195; a. A.: *Schmidt-Aßmann,* AöR 1991, 330, 346 betont, dass die Beteiligungsentscheidung selbst demokratischer Legitimation bedarf und dass es trotz der Verneinung der Staatsgewalt Einwirkungspflichten des gemeindlichen Trägers geben kann.

b) Legitimationsarten

Nach Art. 20 Abs. 2 S. 1 GG muss zwischen dem Volk und der Ausübung von Staatsgewalt ein Legitimationszusammenhang bestehen.[235] Erfüllt werden kann diese Vorgabe durch das Zusammenwirken verschiedener Legitimations-formen.[236]

aa) Organisatorisch-personelle demokratische Legitimation

Organisatorisch-personelle demokratische Legitimation der Ausübung von Staatsgewalt wird dadurch gewährleistet, dass die Bestellung zur Ausübung von Staatsgewalt jedes einzelnen Amtsträgers zwar nicht unmittelbar, aber mittelbar auf das Parlament als Repräsentationsorgan des Volkes zurückzu-führen ist.[237] Der Amtsträger wird in seiner Funktion durch einen vorgesetzten Amtsträger, der wiederum selbst demokratisch legitimiert ist, eingesetzt und angewiesen.[238] Die so entstehende Legitimationskette darf nicht ohne Weiteres

---

235 BVerfGE 47, 253, 272 f; 77, 1, 40; 83, 60, 73; 93, 37, 68; *Dreier* in: Dreier-GG Art 20 Rn. 91; *Huster/Rux* in: BeckOK-GG Art. 20 Rn. 62; *Grzeszick* in: Dürig/Herzog/Scholz-GG Art. 20 Rn. 90; *Robbers* in: BK-GG Art. 20 Rn. 3024; *Sommermann* in: v. Mangoldt/Klein/Starck-GG Art. 20 Rn. 146; *Böckenförde* in: *Isensee/P. Kirchhof* HStR II, S. 429 § 24 Rn. 12 f; *Wollenschläger* in: *R. Schmidt/Wollenschläger* Öffentliches Wirtschaftsrecht, S. 63 § 2 Rn. 13; *Engel,* Kommunalverwaltung, 241 f; *Jestaedt,* Demokratieprinzip, 238 f; *Köller,* Funktionale Selbstverwaltung, 39; *Ossenbühl,* ZGR 1996, 504, 508.

236 *Grzeszick* in: Dürig/Herzog/Scholz-GG Art. 20 Rn. 127; *Huster/Rux* in: BeckOK-GG Rn. 63; *Böckenförde* in: *Isensee/P. Kirchhof* HStR II, S. 429 § 24 Rn. 14; *Puhl* in: *Isensee/P. Kirchhof* HStR III, S. 639 § 48 Rn. 43; *Emde,* Legitimation, 328; *Jestaedt,* Demokratieprinzip, 266 f; *Mann,* Öffentlich-rechtliche Gesellschaft, 55; *Mayen,* DÖV 2004, 45, 48.

237 BVerfGE 77, 1, 40; *Dreier* in: Dreier-GG Art. 20 Rn. 115; *Grzeszick* in: Dürig/Herzog/Scholz-GG Art. 20 Rn. 121; *Jarass* in: Jarass/Pieroth-GG Art. 20 GG Demokratie Rn. 8; *Sachs* in: Sachs-GG Art. 20 Rn. 39; *Burgi* in: *Ehlers/Pünder* Allgemeines Verwaltungsrecht, S. 255 § 7 Rn. 28; *Böckenförde* in: *Isensee/P. Kirchhof* HStR II, S. 429 § 24 Rn. 16; *dass.,* Verfassungsfragen der Richterwahl, 74; *Ehlers,* Verwaltung, 124; *Herzog,* Staatslehre, 208 ff; *Jestaedt,* Demokratieprinzip, 268; *Kloepfer,* Verfassungsrecht, § 7 Rn. 199; *Mann,* Öffentlich-rechtliche Gesellschaft, 56 f; *Püttner,* Öffentliche Unternehmen, 136; *Unger,* Demokratie, 67; *Ossenbühl,* ZGR 1996, 504, 509.

238 *Ders.* in: Dreier-GG Art. 20 Rn. 115; *Huster/Rux* in: BeckOK-GG Art. 20 Rn. 94; *Sachs* in: Sachs-GG Art. 20 Rn. 39; *Sommermann* in: Mangoldt/Klein/Starck-GG Art. 20 Rn. 164; *Böckenförde* in: *Isensee/P. Kirchhof* HStR II, S. 429 § 24 Rn. 16.

durch das Zwischenschalten nichtlegitimierter Organe oder Amtsträger durchbrochen werden.[239] Zweites Element der organisatorisch-personellen Legitimation ist die Zuweisung des Amtsträgers zu einem konkreten Funktionsbereich. Außerhalb dessen agiert er nicht personell demokratisch legitimiert.[240]

bb) Sachlich-inhaltliche demokratische Legitimation

Die sachlich-inhaltliche demokratische Legitimation soll sicherstellen, dass die Ausübung von Staatsgewalt ihrem Inhalt nach auf den Willen des Volkes zurückgeführt werden kann.[241]

aaa) Sachlich-inhaltliche demokratische Legitimation durch Gesetzesbindung

Das Gesetzgebungsrecht des Parlamentes und die Rechtsbindung aller Organe an die vom Parlament beschlossenen Gesetze ermöglichen eine inhaltliche Rückbindung der Ausübung von Staatsgewalt an den Willen des Volkes, vgl. Art. 20 Abs. 3 GG.[242] Das Gesetz ist das Fundament der sachlich-inhaltlichen

239   *Dreier* in: Dreier-GG Art. 20 Rn. 115; *Grzeszick* in: Dürig/Herzog/Scholz-GG Art. 20 Rn. 121; *Böckenförde* in: *Isensee/P. Kirchhof* HStR II, S. 429 § 24 Rn. 16; *F. Kirchhof* in: *Hans-Günter Henneke* Kommunale Aufgabenerfüllung, S. 31, 40; *Böckenförde*, Verfassungsfragen der Richterwahl, 74; *Büchner*, Kommunale Unternehmen, 67; *Jestaedt*, Demokratieprinzip, 268 Fußnote 15 m. w. N.; *Kloepfer*, Verfassungsrecht, § 7 Rn. 203; *T. Mann*, Öffentlich-rechtliche Gesellschaft, 56 f.

240   *Ossenbühl* in: *Horn* FS-Glaeser, S. 101; *Grzeszick* in: Dürig/Herzog/Scholz-GG Art. 20 Rn. 121; *Burgi* in: *Ehlers/Pünder* Allgemeines Verwaltungsrecht, S. 255 § 7 Rn. 28; *dass.* in: *Hoffmann-Riem/Schmidt-Aßmann/Voßkuhle* GVwR I, S. 551 § 6 Rn. 9; *Jestaedt*, Demokratieprinzip, 269; *Köller*, Funktionale Selbstverwaltung, 129; *Ossenbühl* in: *Horn* FS-Glaeser, S. 101.

241   *Dreier* in: Dreier-GG Art. 20 Rn. 116; *Grzeszick* in: Dürig/Herzog/Scholz-GG Art. 20 Rn. 122; *Böckenförde* in: *Isensee/P. Kirchhof* HStR II, S. 429 § 24 Rn. 21; *Kloepfer*, Verfassungsrecht, § 7 Rn. 204; *Köller*, Funktionale Selbstverwaltung, 140; *Mann*, Öffentlich-rechtliche Gesellschaft, 66.

242   *Dreier* in: Dreier-GG Art. 20 Rn. 116; *Grzeszick* in: Dürig/Herzog/Scholz-GG Art. 20 Rn. 122; *Huster/Rux* in: BeckOK-GG Art. 20 Rn. 95; *Jarass* in: Jarass/Pieroth-GG Art. 20 GG Demokratie Rn. 10; *Sachs* in: Sachs-GG Art. 20 Rn. 41; *Sommermann* in: Mangoldt/Klein/Starck-GG Art. 20 Rn. 168; *Böckenförde* in: *Isensee/P. Kirchhof* HStR II, S. 429 § 24 Rn. 21; *Berger*, Aufgaben im Staat, 101; *Böckenförde*, Verfassungsfragen der Richterwahl, 79; *Jestaedt*, Demokratieprinzip, 273; *Kluth*, Funktionale Selbstverwaltung, 359; *Mann*, Öffentlich-rechtliche Gesellschaft, 66; *Schmidt-Aßmann*, Ordnungsidee, 90; *Mayen*, DÖV 2004, 45, 47.

Legitimation.[243] Der Regelung durch Gesetz sind Grenzen gesetzt, da gesetzes-freie Kernbereiche der Regierung bestehen können und da grundsätzlich nur abstrakt-generelle Regelungen möglich sind. Naturgemäß schwankt außer-dem die Legitimationskraft der Gesetzesbindung je nach Regelungsumfang und -dichte der Gesetze. Beispielsweise räumen einige Gesetze der Verwaltung einen Ermessens- oder Beurteilungsspielraum ein.[244] Die Legitimationskraft der Gesetzesbindung ist gleichwohl sehr hoch, denn inhaltliche Vorgaben in Gesetzesform werden direkt vom Parlament, welches personell am direktesten legitimiert ist, erlassen.[245]

bbb) Sachlich-inhaltliche demokratische Legitimation durch den Vorbehalt des Gesetzes

Auch der Vorbehalt des Gesetzes und der Parlamentsvorbehalt tragen durch Rückbindung an den Gesetzgeber zur sachlich-inhaltlichen demokratischen Legitimation bei.[246] Der Vorbehalt des Gesetzes besagt, dass alle wesentlichen Entscheidungen auf einer gesetzlichen Grundlage beruhen müssen.[247] Dem Vorbehalt des Gesetzes kann auch durch den Erlass von Rechtsverordnun-gen Rechnung getragen werden.[248] Je wesentlicher ein Grundrechtseingriff ist, desto höher sind die Anforderungen an die Regelungsdichte des Gesetzes. Damit einher geht ein Delegationsverbot des Gesetzgebers. Er ist verpflichtet,

243 *Dreier* in: Dreier-GG Art. 20 GG Rn. 124, der die Weisungsbindung und das Gesetz als Grundvoraussetzungen für die sachlich-inhaltliche demokratische Legitima-tion nennt; *Gärditz* in: *R. Schmidt/Wollenschläger* Öffentliches Wirtschaftsrecht, S. 173 § 4 Rn. 27.
244 *Gärditz* in: *R. Schmidt/Wollenschläger* Öffentliches Wirtschaftsrecht, S. 173 § 4 Rn. 27; *Maurer/Waldhoff*, Allgemeines Verwaltungsrecht, § 7 Rn. 1 ff aus-führlich zu Ermessen und Beurteilungsspielraum; *Mehde*, Steuerungsmodell, 184.
245 *Grzeszick* in: Dürig/Herzog/Scholz-GG Art. 20 Rn. 142.
246 *Huster/Rux* in: BeckOK-GG Art. 20 GG Rn. 105 ff; *Kluth*, Funktionale Selbstver-waltung, 359; die dogmatische Herleitung des Vorbehalts des Gesetzes ist umstrit-ten; *ders.* in: Dürig/Herzog/Scholz-GG Art. 20 GG Rn. 79 f leitet den Vorbehalt aus einer Gesamtschau verfassungsrechtlicher Normen her; *Huster/Rux* in: BeckOK-GG Art. 20 GG Rn. 173 leitet ihn sowohl aus dem Demokratie- als auch aus dem Rechtsstaatsprinzip her; *Kunig*, Rechtsstaatsprinzip, 317 ff, 327 vertritt, dass sich der Vorbehalt des Gesetzes abschließend aus den Grundrechten ergibt und dass dieser daher nicht auch aus dem Rechtsstaatsprinzip abgeleitet werden kann.
247 *Schulze-Fielitz* in: Dreier-GG Art. 20 GG Rn. 95 ff; *Kloepfer*, Verfassungsrecht, § 7 Rn. 211, 213 ff; *Unruh*, Verfassungsbegriff, 498, 497 f zur umstrittenen Herleitung.
248 *Kloepfer*, Verfassungsrecht, § 7 Rn. 212.

die Regelungen selbst zu treffen und darf diese Aufgabe nicht an die Exekutive delegieren.[249]

ccc) Sachlich-inhaltliche demokratische Legitimation durch „sanktionierte demokratische Verantwortlichkeit"

Sachlich-inhaltliche Legitimation wird des Weiteren durch die „sanktionierte demokratische Verantwortlichkeit" erreicht.[250] So ist die Regierung gegenüber dem Parlament verantwortlich.[251] Die Abgeordneten sind dem Volk verpflichtet, sie sind gegenüber dem Volk verantwortlich.[252] Die Sanktionierung ergibt sich durch den wiederkehrenden Wahlakt, vgl. beispielsweise Art. 38 Abs. 1 GG. Ist das Volk mit dem Handeln der gewählten Vertreter nicht zufrieden, wird es diese nicht wiederwählen.[253] Gesetzesbindung und „sanktionierte demokratische Verantwortlichkeit" ergänzen sich gegenseitig, sodass ein Weniger des einen durch das Mehr des anderen ausgeglichen werden kann.[254]

ddd) Sachlich-inhaltliche demokratische Legitimation durch die parlamentarische Verantwortlichkeit der Regierung

Außerdem hat das Parlament Kontrollrechte gegenüber der Regierung, die zur sachlich-inhaltlichen Legitimation beitragen.[255] Die Regierung ist sowohl für

---

249   *Grzeszick* in: Dürig/Herzog/Scholz-GG Art. 20 GG VI Rn. 106; *Kloepfer,* Verfassungsrecht, § 7 Rn. 231.

250   *Böckenförde* in: *Isensee/P. Kirchhof* HStR II, S. 429 § 24 Rn. 21; *Mann,* Öffentlichrechtliche Gesellschaft, 66; *Unger,* Demokratie, 67; *Vorbrugg,* Bundesverwaltung, 273, der dies unter den Begriff „aktuelle" demokratische Legitimation fasst.

251   BVerfGE 147, 50, 127; *Ehlers,* Verwaltung, 124; *Mayen,* DÖV 2004, 45, 47.

252   *Böckenförde* in: *Isensee/P. Kirchhof* HStR II, S. 429 § 24 Rn. 21; *Jestaedt,* Demokratieprinzip, 273.

253   Der gleiche Effekt wird durch die Möglichkeit zur Abberufung erreicht, vgl. *Stern,* Staatsrecht I, 594.

254   *Böckenförde* in: *Isensee/P. Kirchhof* HStR II, S. 429 § 24 Rn. 22; *Jestaedt,* Demokratieprinzip, 273; *Unger,* Demokratie, 67 f.

255   BVerfGE 147, 50, 126; *Dreier* in: Dreier-GG Art. 20 Rn. 116; *Grzeszick* in: Dürig/Herzog/Scholz-GG Art. 20 Rn. 122; *Jarass* in: Jarass/Pieroth-GG Art. 20 GG Demokratie Rn. 10; *Sachs* in: Sachs-GG Art. 20 GG Rn. 41; *Sommermann* in: Mangoldt/Klein/Starck-GG Art. 20 Rn. 168; *Kahl* in: Hoffmann-Riem/Schmidt-Aßmann/Voßkuhle GVwR III, S. 459 § 47 Rn. 64; *Böckenförde,* Verfassungsfragen der Richterwahl, 79; *Köller,* Funktionale Selbstverwaltung, 142; *Remmert,* Private Dienstleistungen, 283; *Jörg Schmidt,* Parlamentarische Kontrolle, 89 ff; *Ossenbühl,* ZGR 1996, 504, 509; *Schmidt-Aßmann,* AöR 1991, 330, 358.

das Regierungshandeln als auch für das Handeln der nachgeordneten Behörden und Organe verantwortlich.[256] Diese inhaltliche Rückbindung geschieht unter anderem durch Weisungen[257] und Aufsichtsrechte,[258] Informationsrechte,[259] Rechtsverordnungen, Verwaltungsvorschriften,[260] Rechnungsprüfungen und die Rechnungshofkontrolle[261] sowie durch das Haushaltsrecht.[262]

---

256 BVerfGE 147, 50, 126; 93, 37, 67 f; 107, 59, 88; *Grzeszick* in: Dürig/Herzog/Scholz-GG Art. 20 Rn. 122; *Sommermann* in: v. Mangoldt/Klein/Starck-GG Art. 20 Rn. 168; *Loschelder* in: *P. Kirchhof/Isensee* HStR V, S. 409 § 107 Rn. 20; *Trute* in: *Hoffmann-Riem/Schmidt-Aßmann/Voßkuhle* GVwR I, S. 551 § 9 Rn. 12; *Böckenförde*, Verfassungsfragen der Richterwahl, 79; *Remmert*, Private Dienstleistungen, 283.

257 BVerfGE 93, 37, 67 f; 107, 59, 88; *Vorbrugg*, Bundesverwaltung, 48 ff definiert die Weisung so: „Die Weisung ist das Mittel, eine bestehende organisationsrechtliche oder/und personal(dienst)rechtliche Abhängigkeit zu aktualisieren. Durch sie soll innerhalb des von Rechtssätzen gesteckten Rahmens der Wille des höheren Verwaltungsorgans beim jeweils (zumindest insofern) untergeordneten Organ, bzw. Organwalter in Erinnerung gebracht werden, mit ihrer Hilfe „leiten die höheren Organe die Tätigkeit der niederen". Sie ist damit DAS Instrument einheitlicher Verwirklichung des von der Exekutivspitze formulierten Staatswillens"; ähnlich *Jarass* in: Jarass/Pieroth-GG Art. 20 GG Demokratie Rn. 10; *Sachs* in: Sachs-GG Art. 20 Rn. 41; *Trute* in: *Hoffmann-Riem/Schmidt-Aßmann/Voßkuhle* GVwR I, S. 551 § 9 Rn. 38; *Kahl*, Staatsaufsicht, 483; *Remmert*, Private Dienstleistungen, 283.

258 *Dreier* in: Dreier-GG Art. 20 Rn. 116; *Grzeszick* in: Dürig/Herzog/Scholz-GG Art. 20 Rn. 112; *Jarass* in: Jarass/Pieroth-GG Art. 20 GG Demokratie Rn. 10; *Sommermann* in: v. Mangoldt/Klein/Starck-GGArt. 20 Rn. 168; *Burgi* in: *Ehlers/Pünder* Allgemeines Verwaltungsrecht, S. 255 § 7 Rn. 28; *Trute* in: *Hoffmann-Riem/Schmidt-Aßmann/Voßkuhle* GVwR I, S. 551 § 9 Rn. 13; *Dreier*, Hierarchie, 287 ff; *Kahl*, Staatsaufsicht, 483 ff; *Remmert*, Private Dienstleistungen, 279.

259 BVerfGE 147, 50, 126; *Katz*, NVwZ 2018, 1091, 1093.

260 *Grzeszick* in: Dürig/Herzog/Scholz-GG Art. 20 Rn. 122; *Sommermann* in: Mangoldt/Klein/Starck-GG Art. 20 Rn. 168; *P. Kirchhof* in: *P. Kirchhof/Isensee* HStR V, S. 3 § 99 Rn. 229 zur Verwaltungsvorschrift; *Trute* in: *Hoffmann-Riem/Schmidt-Aßmann/Voßkuhle* GVwR I, S. 551 § 9 Rn. 13; *Kahl*, Staatsaufsicht, 483.

261 *Klappstein* in: *Mutius* Selbstverwaltung, S. 479, 496 ff zur Finanzkontrolle gegenüber Gemeinden; *Trute* in: *Hoffmann-Riem/Schmidt-Aßmann/Voßkuhle* GVwR I, S. 551 § 9 Rn. 52; *ders.*, Demokratische Legitimation, 57 ff; *Teuber*, Informationsrechte, 104 ff; *Schmidt-Aßmann*, AöR 1991, 330, 358.

262 *Dreier* in: Dreier-GG Art. 20 Rn. 116; *Trute* in: *Hoffmann-Riem/Schmidt-Aßmann/Voßkuhle* GVwR I, S. 551 § 9 Rn. 51 betont, wie unterschätzt die legitimatorische Wirkung des Haushaltsrechts sei. Insbesondere in gesetzlich wenig vorbestimmten Bereichen, sei sie nicht zu unterschätzen; *Schmidt-Aßmann*, AöR 1991, 330, 358.

Rechtsverordnungen werden auf Grund einer gesetzlichen Ermächtigung, vgl. Art. 80 Abs. 1 S. 1 GG, Art. 61 Abs. 1 LV BW, erlassen. Sie sind i. d. R. abstrakt-generelle Regelungen, denen i. d. R. Außenwirkung zukommt.[263] Die gesetzliche Ermächtigungsgrundlage wird vom Parlament erlassen und hat somit ihren Ursprung im organisatorisch-personell am stärksten legitimierten Organ. Es ändert sich jedoch die Regelungsdichte im Vergleich zum Gesetz, da dem Verordnungsgeber in der Regel noch Gestaltungsspielräume verbleiben. Man spricht von delegierter Gesetzgebung. In ihrer legitimatorischen Wirkung bleiben sie daher hinter der von Gesetzen zurück.[264]

Verwaltungsvorschriften werden i. d. R. von einer höheren Behörde für die ihr nachgeordneten Behörden erlassen. Sie sind i. d. R. abstrakt-generelle Regelungen ohne Außenwirkung, welche u. a. die Vereinheitlichung der Gesetzesanwendung sicherstellen sollen.[265] Je weiter unten die Behörde, die die Verwaltungsvorschrift erlässt, im Behördenaufbau angesiedelt ist, desto geringer ist die Legitimationswirkung der Verwaltungsvorschrift.[266]

Weisungsrechte ermöglichen u. a. die Kontrolle von Einzelfällen.[267] Unter einem Weisungsrecht versteht man das Recht, einer anderen Behörde oder einem anderen Amtsträger vorschreiben zu können, wie sie tätig zu werden bzw. wie er zu handeln hat.[268] Weisungen können im Vorfeld der Tätigkeit des Anzuweisenden ergehen oder im Nachhinein korrigierend wirken. Weisungen können sinnvollerweise nur dann ergehen, wenn der Weisende über die Sachlage informiert ist. Dem Weisungsrecht immanent ist daher immer auch ein Recht auf Information.[269] Bereits die Weisungsabhängigkeit vermittelt sachlich-inhaltliche Legitimation, unabhängig davon, ob im Einzelfall eine

---

263 *Mehde,* Steuerungsmodell, 190; ausführlich zur Rechtsverordnung: *Maurer/Waldhoff,* Allgemeines Verwaltungsrecht, § 13 Rn. 1 ff; *Saurer,* Rechtsverordnung, 192 ff.

264 *Sommermann* in: v. Mangoldt/Klein/Starck-GG Art. 20 Rn. 185.

265 *Mehde,* Steuerungsmodell, 190; *Schmidt-Aßmann,* AöR 1991, 330, 358.

266 *Sommermann* in: v. Mangoldt/Klein/Starck-GG Art. 20 Rn. 185.

267 *Kahl* in: *Hoffmann-Riem/Schmidt-Aßmann/Voßkuhle* GVwR III, S. 459 § 47 Rn. 64 „und tragen zur sachlich-inhaltlichen demokratischen Legitimation bei"; *Jestaedt,* Demokratieprinzip, 342.

268 *Loschelder* in: *P. Kirchhof/Isensee* HStR V, S. 409 § 107 Rn. 3; *Oebbecke,* Weisungsfreie Räume, 6.

269 *Loschelder* in: *P. Kirchhof/Isensee* HStR V, S. 409 § 107 Rn. 3; *Schmidt-Aßmann/Ulmer,* BB 1988, 1, 14 jedenfalls ein Recht auf Information für den Weisungsberechtigten.

Weisung erteilt wird oder nicht.[270] Denn wessen Entscheidung stets zur Überprüfung steht, wird stärker geneigt sein zu überlegen, welche Entscheidung
Bestand haben wird. Der Einsatz von Weisungen soll nicht dazu führen, dass
die Verwaltungsentscheidung von der höheren Behörde getroffen wird. Dies
entspräche nicht dem Sinn eines mehrstufigen Verwaltungsaufbaus.[271] Jedoch
soll durch die Weisung u. a. die Einheitlichkeit der Rechtsanwendung gewährleistet werden.[272]

Inhaltliche Rückbindung des Verwaltungshandelns erfolgt auch durch **Aufsichtsrechte und -pflichten** von übergeordneten gegenüber nachgeordneten
Behörden.[273] Die Rechtmäßigkeit des Handelns wird durch die Rechtsaufsicht
kontrolliert.[274] Als Instrumente der Rechtsaufsicht kommen Mitteilungs- und
Vorzeigepflichten (beispielsweise 108 GemO, Art. 85 Abs. 4 S. 2 GG) in Betracht,
die darauf abzielen, die übergeordnete Behörde zu informieren. Des Weiteren
gibt es Beanstandungs- und Anordnungsrechte (beispielsweise §§ 121 f GemO)
oder als Ultima Ratio kann eine Ersatzvornahme (beispielsweise § 123 GemO,
§ 25 Abs. 1. S. 3 Vermögensgesetz (VermG)) durchgeführt werden.[275] Soweit
Beurteilungs- oder Ermessensspielräume bestehen, kann ggf. die Fachaufsicht
Zweckmäßigkeitserwägungen anstellen und aufsichtsrechtlich tätig werden.[276]
Bei begründetem Verdacht auf eine Rechts- oder Zweckwidrigkeit oder wenn
eine solche bereits festgestellt wurde, kann die Aufsichtsbehörde u. a. Aktenvor-
lage verlangen (beispielsweise § 120 GemO bzw. § 129 Abs. 2 S. 1 GemO i. V. m.
§ 120 GemO)[277] oder die nachgeordnete Behörde anweisen. Die zuständige

---

270 *Jestaedt*, Demokratieprinzip, 343; *Köller*, Funktionale Selbstverwaltung, 164;
     Mehde, Steuerungsmodell, 189; *Mayen*, DÖV 2004, 45, 49.
271 Vgl. auch § 2 Abs. 1 GemO BW; *Loschelder* in: *P. Kirchhof/Isensee* HStR V,
     S. 409 § 107 Rn. 3.
272 *Jestaedt* in: *Hoffmann-Riem/Schmidt-Aßmann/Voßkuhle* GVwR I, S. 1179 § 16 Rn. 59 ff;
     Trute in: *Hoffmann-Riem/Schmidt-Aßmann/Voßkuhle* GVwR I, S. 551 § 9 Rn. 38;
     Mehde, Steuerungsmodell, 189.
273 *Ders.* in: *Hoffmann-Riem/Schmidt-Aßmann/Voßkuhle* GVwR III, S. 459 § 47 Rn. 65;
     .*R. Engel/Heilshorn*, Kommunalrecht, 123 ff; *Guckelberger*, Verwaltungsrecht, 92 ff.
274 *Groß* in: *Hoffmann-Riem/Schmidt-Aßmann/Voßkuhle* GVwR I, S. 1115, Rn. 133;
     Kahl in: *Hoffmann-Riem/Schmidt-Aßmann/Voßkuhle* GVwR III, S. 459 § 47 Rn. 98;
     R. Engel/Heilshorn, Kommunalrecht, 125; *Guckelberger*, Verwaltungsrecht, 92 ff.
275 *Mehde*, Steuerungsmodell, 192.
276 *Kahl* in: *Hoffmann-Riem/Schmidt-Aßmann/Voßkuhle* GVwR III, S. 459 § 47 Rn. 98;
     R. Engel/Heilshorn, Kommunalrecht, 131.
277 *Schenek* in: BeckOK-Kommunalrecht § 120 GemO Rn. 4; *R. Engel/Heilshorn*, Kom-
     munalrecht, 126.

Aufsichtsbehörde überprüft außerdem, ob bereits zuvor ergangene Weisungen durch den angewiesenen Amtswalter umgesetzt wurden.[278]

eee) Bedeutung von Informationen für die sachlich-inhaltliche demokratische Legitimation durch die parlamentarische Verantwortlichkeit der Regierung

Die hier dargestellten Instrumente ermöglichen, wie schon gezeigt, auf unterschiedliche Art und Weise und in verschiedener Intensität die inhaltliche Rückbindung der Verwaltung an die Regierung. Sie stehen nicht im Verhältnis der Alternativität zueinander, sondern können zusammenwirken. Die Nennung der Instrumentarien hat keinen Anspruch auf Vollständigkeit. Die Rechtsordnung enthält keinen Numerus Clausus bezüglich solcher Instrumente, vielmehr hat der Staat ein „Instrumentenerfindungsrecht".[279] Durch den Einsatz der Instrumentarien entsteht sachlich-inhaltliche demokratische Legitimation.

Allen Instrumenten gemein ist, dass sie nur dann funktionieren (und somit nur dann sachlich-inhaltlich legitimieren), wenn Informationen verfügbar sind. Innerhalb des mehrstufigen Verwaltungsaufbaus müssen die übergeordneten Behörden über die Tätigkeiten der nachgeordneten Behörden informiert sein. Denn nur wer über eine Tätigkeit informiert ist, kann deren Rechtmäßigkeit beurteilen und kann zum Beispiel korrigierende Weisungen erlassen. Und nur wer über ein Vorhaben informiert ist, kann ein solches genehmigen. Der Einsatz aller exemplarisch genannten Instrumente setzt denknotwendig voraus, dass Informationen „von unten nach oben" weitergegeben werden. Dass Informationen verfügbar sind, kann nur sichergestellt werden, wenn Informationspflichten bestehen. Die Instrumentarien beinhalten daher alle – jedenfalls ungeschrieben - eine Informationsverpflichtung der untergeordneten Behörde gegenüber der übergeordneten. Das Instrument, das für das Mindestmaß an sachlich-inhaltlicher Legitimation jeder Verwaltungtätigkeit innerhalb des mehrstufigen Verwaltungsaufbaus erforderlich ist, ist eine Informationspflicht „von unten nach oben".

---

278 *Guckelberger,* Verwaltungsrecht, 92 ff.

279 *Storr,* Staat als Unternehmer, 62; *Hinnerk Wißmann* in: *Hoffmann-Riem/Schmidt-Aßmann/Voßkuhle* GVwR I, S. 1025 § 14 Rn. 51 spricht von einem „variabel anzuordnenden Pool von Steuerungsmöglichkeiten".

cc) Verhältnis der verschiedenen Legitimationsformen untereinander

Die organisatorisch-personelle und die sachlich-inhaltliche demokratische Legitimation wirken zusammen, sie stehen in Abhängigkeit zueinander.[280] So kann beispielsweise ein Weniger an sachlich-inhaltlicher Legitimation durch ein Mehr an personell-organisatorischer Legitimation ausgeglichen werden.[281] Entscheidend für die Bewertung der Legitimation von Verwaltungstätigkeit ist die Qualität der Legitimation. Die Qualität bestimmt sich nach den „rechtlichen und tatsächlichen Faktoren".[282] Man spricht vom Legitimationsniveau, relevant ist der Gehalt demokratischer Legitimation.[283] Wie hoch das Legitimationsniveau sein muss, lässt sich auch innerhalb der Exekutive nicht einheitlich bestimmen. Grundsätzlich gilt: je staatsnäher,[284] gemeinwohlbedeutsamer[285]

---

280 BVerfGE 83, 60, 72; 93, 37, 66 f; 107, 59, 87; *Dreier* in: Dreier-GG Art. 20 Rn. 117; *Grzeszick* in: Dürig/Herzog/Scholz-GG Art. 20 Rn. 127; *Jarass* in: Jarass/Pieroth-GG Art. 20 GG Demokratie Rn. 7; *Sommermann* in: Mangoldt/Klein/Starck-GG Art. 20 Rn. 170; *Böckenförde* in: *Isensee/P. Kirchhof* HStR II, S. 429 § 24 Rn. 14, 23; *Storr* in: *Bauer/Peter M. Huber/Sommermann* Demokratie, S. 411, 419; *Voßkuhle* in: *Isensee/P. Kirchhof* HStR III, S. 425 § 43 Rn. 58; *Gersdorf,* Öffentliche Unternehmen, 171 f.

281 *Grzeszick* in: Dürig/Herzog/Scholz-GG Art. 20 Rn. 127; *Sommermann* in: Mangoldt/Klein/Starck-GG Art. 20 Rn. 163; *Böckenförde* in: *Isensee/P. Kirchhof* HStR II, S. 429 § 24 Rn. 23; *Kahl* in: *Hoffmann-Riem/Schmidt-Aßmann/Voßkuhle* GVwR III, S. 459 § 47 Rn. 64; *Schmidt-Aßmann* in: *Schmidt-Aßmann/Hoffmann-Riem* Verwaltungsorganisationsrecht, 58; *Voßkuhle* in: *Isensee/P. Kirchhof* HStR III, S. 425 § 43 Rn. 48; *Böckenförde,* Verfassungsfragen der Richterwahl, 79; *Emde,* Legitimation, 328; *Gersdorf,* Öffentliche Unternehmen, 171 f; *T. Mann,* Öffentlich-rechtliche Gesellschaft, 67; *Mehde,* Steuerungsmodell, 197; *Jestaedt,* Demokratieprinzip, 283.

282 *Ders.* in: *Schmidt-Aßmann/Hoffmann-Riem* Verwaltungsorganisationsrecht, 58; *Trute* in: *Hoffmann-Riem/Schmidt-Aßmann/Voßkuhle* GVwR I, S. 551 § 9 Rn. 2, 34, 56; *Ossenbühl* in: *Horn* FS-Glaeser, S. 101, 114 f; *Schmidt-Aßmann,* AöR 1991, 330, 366.

283 BVerfGE 93, 37, 66; 83, 60, 72; 107, 59, 87; *Grzeszick* in: Dürig/Herzog/Scholz-GG Art. 20 Rn. 126; *Sommermann* in: v. Mangoldt/Klein/Starck-GG Art. 20 Rn. 185; *Kahl* in: *Hoffmann-Riem/Schmidt-Aßmann/Voßkuhle* GVwR III, S. 459 § 47 Rn. 64; *Storr* in: *Bauer/Peter M. Huber/Sommermann* Demokratie, S. 411, 419; *dass.* in: *Hoffmann-Riem/Schmidt-Aßmann/Voßkuhle* GVwR I, S. 551 § 6 Rn. 2; *Kahl,* Staatsaufsicht, 481.

284 *Pfeifer,* Steuerung, 13.

285 *Jarass* in: Jarass/Pieroth-GG Art. 20 Demokratie Rn. 7; *J.-P. Schneider* in: *Schmidt-Aßmann/Hoffmann-Riem* Verwaltungsorganisationsrecht, S. 103, 109.

und grundrechtsrelevanter[286] eine Aufgabe ist, desto höher sind die Anforderungen an die Legitimation.[287] Bei der Gestaltung der Verwaltungsformen
und der Frage, ob deren Tätigkeit ausreichend legitimiert ist, hat der Gesetzgeber jedoch einen Einschätzungsspielraum.[288] Die Frage des erforderlichen
Legitimationosniveaus lässt sich nicht für jede wirtschaftliche Betätigung von
Gemeinden ganz grundsätzlich feststellen, hier ist vielmehr eine Einzelfallprü-
fung anhand der genannten Kriterien erforderlich.

Es stellt sich die Frage, ob sich organisatorisch-personelle und sachlich-
inhaltliche Legitimation auch vollständig gegenseitig ersetzen können und
somit die Ausübung von Staatsgewalt lediglich sachlich-inhaltlich oder lediglich personell-organisatorisch legitimiert sein kann. Dies könnte beispielsweise
relevant werden, wenn sich herausstellen sollte, dass der Vorstand einer Aktiengesellschaft zwar organisatorisch-personell, aber nicht sachlich-inhaltlich
legitimiert ist. Parlament und Regierung erfahren vor allem durch die Verfassung sachlich-inhaltliche Bindung und sind in ihrer Tätigkeit sonst kaum
inhaltlich vorbestimmt. Es ist daher jedenfalls denkbar, dass sehr wenig sachlich-
inhaltliche Legitimation durch eine starke personell-organisatorische Legitimation ausgeglichen wird.[289] Eine ausschließlich personell-organisatorische
Legitimation ist wegen der immer vorhandenen Verfassungsbindung nicht
möglich.[290] Art. 20 Abs. 2 GG ist gerade nicht zu entnehmen, auf welche Art
und Weise die Legitimation herzustellen ist. Es kommt lediglich darauf an,
dass im Ergebnis Legitimation von Staatsgewalt vorliegt. Denkbar ist, dass
bei vollständig sachlich-inhaltlicher Vorprägung der Entscheidung keine

---

286   *Jarass* in: Jarass/Pieroth-GG Art. 20 Demokratie Rn. 7; *Spannowsky*, DVBl 1992,
      1072, 1075.

287   *Dietlmeier,* Kommunales Unternehmensrecht, 489 grundsätzlich zur Differenzie-
      rung nach Art der Aufgabe; *Sachs* in: Sachs-GG Art. 20 Rn. 35 „von der Bedeutung
      der wahrgenommenen Aufgabe abhängig".

288   *W. Krebs* in: *P. Kirchhof/Isensee* HStR V, S. 457 § 108 Rn. 60; *Trute* in: *Hoffmann-
      Riem/Schmidt-Aßmann/Voßkuhle* GVwR I, S. 551 § 9 Rn. 16, 57.

289   *Ders.* in: Dreier-GG Art. 20 (Demokratie) Rn. 116 zum Parlament; *Jestaedt,* Demo-
      kratieprinzip, 284; *Kluth,* Funktionale Selbstverwaltung, 367; a. A.: *Köller,* Funk-
      tionale Selbstverwaltung, 171 das Parlament sei rein personell legitimiert, was
      zeige, dass jedenfalls nicht bei allen Gewalten beide Legitimationsformen vorliegen
      müssen.

290   So aber *Gersdorf,* Öffentliche Unternehmen, 173 der gerade bzgl. des Parlaments
      von einer ausschließlich organisatorisch-personellen Legitimation ausgeht; *Kahl,*
      Staatsaufsicht, 481 „Totalsubsition" ist möglich.

organisatorisch-personelle demokratische Legitimation erforderlich ist.[291] Das ist jedenfalls so lange der Fall, wie nicht andere Verfassungsgüter dadurch beeinträchtigt werden.[292] Es ist daher grundsätzlich denkbar, dass die Verwaltungstätigkeit nur durch sachlich-inhaltliche Legitimation legitimiert werden kann.[293]

dd) Entwicklungsoffenheit des Demokratieprinzips

In seiner Entscheidung zur „Demokratische [n] Legitimation von Lippeverband und Emschergenossenschaft"[294] äußert sich das BVerfG „offen für Formen der Organisation und Ausübung von Staatsgewalt, die vom Erfordernis lückenloser personeller demokratischer Legitimation abweichen."[295] Die Bedeutung dieser Entscheidung ist sehr weitreichend. Sie hat über die funktionale Selbstverwaltung hinaus richtungsweisenden Charakter.[296] Sie ist als Aufforderung zur Beachtung des Prinzipiencharakters des Demokratiegebots zu lesen. Daraus ergibt sich, dass eine Subsumtion unter die Anforderungen der demokratischen Legitimation von Staatsgewalt nicht eins zu eins möglich ist.[297] Das Demokratieprinzip enthält vielmehr eine Optimierungsaufgabe, die es bestmöglich wahrzunehmen gilt.[298] Dem Urteil lässt sich außerdem entnehmen, dass das Ergebnis dieser Optimierung keinesfalls statischer Natur ist. Es ist vielmehr

---

291   *Jestaedt,* Demokratieprinzip, 284 der dann nicht mehr von Entscheidung spricht; *Kluth,* Funktionale Selbstverwaltung, 367.

292   *Grzeszick* in: Dürig/Herzog/Scholz-GG Art. 20 GG Rn. 130.

293   *Dreier* in: Dreier-GG Art. 20 Rn. 108 und nennt als Beispiel die Beleihung; *Voßkuhle* in: *Isensee/P. Kirchhof* HStR III, S. 425, § 43 Rn. 58; *Gersdorf,* Öffentliche Unternehmen, 173 der von der gegenseitigen Substitutionsmöglichkeit ausgeht; *Köller,* Funktionale Selbstverwaltung, 184 ebenso; a.A. (keine Substitutionsmöglichkeit): *Sommermann* in: v. Mangoldt/Klein/Starck-GG Art. 20 GG Rn. 170; *Böckenförde* in: *Isensee/P. Kirchhof* HStR II, S. 429 § 24 Rn. 23; *T. Mann,* Öffentlichrechtliche Gesellschaft, 67.

294   hierzu ausführlich *Köller,* Funktionale Selbstverwaltung, 21 ff.

295   BVerfGE 107, 59, 91.

296   *Hermes* in: *Bauer/Peter M. Huber/Sommermann* Demokratie, S. 457, 479; *Hanebeck,* DÖV 2004, 901, 907; *Jestaedt,* JuS 2004, 647, 653; *Musil,* DÖV 2004, 116, 116 ff.

297   *Ders.* in: *Bauer/Peter M. Huber/Sommermann* Demokratie, S. 457, 457; *Trute* in: *Hoffmann-Riem/Schmidt-Aßmann/Voßkuhle* GVwR I, S. 341 § 9 Rn. 2; *Emde,* Legitimation, 335 stimmt ohne Bezug auf das Urteil inhaltlich überein.

298   *Trute* in: *Hoffmann-Riem/Schmidt-Aßmann/Voßkuhle* GVwR I, S. 551 § 9 Rn. 16; *Hanebeck,* DÖV 2004, 901, 907.

entwicklungsoffen.[299] Nach der pluralistischen Legitimationstheorie ist es daher möglich und notwendig, die organisatorisch-personellen und die sachlich-inhaltlichen Legitimationsformen um weitere zu ergänzen.[300] Betont wird vor allem die potentiell legitimationsstiftende Wirkung von Betroffenheit,[301] Transparenz,[302] Öffentlichkeit,[303] Partizipation[304] und Akzeptanz.[305] Wichtig ist, dass es sich hierbei lediglich um Möglichkeiten zur Ergänzung der Legitimation handelt. Die sachlich-inhaltliche und die organisatorisch-personelle demokratische Legitimation können durch diese Formen nicht ersetzt werden. Grundsätzlich gilt die Legitimation, die in der unmittelbaren Verwaltung verwirklicht wird, als Regeltypus.[306] In der Verfassung vorgesehene Ausnahmen sind beispielsweise die kommunale Selbstverwaltung, Art. 28 Abs. 2 S. 1 GG,

---

299 *Jarass* in: Jarass/Pieroth-GG Art. 20 GG Rn. 1; *Trute* in: *Hoffmann-Riem/Schmidt-Aßmann/Voßkuhle* GVwR I, S. 551 § 9 Rn. 2; *Hermes* in: *Bauer/Peter M. Huber/Sommermann* Demokratie, S. 457, 457.
      BVerfGE 107, 59, 91.

300 Ergänzen und in keinem Fall ersetzen; *Hermes* in: *Bauer/Peter M. Huber/Sommermann* Demokratie, S. 457, 473; *Kleine-Cosack,* Autonomie und Grundgesetz, 109 ff.

301 Ausführliche Darstellung bei *Köller,* Funktionale Selbstverwaltung, 50 ff; kritisch: *dies.,* Funktionale Selbstverwaltung, 104 ff.

302 *Hermes* in: *Bauer/Peter M. Huber/Sommermann* Demokratie, S. 457, 480 stimmt der potentiell kompensatorischen Legitimationswirkung von Transparenz zu; *Faber,* NVwZ 2003, 1317, 1319.

303 *Kahl* in: *Hoffmann-Riem/Schmidt-Aßmann/Voßkuhle* GVwR III, S. 459; *Schnöckel,* DÖV 2007, 676; *Faber,* NVwZ 2003, 1317, 1319; *Schnöckel,* DÖV 2007, 676, 676 ff kritisch.

304 *Ders.,* DVBl 2012, 1082, 1088 f zur Öffentlichkeitsbeteiligung; *Schmidt-Aßmann,* AöR 1991, 330, 369; *M. Thormann,* DÖV 2013, 325, 325 ff.

305 *Ders.* in: *Bauer/Peter M. Huber/Sommermann* Demokratie, S. 457, *Hoffmann-Riem* in: *Schmidt-Aßmann/Hoffmann-Riem* Verwaltungsorganisationsrecht, S. 355; *Kahl* in: *Hoffmann-Riem/Schmidt-Aßmann/Voßkuhle* GVwR III, S. 459 § 47 Rn.66; *J.-P. Schneider* in: *Schmidt-Aßmann/Hoffmann-Riem* Verwaltungsorganisationsrecht, S. 103, 136; kritisch zur Akzeptanz: *ders,* AöR 1991, 330, 369.

306 *Grzeszick* in: Dürig/Herzog/Scholz-GG Art. 20 Rn. 139 bezeichnet die Ministerialverwaltung als „Grundmodell"; *Burgi* in: *Ehlers/Pünder* Allgemeines Verwaltungsrecht, S. 255 § 7 Rn. 28; *Loschelder* in: *P. Kirchhof/Isensee* HStR V, S. 409 § 107 Rn. 4 ff; *Dreier,* Hierarchie, 135 Ministerialverwaltung als „Grundmodell"; *Köller,* Funktionale Selbstverwaltung, 183 ff nennt außerdem die kommunale Selbstverwaltung als Regeltypus; ebenso Mayen, DÖV 2004, 45, 45.

die universitäre Selbstverwaltung, Art. 5 Abs. 3 GG, der Bundesrechnungshof, Art. 114 Abs. 2 GG oder die Bundesbank, Art. 88 GG.[307] Die ergänzenden Legitimationsformen wurden insbesondere für Planungsverfahren von Großprojekten entwickelt und nicht mit Blick auf die Tätigkeit von gemeindlichen Unternehmen. Eine Partizipation an Unternehmensentscheidungen würde die Gmbh- und aktienrechtliche Zuständigkeitsverteilung innerhalb eines Unternehmens aushebeln und ist daher undenkbar. Die Herstellung von Öffentlichkeit und Transparenz der Unternehmenstätigkeit widerspricht dem Grundgedanken von Geheimnisschutz und Vertraulichkeit, sodass hierdurch ebenso wenig ein höheres Legitimationsniveau erreicht werden kann. Es gibt auch keine Betroffenen von gemeindlichen Unternehmen, die in die Entscheidungen der gemeindlichen Unternehmen miteinbezogen werden können. Zwar mag vielleicht durch die Annahme der Ware oder Dienstleistung des gemeindlichen Unternehmens eine gewisse Akzeptanz vorliegen. Hierin liegt jedoch keine Legitimation der Tätigkeit des gemeindlichen Unternehmens.[308]

Es zeigt sich, dass die ergänzenden Legitimationsformen, die für andere Situationen entwickelt wurden, auf das gemeindliche Unternehmen nicht passen und daher auch nicht übertragen werden können.

2. Rechtsstaatsprinzip

Weitere Voraussetzungen für die Verwaltungstätigkeit lassen sich möglicherweise aus dem Rechtsstaatsprinzip ableiten.[309] Für die Herleitung von Informationspflichten der Verwaltung könnte vor allem die in Art. 20 Abs. 3 GG verankerte Rechtsbindung der Staatsgewalt relevant sein.

Nach Art. 20 Abs. 3 i. V. m. Art. 28 Abs. 1 S. 1 GG ist die Gesetzgebung an die verfassungsmäßige Ordnung und sind die vollziehende Gewalt und die Rechtsprechung an Gesetz und Recht gebunden. Diese Gesetzesbindung ist eines der wichtigsten rechtsstaatlichen Prinzipien,[310] man spricht vom „Vorrang des

---

307 *Grzeszick* in: Dürig/Herzog/Scholz-GG Art. 20 Rn. 145; *W. Krebs* in: *P. Kirchhof/ Isensee* HStR V, S. 457 § 108 Rn. 83 zu Art. 5 Abs. 1 und 3 GG und Art. 28 Abs. 2 GG.
308 *Dietlmeier*, Kommunales Unternehmensrecht, 488.
309 Das Rechtsstaatsprinzip findet auch für Verwaltungstätigkeit in privatrechtlicher Organisationsform Anwendung, hierzu *Büchner*, Kommunale Unternehmen, 64.
310 *Jarass* in: Jarass/Pieroth-GG Art. 20 GG Rechtsstaat Rn. 41; *Schmidt-Aßmann* in: *Isensee/P. Kirchhof* HStR II, S. 541 § 26 Rn. 33 ff.

Gesetzes".[311] Die Verwaltung unterliegt dem Gebot der Anwendung von Normen[312] und dem Verbot, von diesen Normen abzuweichen.[313] Die Durchsetzung der Rechtsbindung wird durch die Rechtsaufsicht und den Rechtsweg gewährleistet. Die Rechtsaufsicht ist, wie schon gezeigt, notwendig mit dem Bestehen von Informationspflichten verbunden.

3. Zusammenfassung: die Bedeutung von Informationspflichten für die demokratische Legitimation

Das Demokratieprinzip schreibt die Legitimation der Tätigkeit der Verwaltung durch das Volk vor. Auch die Tätigkeit von gemeindlichen Unternehmen ist Ausübung von Staatsgewalt, die legitimationsbedürftig ist. Die Legitimation kann durch organisatorisch-personelle und sachlich-inhaltliche Legitimation gemeinsam beziehungsweise in Einzelfällen auch durch sachlich-inhaltliche Legitimation allein hergestellt werden. Sachlich-inhaltliche Legitimation setzt denknotwendig Informationen der übergeordneten Behörde über die Tätigkeiten der nachgeordneten Behörde voraus. Dass Informationen zur Verfügung gestellt werden, kann nur durch Informationspflichten gewährleistet werden. Zur sachlich-inhaltlichen Legitimation mindestens erforderlich sind daher Informationspflichten der untergeordneten Behörden gegenüber den übergeordneten Behörden. Da die Tätigkeit von gemeindlichen Unternehmen als Staatsgewalt legitimationsbedürftig ist, müssen sich Informationspflichten bis in den Tätigkeitsbereich des gemeindlichen Unternehmens hinein erstrecken. Die Legitimation der Tätigkeit gemeindlicher Unternehmen muss sich grundsätzlich an der Legitimation der Tätigkeit der unmittelbaren Verwaltung als Regeltypus messen lassen. Das Legitimationsniveau der unmittelbaren

---

311 *Grzeszick* in: Dürig/Herzog/Scholz-GG Art. 20 Rn. 72; *Schulze-Fielitz* in: Dreier-GG Art. 20 Rn. 83; *Sachs* in: Sachs-GG Art. 20 Rn. 112; *Sommermann* in: Mangoldt/Klein/Starck-GG Art. 20 Rn. 271 f die Gesetzesbindung enthalte jedenfalls ungeschrieben auch den Vorbehalt des Gesetzes; *Nolte* in: *Nolte* Kontrolle, S. 11, 15; *Schmidt-Aßmann* in: *Isensee/P. Kirchhof* HStR II, S. 541 § 26 Rn. 62; *ders.*, Rechtsstaatsprinzip, 317 ff, 327 sieht den Vorbehalt des Gesetzes ganz ausdrücklich nicht in Art. 20 Abs. 3 GG enthalten; ebenso *Sobota*, Prinzip Rechtsstaat, 403.

312 *Grzeszick* in: Dürig/Herzog/Scholz-GG Art. 20 Rn. 73; *Unruh*, Verfassungsbegriff, 496.

313 *Grzeszick* in: Dürig/Herzog/Scholz-GG Art. 20 Rn. 73; *Schulze-Fielitz* in: Dreier-GG Art. 20 Rn. 83; *Engel*, Kommunalverwaltung, 235; *Kraft*, Verwaltungsgesellschaftsrecht, 33 f diese Bindung bestehe unabhängig von der Organisationsform der Verwaltung; *Unruh*, Verfassungsbegriff, 496.

Gemeindeverwaltung wird im Folgenden dargestellt. Als Vergleichspunkt ebenso interessant ist, wann und wie sonst von der Basis der Legitimation der Tätigkeit der unmittelbaren Verwaltung abgewichen wird. Hier wird insbesondere ein Blick auf andere Formen der wirtschaftlichen Betätigung von Gemeinden geworfen. Im Fokus der Untersuchung steht die Frage: Welche Informationspflichten müssen bestehen, damit die Tätigkeit ausreichend demokratisch legitimiert ist?

II. Die Umsetzung der verfassungsrechtlichen Vorgaben zur Verwaltungstätigkeit in den klassischen Organisationsformen

Im Folgenden soll dargestellt werden, auf welche Art und Weise und inwieweit die im letzten Abschnitt hergeleiteten verfassungsrechtlichen Vorgaben zur Verwaltungstätigkeit in den klassischen Organisationsformen umgesetzt werden. Untersucht werden hier die Verwaltungstätigkeit der unmittelbaren Gemeindeverwaltung, des Regiebetriebs, des Eigenbetriebs sowie die Verwaltungstätigkeit der selbstständigen Kommunalanstalt.

1. Unmittelbare Gemeindeverwaltung

a) Grundzüge der unmittelbaren Gemeindeverwaltung

Die Gemeinde ist eine Gebietskörperschaft[314] und bildet keine weitere staatliche Ebene, sie ist Teil der Landesstaatsgewalt.[315] Nach Art. 28 Abs. 2 S. 1 GG, Art. 71 Abs. 1 LV, § 2 Abs. 1 GemO regelt die Gemeinde die Angelegenheiten der örtlichen Gemeinschaft aber im Rahmen der Gesetze in eigener Verantwortung.[316] Die Wahrnehmung dieser Selbstverwaltungsaufgaben ist aus der

---

314 *Mehde* in: Dürig/Herzog/Scholz-GG Art. 28 Abs. 2 Rn. 12; *Kahl* in: *Hoffmann-Riem/Schmidt-Aßmann/Voßkuhle* GVwR III, S. 459 § 47 Rn. 99; *Loschelder* in: *P. Kirchhof/Isensee* HStR V, S. 409 § 107 Rn. 53 f; *Brüning,* Gern/Brüning-Kommunalrecht, Rn. 196; *Cronauge,* Kommunale Unternehmen, Rn. 5 f.

315 *Brüning,* Gern/Brüning-Kommunalrecht, Rn. 149; *ders.,* Öffentliches Recht, Rn. 456; *K. Lange,* Kommunalrecht, Kapitel 2 Rn. 85.

316 vgl. § 2 Abs. 1 GemO BW; *Kahl* in: *Hoffmann-Riem/Schmidt-Aßmann/Voßkuhle* GVwR III, S. 459 § 47 Rn. 99; *Loschelder* in: *P. Kirchhof/Isensee* HStR V, S. 409 § 107 Rn. 54; die Gemeinde erfüllt nach § 2 Abs. 3 auch Pflichtaufgaben nach Weisung, die keine Selbstverwaltungsaufgaben darstellen. Da solche Pflichtaufgaben nach Weisung bei der hier erörterten Thematik keine Rolle spielen, werden sie nicht weiter beleuchtet.

hierarchisch organisierten unmittelbaren Staatsverwaltung also ausgegliedert.[317] Verwaltungsorgane der Gemeinde sind der Gemeinderat und der Bürgermeister, vgl. § 23 GemO.[318]

b) Organisatorisch-personelle demokratische Legitimation

Aus Art. 28 Abs. 1 S. 2 GG ergibt sich, dass auch die Volksvertretung der Gemeinden – der Gemeinderat – aus demokratischen Wahlen hervorgehen muss.[319] Die Staatsgewalt der Länder, einschließlich der der Gemeinden, muss außerdem insgesamt demokratisch legitimiert sein.[320]

Nicht durch Art. 28 Abs. 1 S. 2 GG vorgegeben ist, wie die Verwaltungsspitze der unmittelbaren Gemeindeverwaltung bestimmt wird. Der Bürgermeister muss daher nicht zwingend durch das Gemeindevolk gewählt werden.[321] In Baden-Württemberg wählt das Gemeindevolk den Gemeinderat und den Bürgermeister, vgl. §§ 26 ff, 45 ff GemO.[322]

c) Sachlich-inhaltliche Legitimation

Das gemeindliche Verwaltungshandeln ist an Bundes- und Landesgesetze und an Gemeindesatzungen, die der Gemeinderat nach § 4 S. 1 GemO erlässt, gebunden. Die Legitimationswirkung der Gemeindesatzung bleibt jedoch hinter der von Bundes- und Landesgesetzen zurück.[323]

---

317   *Loschelder* in: *P. Kirchhof/Isensee* HStR V, S. 409 § 107 Rn. 54.

318   Unter den in § 49 Abs. 1 GemO genannten Voraussetzungen können bzw. müssen hauptamtliche Beigeordnete bestellt werden, die den Bürgermeister ständig in ihrem Geschäftskreis vertreten, vgl. § 49 Abs. 2 S. 1 GemO.

319   BVerfGE 107, 59, 88; BVerfGE 83, 37, 55; *Dreier* in: Dreier-GG Art. 20 Rn. 91 f zur Legitimationsfähigkeit von Teilen des Volkes; *Stein* in: *Frank/Langrehr* Gemeinde, S. 3, 4 zu den Besonderheiten der organisatorisch-personellen Legitimation des Gemeinderats; *Stepanek*, Pflichtaufgaben, 102 ff.

320   *Hellermann* in: BeckOK Art. 28 GG Rn. 9.

321   *Dreier* in: Dreier-GG Art. 28 Rn. 65; *Hellermann* in: BeckOK-GG Art. 28 Rn. 13.1; *Mehde* in: Dürig/Herzog/Scholz-GG Art. 28 Abs. 1 Rn. 95.

322   *Stein* in: *Frank/Langrehr* Gemeinde, S. 3, 7 bezeichnet die lange Wahlperiode des Bürgermeisters als „Demokratieproblem".

323   *Dreier* in: Dreier-GG Art. 20 Rn. 129; *Schmidt-Aßmann* in: FS BVerfG, S. 803, 811 f.

aa) Zuständigkeiten und Weisungsrechte

Der Gemeinderat ist das Hauptorgan der Gemeinde.[324] Er legt die Grundsätze für die Verwaltung fest und entscheidet über alle Angelegenheiten der Gemeinde, soweit der Bürgermeister nicht zuständig ist, vgl. § 24 Abs. 1 S. 1 u. 2 GemO. Über alle Tätigkeiten, für die der Gemeinderat zuständig ist, ist er naturgemäß auch informiert. Der Gemeinderat setzt sich aus den ehrenamtlichen Gemeinderäten und dem Bürgermeister als Vorsitzenden zusammen, § 25 Abs. 1 S. 1 GemO. Der Gemeinderat ist das Kontrollorgan der unmittelbaren Gemeindeverwaltung, er überwacht die Ausführung seiner Beschlüsse durch die Gemeindeverwaltung, vgl. § 24 Abs. 1 S. 3 GemO. Beim Auftreten von Missständen in der Gemeindeverwaltung sorgt er für Beseitigung durch den Bürgermeister und kann diesem beispielsweise Weisungen erteilen, wenn der Missstand einen Aufgabenbereich betrifft, den der Gemeinderat auf den Bürgermeister zur dauerhaften Erledigung übertragen hat, vgl. § 24 Abs. 1 S. 3 GemO. Betreffen die Missstände den gesetzlich festgelegten Aufgabenbereich des Bürgermeisters, kann der Gemeinderat sich an die Aufsichtsbehörden wenden.[325]

Der Bürgermeister leitet die Gemeindeverwaltung, vgl. § 44 Abs. 1 S. 1 GemO, und ist für die Geschäfte der laufenden Verwaltung und die ihm sonst durch Gesetz oder vom Gemeinderat übertragenen Aufgaben zuständig, vgl. § 44 Abs. 2 S. 1 GemO.[326] Geschäfte der laufenden Verwaltung sind solche, die nicht von grundlegender Wichtigkeit für die Gemeinde oder deren finanzielle Möglichkeiten sind, weisungsfreie Angelegenheiten betreffen[327] und die regelmäßig anfallen.[328] Der Bürgermeister hat nach § 43 Abs. 2 GemO die Pflicht, rechtswidrigen Gemeinderatsbeschlüssen zu widersprechen. In dringenden Angelegenheiten des Gemeinderates, deren Erledigung auch nicht bis zu

---

324 *R. Engel/Heilshorn,* Kommunalrecht, 154; *Giebler,* VBlBW 1999, 255, 255; *K. Lange,* Kommunalrecht, Kapitel 4, Rn. 61.

325 *Brenndörfer* in: BeckOK-GemO § 24 Rn. 6; *K. Lange,* Kommunalrecht, Kapitel 4 Rn. 168; *Aker* in: Aker/Hafner/Notheis-GemO § 24 Rn. 4, der von „eingreifen" spricht.

326 Unter den in § 49 Abs. 1 GemO genannten Voraussetzungen können bzw. müssen hauptamtliche Beigeordnete bestellt werden, die den Bürgermeister ständig in ihrem Geschäftskreis vertreten, vgl. § 49 Abs. 2 S. 1 GemO.

327 Rückschluss aus § 44 Abs. 3 S. 1 Hs. 1 GemO.

328 BGHZ 32, 375, 378; *Brüning,* Gern/Brüning-Kommunalrecht, Rn. 499; *R. Engel/Heilshorn,* Kommunalrecht, 216; *Plate/Schulze/Fleckenstein,* P/S/F-Kommunalrecht, Rn. 287; *Leisner-Egensperger,* VerwArch 2009, 161, 164 ff ausführlich und kritisch zum Begriff.

einer ohne Frist und formlos einberufenen Gemeinderatssitzung (§ 34 Abs. 2 GemO) aufgeschoben werden kann, entscheidet der Bürgermeister an Stelle des Gemeinderats, vgl. § 43 Abs. 4 S. 1 GemO.

bb) Informationsrechte und Verschwiegenheitsverpflichtung

Nach § 24 Abs. 3 S. 1 GemO haben eine Fraktion oder ein Sechstel der Gemeinderäte das Recht, vom Bürgermeister in allen Angelegenheiten der Gemeinde und ihrer Verwaltung unterrichtet zu werden. Nach § 24 Abs. 3 S. 2 GemO hat bereits ein Viertel der Gemeinderäte das Recht, Akteneinsicht zu verlangen. § 24 Abs. 4 S. 1 GemO regelt ein Fragerecht des einzelnen Gemeinderatsmitglieds gegenüber dem Bürgermeister. Diese Informationsrechte sind wesentliche Voraussetzung dafür, dass der Gemeinderat seiner Überwachungsfunktion nachkommen kann.[329] Die Mitglieder des Gemeinderats und der Bürgermeister[330] sind über alle Angelegenheiten, deren Geheimhaltung gesetzlich vorgeschrieben, besonders angeordnet oder ihrer Natur nach erforderlich ist, zur Verschwiegenheit verpflichtet.[331] Die Pflicht zur Verschwiegenheit umfasst beispielsweise Informationen zum Verlauf der Beratungen, zum Abstimmverhalten oder auch zu bloßen Meinungsäußerungen, Personalangelegenheiten und Planungsabsichten.[332] Die Verschwiegenheitsverpflichtung besteht auch nach dem Ende der Tätigkeit als Gemeinderat fort. Sie gilt nicht gegenüber Personen, die dienstlich mit der Sache beschäftigt sind.[333]

cc) Staatliche Aufsicht

Innerhalb der hierarchischen Gemeindeverwaltung gibt es Weisungs- und Aufsichtsrechte.[334] Wegen ihres Rechts auf Selbstverwaltung unterliegt die unmittelbare Gemeindeverwaltung in Selbstverwaltungsangelegenheiten nicht der staatlichen Fachaufsicht, gleichwohl aber der Rechtsaufsicht, vgl. § 118 Abs. 1 GemO.[335] Die Rechtsaufsicht ist Sache der

---

329   K. Lange, Kommunalrecht, Kapitel 4 Rn. 172.
330   Und die Beigeordneten.
331   Vgl. §§ 17 Abs. 2 S. 1 sowie 35 Abs. 2 GemO bzw. § 52 i. V. m. § 17 Abs. 2 S. 1 GemO: Brüning, Gern/Brüning-Kommunalrecht, Rn. 628; R. Engel/Heilshorn, Kommunalrecht, 164.
332   Dies., Kommunalrecht, 165; K. Lange, Kommunalrecht, Kapitel 5 Rn. 156.
333   Fleckenstein in: BeckOK-GemO § 17 Rn. 12.
334   Stein in: Frank/Langrehr Gemeinde, S. 3, 8.
335   Kahl   in: Hoffmann-Riem/Schmidt-Aßmann/Voßkuhle   GVwR   III, S. 459 § 47 Rn. 100 f; Loschelder in: P. Kirchhof/Isensee HStR V, S. 409 § 107 Rn. 56;

Länder.[336] Überprüft wird nicht nur die richtige Anwendung der Gesetze, sondern auch die der von der Gemeinde erlassenen Satzungen.[337]

d) Zwischenfazit

Die unmittelbare Gemeindeverwaltung ist hierarchisch aufgebaut. Prägend sind hier durchgehende Weisungsrechte und eine ununterbrochene Legitimationskette. Im Vergleich zur unmittelbaren Bundes- und Landesverwaltung unterliegt die Gemeindeverwaltung in Selbstverwaltungsangelegenheiten keiner Fachaufsicht und ist sachlich-inhaltlich somit weniger legitimiert. Sowohl Gemeinderat als auch Bürgermeister sind in Baden-Württemberg aber unmittelbar durch das Gemeindevolk organisatorisch-personell legitimiert. Der Gemeinderat ist als Hauptorgan für die grundsätzlichen Entscheidungen der Gemeindeverwaltung zuständig. Als zuständiges Organ ist er denknotwendig über diese Inhalte unterrichtet. Der Bürgermeister, der für die laufenden Geschäfte der Verwaltung zuständig und über sie in Kenntnis ist, hat die Verpflichtung, Fragen aus dem Gemeinderat zu beantworten. Beide Organe der Gemeinde sind über die Tätigkeit der unmittelbaren Gemeindeverwaltung informiert bzw. haben jedenfalls ein Informationsrecht bzgl. aller Informationen.

2. Regiebetrieb

a) Grundzüge des Regiebetriebs

Der Regiebetrieb ist eine Organisationsform ohne eigene Rechtsfähigkeit für die (wirtschaftliche) Betätigung von Gemeinden.[338] Er wird als Abteilung der unmittelbaren Gemeindeverwaltung geführt, in der Mittel technischer und

K. Lange, Kommunalrecht, Kapitel 11 Rn. 6; *Brüning*, Gern/Brüning-Kommunalrecht, Rn. 304; *Schmidt-Aßmann* in: FS BVerfG, S. 803, 820.

336 BVerfGE 6, 104, 118, die Rechtsaufsicht als „das verfassungsrechtlich gebotene Korrelat der Selbstverwaltung" bezeichnend; *Dreier* in: Dreier-GG Art. 28 Rn. 107; *Kahl* in: *Hoffmann-Riem/Schmidt-Aßmann/Voßkuhle* GVwR III, S. 459 § 47 Rn. 104; *Brüning*, Gern/Brüning-Kommunalrecht, Rn. 301.

337 *Thieme* in: *T. Mann/Püttner* Kommunale Wissenschaft I, S. 147 § 9 Rn. 59; *Brüning*, Gern/Brüning-Kommunalrecht, Rn. 330 ff.

338 *Brüning* in: *T. Mann/Püttner* Kommunale Wissenschaft II, S. 149 § 44 Rn. 1; *ders.*, Gern/Brüning-Kommunalrecht, Rn. 1033; *Dietlmeier*, Kommunales Unternehmensrecht, 413; *R. Engel/Heilshorn*, Kommunalrecht, 281; *K. Lange*, Kommunalrecht, Kapitel 14 Rn. 167; *Waldmann*, Kommunalunternehmen, 9 f.

finanzieller Art zusammengefasst sind. Er ist direkt in die Abläufe der unmittelbaren Gemeindeverwaltung integriert.[339] Nach §§ 24 Abs. 1 S. 2, 39 Abs. 2 Nr. 11, 44 Abs. 2 S. 3 GemO ist der Gemeinderat für die Errichtung des Regiebetriebs zuständig.[340]

b) Organisatorisch-personelle und sachlich-inhaltliche demokratische Legitimation

Für den Regiebetrieb ergeben sich gegenüber der unmittelbaren Gemeindeverwaltung keine Besonderheiten in Bezug auf Informationspflichten bzw. die demokratische Legitimation allgemein. Es gibt keinen Bereich der Tätigkeit des Regiebetriebs, der sich der Kenntnis des Gemeinderats oder des Bürgermeisters entzieht. Beide Organe der Gemeinde sind über die Tätigkeit des Regiebetriebs informiert.

c) Zwischenfazit

Für den Regiebetrieb ergeben sich keine Unterschiede zur unmittelbaren Gemeindeverwaltung. Insbesondere sind beide Organe der Gemeinde informiert bzw. haben Informationsrechte bzgl. der Tätigkeit des Regiebetriebs.

3. Eigenbetrieb

a) Grundzüge des Eigenbetriebs

Die Gemeinde kann zur Erfüllung ihrer Aufgaben auch Eigenbetriebe gründen. Der Eigenbetrieb ist nicht selbst rechtsfähig,[341] wird als Sondervermögen der Gemeinde geführt, vgl. § 96 Abs. 1 Nr. 3, Abs. 3 GemO, § 12 Abs. 1 EigBG, und hat eine organisatorische Sonderstellung im Vergleich zur unmittelbaren

339 *Brüning* in: *T. Mann/Püttner* Kommunale Wissenschaft II, S. 149 § 44 Rn. 1; *Udo Schneider* in: *Wurzel/Schraml/Gaß* Kommunale Unternehmen, S. 152, 167; *Suerbaum* in: *Ehlers/Fehling/Pünder* Besonderes Verwaltungsrecht, S. 490 § 16 Rn. 91; *Brüning*, Gern/Brüning-Kommunalrecht, Rn. 1033; *Katz*, Kommunale Wirtschaft Teil 1 Rn. 81; *Waldmann*, Kommunalunternehmen, 9 f.
340 Haushaltsrechtlich wird der Regiebetrieb im gemeindlichen Haushaltsplan aufgeführt; Personalentscheidungen werden nach dem gemeindlichen Stellenplan getroffen: *Brüning*, Gern/Brüning-Kommunalrecht, Rn. 1033; *R. Engel/Heilshorn*, Kommunalrecht, 282 f; *Katz*, Kommunale Wirtschaft, Teil 1 Rn. 81.
341 *Brüning*, Gern/Brüning-Kommunalrecht, Rn. 1036; *K. Lange*, Kommunalrecht, Kapitel 14 Rn. 168.

Gemeindeverwaltung.[342] Für Eigenbetriebe kann in der Satzung eine Betriebsleitung bestellt, vgl. § 4 Abs. 1 S. 1 EigBG, und ein beratender oder beschließen-
der Ausschuss des Gemeinderats (Betriebsausschuss) gebildet werden, vgl. § 7
Abs. 1 S. 1 EigBG.

b) Organisatorisch-personelle demokratische Legitimation

Der Gemeinderat ist nach §§ 39 Abs. 2 Nr. 2, 24 Abs. 2 S. 1 Hs. 1 GemO im Ein-
vernehmen mit dem Bürgermeister für die Ernennung, Einstellung und Ent-
lassung der Betriebsleitung eines Eigenbetriebs zuständig.

Der Gemeinderat bestellt die Mitglieder des fakultativen Betriebsausschusses widerruflich aus seiner Mitte, vgl. § 7 Abs. 1 S. 1 EigBG i. V. m. §§ 40 Abs. 1
S. 2 bzw. 41 Abs. 1 S. 2 GemO. Sowohl in beratende als auch in beschließende
Ausschüsse kann der Gemeinderat sachkundige Einwohner als beratende Mitglieder berufen. Deren Anzahl darf die Anzahl der Gemeinderäte in den einzelnen Ausschüssen nicht erreichen, vgl. §§ 40 Abs. 1 S. 4, 41 Abs. 1 S. 3 GemO.

c) Sachlich-inhaltliche Legitimation

Wie die unmittelbare Gemeindeverwaltung unterliegt das Tätigwerden des
Eigenbetriebs den Landes- und Bundesgesetzen, insbesondere der Gemeindeordnung und dem Eigenbetriebsgesetz. Eine Rechtsverordnung des
baden-württembergischen Innenministers regelt die Ausführung des Eigenbe-
triebsrechts.[343] Die Betriebssatzung des Gemeinderats, vgl. § 3 EigBG i. V. m § 4
GemO, enthält weitere inhaltliche Vorgaben für den Eigenbetrieb. Insbesondere ist in der Betriebssatzung zu regeln, welcher öffentliche Zweck mit dem
Eigenbetrieb verfolgt wird.

aa) Zuständigkeiten und Weisungsrechte innerhalb des Eigenbetriebs

Die Betriebsleitung leitet den Eigenbetrieb, soweit im Eigenbetriebsgesetz oder
auf Grund dieses Gesetzes nichts anderes bestimmt ist, vgl. § 5 Abs. 1 S. 1
EigBG. Ausgenommen und der Entscheidung des Betriebsausschusses überlas-
sen sind beispielsweise sonstige wichtige Angelegenheiten des Eigenbetriebs,

---

342   *Ders.* in: *Ehlers/Fehling/Pünder* Besonderes Verwaltungsrecht, S. 490 § 16 Rn. 93;
      Dietlmeier, Kommunales Unternehmensrecht, 413 f; *R. Engel/Heilshorn,* Kommunal-
      recht, 282 f; *Katz,* Kommunale Wirtschaft, Teil 1 Rn. 83; *ders.,* Öffentlich-rechtliche
      Gesellschaft, 104 f; *Waldmann,* Kommunalunternehmen, 7; *Giebler,* VBlBW 1999,
      255, 256.
343   Auf Grundlage von § 18 EigBG erlassen; *R. Engel/Heilshorn,* Kommunalrecht, 282.

vgl. § 8 Abs. 2 Nr. 6 EigBG. Die laufende Betriebsführung gehört zum Zuständigkeitsbereich der Betriebsleitung, vgl. § 5 Abs. 1 EigBG. Zur laufenden Betriebsführung gehören wiederkehrende Maßnahmen, die zur Aufrechterhaltung des
konkreten Betriebes erforderlich sind. Nicht erfasst sind Angelegenheiten von
grundsätzlicher Bedeutung, welche weitgehende Verpflichtungen mit sich brin-
gen.[344] Die Betriebsleitung vollzieht zudem die Beschlüsse des Gemeinderats,
seiner Ausschüsse und des Bürgermeisters, vgl. § 5 Abs. 1 EigBG.

Der beratende Betriebsausschuss berät die Angelegenheiten des Eigenbetriebs vor, über die der Gemeinderat entscheidet, vgl. § 8 Abs. 1 EigBG. Die
§§ 8 Abs. 2 und 3 EigBG regeln weitreichende Entscheidungszuständigkeiten des beschließenden Betriebsausschusses.[345] In der Betriebssatzung können die Zuständigkeiten des Betriebsausschusses näher bestimmt werden,
vgl. § 8 Abs. 3 EigBG. Grenze sind hierbei die §§ 39 Abs. 2 GemO, 9 Abs. 1 EigBG
sowie die laufende Betriebsführung, die der Betriebsleitung obliegt und nicht
abdingbar ist.

bb) Zuständigkeiten und Weisungsrechte der Gemeindeorgane

Um die Einheitlichkeit der Gemeindeverwaltung zu wahren, die Erfüllung der
Aufgaben des Eigenbetriebs zu sichern und Missstände zu beseitigen, kann der
Bürgermeister der Betriebsleitung Weisungen erteilen, § 10 Abs. 1 EigBG. Er
darf jedoch nicht in die laufende Betriebsführung eingreifen. Der Bürgermeister
muss anordnen, dass Maßnahmen der Betriebsleitung, die er für gesetzwidrig
hält, unterbleiben oder rückgängig gemacht werden, vgl. § 10 Abs. 2 S. 1 EigBG.
Er kann dies anordnen, wenn er der Auffassung ist, dass die Maßnahmen für
die Gemeinde nachteilig sind, vgl. § 10 Abs. 2 S. 2 EigBG. Der Bürgermeister hat,
wie in Angelegenheiten der unmittelbaren Gemeindeverwaltung, das Eilent-
scheidungsrecht in Angelegenheiten des Gemeinderates, vgl. § 43 Abs. 4 GemO
i. V. m. § 3 Abs. 1 EigBG. Dem Bürgermeister können außerdem in der Satzung Aufgaben des Betriebsausschusses nach § 8 Abs. 2 Nr. 1 bis 3 EigBG ganz
oder teilweise übertragen werden, vgl. § 8 Abs. 3 Nr. 2 EigBG. Unterbleibt die

---

344   *Brüning*, Gern/Brüning-Kommunalrecht, Rn. 1039; *R. Engel/Heilshorn*, Kom-
       munalrecht, 282 f; *T. Mann*, Öffentlich-rechtliche Gesellschaft, 123; *Waldmann*,
       Kommunalunternehmen, 7.
345   Der beschließende Ausschuss ist beispielsweise zuständig für die Entscheidung
       über Vermögensverfügungen des Eigenbetriebes, die Festsetzung von Tarifen und
       sonstige wichtige Angelegenheiten des Eigenbetriebs.

Bestellung einer Betriebsleitung, nimmt der Bürgermeister auch die nach dem EigBG der Betriebsleitung obliegenden Aufgaben wahr, vgl. § 10 Abs. 3 EigBG.

Der Gemeinderat ist als oberstes Organ der Gemeinde auch in Eigenbetriebsangelegenheiten zuständig für alle Grundsatzentscheidungen im Verhältnis Eigenbetrieb und Gemeinde.[346] Nach § 9 Abs. 1 EigBG ist der Gemeinderat beispielsweise zuständig für die Entlastung der Betriebsleitung und für die Verwendung des Jahresgewinns. Seine Zuständigkeiten nach § 39 Abs. 2 GemO bleiben ihm nach § 9 Abs. 1 GemO unbenommen. Die Kontrollfunktion des Gemeinderates (§ 24 Abs. 1 S. 3 GemO, s.o.) erstreckt sich auch über die Betriebsführung des Eigenbetriebes.[347] Weitere Zuständigkeiten bezüglich der Tätigkeit des Eigenbetriebs hat der Gemeinderat nicht. Er kann insbesondere auch nicht den beschließenden Ausschuss anweisen. Nach § 8 Abs. 2 Nr. 4 bis 6 EigBG können ihm jedoch in der Betriebssatzung Aufgaben zur Entscheidung vorbehalten werden, vgl. § 8 Abs. 3 Nr. 3 EigBG.

cc) Informationsrechte und Verschwiegenheitsverpflichtung

Die Betriebsleitung ist verpflichtet, den Bürgermeister frühzeitig und umfassend über Wichtiges in Kenntnis zu setzen, vgl. § 5 Abs. 3 S. 1 EigBG, damit ein rechtzeitiges Einschreiten des Bürgermeisters möglich ist.[348] Nach § 7 Abs. 3 EigBG ist die Betriebsleitung auf Verlangen verpflichtet, zu den Beratungsgegenständen des Betriebsausschusses Stellung zu nehmen und Auskünfte zu erteilen. In der Satzung kann zusätzlich eine Unterrichtungspflicht der Betriebsleitung gegenüber dem Betriebsausschuss nach dem Vorbild des § 5 Abs. 3 S. 1 EigBG geregelt werden.

Die Betriebsausschussmitglieder sind wie die Mitglieder des Gemeinderates und der Bürgermeister zur Verschwiegenheit verpflichtet, vgl. §§ 17 Abs. 2 S. 1, 35 Abs. 2 GemO. Werkleitung und Betriebsausschuss unterliegen keiner Verschwiegenheitsverpflichtung gegenüber den Organen der Gemeinde.[349] Die Unterrichtungspflicht des Bürgermeisters gegenüber dem Gemeinderat, vgl. § 43 Abs. 5 GemO, besteht auch bezüglich solcher Angelegenheiten, die den Eigenbetrieb betreffen.

---

346   *Brüning,* Gern/Brüning-Kommunalrecht, Rn. 1041; *R. Engel/Heilshorn,* Kommunalrecht, 283; *ders.,* Kommunalrecht, Kapitel 14 Rn. 170; *T. Mann,* Öffentlich-rechtliche Gesellschaft, 105.
347   *K. Lange,* Kommunalrecht, Kapitel 14 Rn. 170.
348   *T. Mann,* Öffentlich-rechtliche Gesellschaft, 132.
349   *Dietlmeier,* Kommunales Unternehmensrecht, 414.

dd) Staatliche Aufsicht

Da es sich beim Eigenbetrieb um einen Teil der unmittelbaren Gemeindeverwaltung handelt, unterliegt er als Teil dieser auch der staatlichen Aufsicht. Wenn Aufgaben des gemeindlichen Wirkungskreises ausgeführt werden, unterliegt die Ausführung dieser durch den Eigenbetrieb lediglich der Rechtsaufsicht.

d) Zwischenfazit

Der Eigenbetrieb hat eine organisatorische Sonderstellung und ist gleichwohl Teil der unmittelbaren Gemeindeverwaltung. Als Teil dieser unterliegt der Eigenbetrieb auch der Rechtsaufsicht. Die Betriebsleitung wird vom Gemeinderat gewählt und ist somit mittelbar durch das Gemeindevolk organisatorisch-personell legitimiert. Die Mitglieder der Ausschüsse des Eigenbetriebs sind zum einen teilweise ebenfalls Gemeinderatsmitglieder und damit unmittelbar durch das Gemeindevolk legitimiert. Zum anderen sind sie teilweise vom Gemeinderat bestellt und somit über den Gemeinderat jedenfalls mittelbar durch das Gemeindevolk legitimiert. Im Vergleich zur unmittelbaren Gemeindeverwaltung und dem Regiebetrieb ist die Tätigkeit des Eigenbetriebs demnach organisatorisch-personell etwas weniger legitimiert. Der Betriebsleitung obliegt die laufende Betriebsführung. Der Bürgermeister hat ein eingeschränktes Weisungsrecht gegenüber der Betriebsleitung. Ihm können in der Satzung weitere Aufgaben übertragen werden. Der Gemeinderat ist auch bezüglich der Angelegenheiten des Eigenbetriebs Kontrollorgan. Neben der Betriebsleitung und dem Betriebsausschuss haben die Organe der Gemeinde also nicht nur unwesentliche Zuständigkeiten, über die sie naturgemäß in Kenntnis sind. Es bestehen Informationspflichten der Betriebsleitung gegenüber dem Bürgermeister. Solche können in der Satzung auch gegenüber dem Betriebsausschuss eingeräumt werden. Die Betriebsleitung und der Ausschuss unterliegen bezüglich ihrer Tätigkeiten keiner Verschwiegenheitsverpflichtung gegenüber den Organen der Gemeinde. Insgesamt ist die Tätigkeit des Eigenbetriebs weniger demokratisch legitimiert als die unmittelbare Gemeindeverwaltung. Die Organe der Gemeinde haben durch eigene Zuständigkeiten oder Informationsrechte jedoch Zugriff auf alle Informationen.

4. Selbstständige Kommunalanstalt

a) Grundzüge der selbstständigen Kommunalanstalt

Eine selbstständige Kommunalanstalt (Kommunalanstalt) ist eine rechtsfähige Anstalt des öffentlichen Rechts, vgl. § 102a Abs. 1 S. 1 GemO.[350] Die Gemeinde kann einzelne oder alle mit einem bestimmten Zweck zusammenhängenden Aufgaben[351] ganz oder teilweise auf die Kommunalanstalt übertragen, vgl. § 102a Abs. 2 S. 1 GemO.[352] Die Kommunalanstalt hat zwei Organe, den Vorstand und den Verwaltungsrat, vgl. § 102b Abs. 1 GemO.

b) Organisatorisch-personelle demokratische Legitimation

Der Verwaltungsrat besteht aus dem Vorsitzenden und den weiteren Mitgliedern, vgl. § 102b Abs. 4 S. 1 GemO. Vorsitzender ist grundsätzlich der Bürgermeister.[353] Das vorsitzende Mitglied, vgl. § 102b Abs. 4 S. 2 Hs. 2 GemO, und die weiteren Mitglieder des Verwaltungsrats werden vom Gemeinderat für fünf Jahre bestellt, vgl. § 102b Abs. 4 S. 4 GemO. Die Mitglieder des Verwaltungsrats müssen keine Mitglieder des Gemeinderats sein. Die Bestellung zum weiteren Mitglied des Verwaltungsrats kann nicht jederzeit zurückgenommen werden.[354]

Der Vorstand wird vom Verwaltungsrat bestellt, vgl. § 102b Abs. 2 S. 2 GemO.[355] Der Vorstand wird für fünf Jahre angestellt bzw. zu einer fünfjährigen Amtszeit berufen, 102b Abs. 2 S. 2 Hs. 1 GemO.[356]

---

350 *Ders.*, Gern/Brüning-Kommunalrecht, Rn. 1049; *Dietlmeier,* Kommunales Unternehmensrecht, 416; *Kappel,* BWGZ 2016, 1046, 1046; als selbstständige Kommunalanstalt hat sie einen eigenen Finanzhaushalt, vgl. § 102a Abs. 6 GemO.

351 Aufgaben der eigenen Angelegenheiten, Pflichtaufgaben und auch Pflichtaufgaben nach Weisung.

352 *Dietlmeier,* Kommunales Unternehmensrecht, 417; *Katz,* Kommunale Wirtschaft, Teil 1 Rn. 89; *K. Lange,* Kommunalrecht, Kapitel 14 Rn. 172.

353 Mit der Zustimmung des Bürgermeisters kann der Gemeinderat einen Beigeordneten zum Vorsitzenden bestellen, vgl. § 102b Abs. 4 S. 2 Hs. 1 und 2 GemO. Beigeordnete werden nach § 50 Abs. 2 S. 1 GemO durch den Gemeinderat gewählt.

354 Für die Rechtsverhältnisse der weiteren Mitglieder des Verwaltungsrats finden die für Gemeinderäte geltenden Vorschriften mit Ausnahme der §§ 15 und 29 GemO entsprechende Anwendung, vgl. § 102b Abs. 5 S. 2 GemO.

355 *K. Lange,* Kommunalrecht, Kapitel 14 Rn. 174; die Mitglieder des Vorstands können nach § 102b Abs. 2. S. 3 GemO entweder privatrechtlich angestellt oder als Beamte berufen werden.

356 Eine Wiederwahl kann erfolgen, vgl. 102b Abs. 2 S. 2 Hs. 2 GemO.

c) Sachlich-inhaltliche Legitimation

Wie das Tätigwerden des Eigenbetriebs unterliegt auch die Kommunalanstalt den Landes- und Bundesgesetzen. Für die Kommunalanstalt sowie für den Erlass der Anstaltssatzung gelten insbesondere die Vorschriften der Gemeindeordnung und alle sonstigen für Gemeinden maßgeblichen Regelungen. Die Anstaltssatzung regelt die Rechtsverhältnisse der selbstständigen Kommunalanstalt, vgl. §§ 102a Abs. 3 S. 1 GemO. In ihr ist insbesondere der öffentliche Zweck, den die Kommunalanstalt verfolgt, zu regeln, vgl. § 102 Abs. 1 GemO.

aa) Zuständigkeiten und Weisungsrechte innerhalb der Kommunalanstalt

Der Vorstand leitet die Geschäfte eigenverantwortlich, soweit nicht gesetzlich oder durch die Anstaltssatzung etwas anderes bestimmt ist, vgl. § 102b Abs. 2 S. 1 GemO.[357]

Der Verwaltungsrat ist innerhalb der Kommunalanstalt für die Überwachung der Geschäftsführung des Vorstands zuständig, vgl. § 102b Abs. 3 S. 1 GemO.[358] Gegenstand der Überprüfung sind nicht lediglich die in der Vergangenheit liegenden Sachverhalte, sondern auch solche Fragen der zukünftigen Geschäftspolitik, denen grundlegende Bedeutung zukommt. Der Maßstab zur Überprüfung der Geschäftsführung ist die Rechtmäßigkeit, die Zweckmäßigkeit und die Wirtschaftlichkeit.[359] Der Verwaltungsrat hat außerdem einzelne eigene Entscheidungskompetenzen, vgl. § 102b Abs. 3 S. 2 Nr. 1–5 GemO.[360] Er entscheidet beispielsweise über den Erlass von Satzungen, sofern der Anstalt das Recht zum Erlass von Satzungen eingeräumt wurde, vgl. § 102a Abs. 5 GemO, den Wirtschaftsplan und setzt die Tarife bzw. Entgelte für die Leistungsnehmer fest. Die Anstaltssatzung kann weitere Entscheidungszuständigkeiten des Verwaltungsrats enthalten, insbesondere bei Maßnahmen von grundsätzlicher oder besonderer Bedeutung oder Zustimmungsvorbehalte des Verwaltungsrats

---

357 Die Mitglieder des Vorstands vertreten einzeln oder gemeinsam entsprechend der Anstaltssatzung die Kommunalanstalt nach außen, vgl. § 102b Abs. 2 S. 4 GemO.
358 *Ehlers* in: *Hans-Günter Henneke* Kommunale Aufgabenerfüllung, S. 47, 59; *Brüning*, Gern/Brüning-Kommunalrecht, Rn. 1059; *K. Lange*, Kommunalrecht, Kapitel 14 Rn. 174; *Ehlers*, ZHR 2003, 546, 560; *Fabry/Augsten*, VBlBW 2016, 103, 104; *Holz/Kürten/Grabolle*, KommJur 2014, 281, 283; *T. Mann*, NVwZ 1996, 557, 558; *Pencereci/Brandt*, LKV 2008, 293, 297.
359 *Hafner* in: Aker/Hafner/Notheis-GemO § 102b Rn. 9.
360 Er entscheidet beispielsweise über den Erlass von Satzungen, sofern der Anstalt das Recht zum Erlass von Satzungen eingeräumt wurde, vgl. § 102a Abs. 5 GemO, den Wirtschaftsplan und setzt die Tarife bzw. Entgelte für die Leistungsnehmer fest.

für bestimmte Angelegenheiten, vgl. § 102b Abs. 3 S. 3 GemO. Es gibt keinen Zuständigkeitsbereich, der zwingend beim Vorstand verbleiben muss.[361]

bb) Zuständigkeiten und Weisungsrechte der Gemeindeorgane

Der Gemeinderat hat wenige Zuständigkeiten in Bezug auf die Kommunalanstalt. Das Gesetz sieht lediglich beim Erlass von Satzungen im Sinne des § 102a Abs. 5 GemO eine Bindung des Verwaltungsrats an die Weisungen des Gemeinderats vor, vgl. § 102b Abs. 3 S. 5 Hs. 2 GemO.[362] Damit der Gemeinderat Weisungen erlassen kann, muss er über das Satzungsvorhaben informiert sein. Soweit der Verwaltungsrat nach § 102b Abs. 3 S. 2 Nr. 4 GemO über die Beteiligung der Kommunalanstalt an anderen Unternehmen entscheidet, bedarf er nach §§ 102b Abs. 3 S. 7 i. V. m. 105a GemO der vorherigen Zustimmung der Gemeinde. Auch hier ist Voraussetzung, dass der Gemeinderat über die Beteiligung informiert wird. Außerdem kann die Anstaltssatzung für bestimmte Fälle ein Weisungsrecht des Gemeinderates an den Verwaltungsrat vorsehen, vgl. § 102b Abs. 3 S. 6 GemO. In Betracht kommt unter anderem ein Weisungsrecht bzgl. der Bestellung des Vorstands.

cc) Informationsrechte und Verschwiegenheitsverpflichtung

Die Gemeindeordnung weist den Organen der Kommunalanstalt weitreichende Zuständigkeiten zu, was naturgemäß zu eingeschränkteren Zuständigkeiten bei Bürgermeister und Gemeinderat führt. Um die fehlenden Informationen kraft Zuständigkeit auszugleichen, sind hier Informationsrechte- und -pflichten besonders relevant.

---

361 *Hafner* in: Aker/Hafner/Notheis-GemO § 102b Rn. 13; *Hellermann* in: *Uechtritz/Reck* Kommunale Unternehmen, S. 129 § 7 Rn. 75; *Schraml* in: *T. Mann/Püttner* Kommunale Wissenschaft II, S. 173 § 45 Rn. 77; wohl auch *Waldmann*, NVwZ 2008, 284, 285; a. A.: *M. Müller* in: BeckOK-GemO § 102b Rn. 11 Kompetenz des Vorstandes dürfe nicht „ausgehöhlt" werden, Verwaltungsrat solle sich nur mit Maßnahmen von grundsätzlicher oder besonderer Bedeutung befassen; § 102b Abs. 3 S. 4 GemO, der ermöglicht, dass in der Anstaltssatzung ein Recht des Verwaltungsrats, Maßnahmen auf eigene Initiative zu bestimmen, aufgenommen wird, müsse in diesem Zusammenhalt mit großer Zurückhaltung behandelt werden; *Pencereci/Brandt*, LKV 2008, 293, 198; *Ehlers*, ZHR 2003, 546, 561; *E.-M. Hoffmann*, Rechtsformalternativen, 137.

362 *K. Lange*, Kommunalrecht, Kapitel 14 Rn. 174: grundsätzlich keine Weisungsbefugnis.

Nach §§ 102b Abs. 5 S. 4 i. V. m. 43 Abs. 5 S. 1 Hs. 1 GemO hat der Vorstand den Verwaltungsrat über alle wichtigen, die Kommunalanstalt und ihre Verwaltung betreffenden Angelegenheiten zu unterrichten, solange diese nicht nach §§ 102b Abs. 5 S. 4 i. V. m. 43 Abs. 5 S. 2, 44 Abs. 3 S. 3 GemO der Geheimhaltung unterliegen.[363]

Damit der Verwaltungsrat seiner Überwachungsfunktion nachkommen kann, muss ihm der Vorstand die erforderlichen Informationen zur Verfügung stellen.[364] Eine solche Pflicht des Vorstands kann in der Anstaltssatzung geregelt werden.[365]

Die weiteren Mitglieder des Verwaltungsrats sind als Ehrenamtliche zur Verschwiegenheit verpflichtet, vgl. §§ 102b Abs. 5 S. 1, 17 Abs. 2 GemO. Diese Verpflichtung trifft den Verwaltungsrat jedoch nicht gegenüber den Organen der Gemeinde und somit nicht gegenüber dem Gemeinderat.[366] Sowohl der Bürgermeister als auch der Gemeinderat sind über die Tätigkeit der Kommunalanstalt informiert.

dd) Staatliche Aufsicht

Die Kommunalanstalt unterliegt der staatlichen Rechtsaufsicht, vgl. §§ 102d Abs. 5, 118 bis 129 GemO. Die Maßnahmen der staatlichen Rechtsaufsicht werden direkt gegenüber der Anstalt getroffen, ohne dass die Gemeinde dazwischengeschaltet ist.[367] Die Gemeinde unterliegt in ihrer Funktion als Trägerin der Anstalt der Rechtsaufsicht.[368]

---

363 Diese Geheimhaltungspflicht betrifft ausschließlich Weisungsaufgaben. Insbesondere bei wichtigen Planungen ist der Verwaltungsrat möglichst frühzeitig über die Absichten und Vorstellungen der Gemeindeverwaltung und laufend über den Stand und den Inhalt der Planungsarbeiten zu unterrichten, vgl. §§ 102b Abs. 5 S. 4 i. V. m. 43 Abs. 5 S. 1 Hs. 2 GemO.

364 *Hafner* in: Aker/Hafner/Notheis-GemO § 102b GemO Rn. 10.

365 *Ders.* in: Aker/Hafner/Notheis-GemO § 102b GemO Rn. 10; *Dietlmeier,* Kommunales Unternehmensrecht, 418; *Katz,* BWGZ 2016, 365, 368 allein § 43 Abs. 5 i. V. m. § 102b Abs. 5. S. 4 GemO sei häufig nicht ausreichend.

366 *Ade* in: Ade/Pautsch-GemOBW § 102b Rn. 22; *Fleckenstein* in: BeckOK-GemO § 17 Rn. 12 „Weitergabe an die, die mit der Sache dienstlich betraut sind"; *Schraml* in: *T. Mann/Püttner* Kommunale Wissenschaft II, S. 173 § 45 Rn. 111.

367 *Schraml* in: *T. Mann/Püttner* Kommunale Wissenschaft II, S. 173 § 45 Rn. 121 die Rechtsaufsicht könne, neben der Beratung, nur reaktiv und nicht antizipativ auf die Kommunalanstalt einwirken; *K. Lange,* Kommunalrecht, Kapitel 14 Rn. 174; *Ehlers,* ZHR 2003, 546, 574.

368 *Schraml* in: *T. Mann/Püttner* Kommunale Wissenschaft II, S. 173 § 45 Rn. 119; *Ehlers,* ZHR 2003, 546, 575; nach § 102a Abs. 4 S. 1 GemO muss die

d) Zwischenfazit

Die Kommunalanstalt ist rechtlich selbstständig und mit eigenen Organen ausgestattet. Sie unterliegt der Rechtsaufsicht. Die Mitglieder des Verwaltungsrats sind teilweise auch Gemeinderatsmitglieder und unmittelbar durch das Gemeindevolk legitimiert. Teilweise sind sie vom Gemeinderat bestellt und somit über den Gemeinderat jedenfalls mittelbar durch das Gemeindevolk legitimiert. Gegenüber der unmittelbaren Gemeindeverwaltung und dem Eigenbetrieb ist die Tätigkeit der Kommunalanstalt organisatorisch-personell etwas weniger legitimiert. Die Organe der Kommunalanstalt haben weitreichende Zuständigkeiten, die in der Satzung jedoch anders ausgestaltet werden können. Der Vorstand und der Verwaltungsrat unterliegen bezüglich ihrer Tätigkeiten keiner Verschwiegenheitsverpflichtung gegenüber den Organen der Gemeinde. Für den Gemeinderat können außerdem Weisungsrechte in der Satzung geregelt werden. Denkbar ist auch die Verankerung von weitergehenden bzw. detaillierteren Informationsrechten des Gemeinderats in der Satzung. Je nach Satzungsausgestaltung ist die Tätigkeit der Kommunalanstalt nicht nur organisatorisch-personell weniger demokratisch legitimiert als die Tätigkeit der unmittelbaren Gemeindeverwaltung und des Eigenbetriebs, sondern auch sachlich-inhaltlich. Gemeinderat und Bürgermeister haben jedoch Zugriff auf alle Informationen bezüglich der Tätigkeit der Kommunalanstalt.

III. Umsetzung der verfassungsrechtlichen Vorgaben zur Verwaltungstätigkeit bei der Verwaltung durch gemeindliche Unternehmen in Privatrechtsform

In diesem Abschnitt wird dargestellt, auf welche Art und Weise und inwieweit die zuvor hergeleiteten verfassungsrechtlichen Vorgaben zur Verwaltungstätigkeit bei der Tätigkeit von gemeindlichen GmbHs und gemeindlichen AGs umgesetzt werden.

Rechtsaufsichtsbehörde die Anstaltssatzung, eventuelle Änderungen der Aufgaben der Kommunalanstalt und die Auflösung des Kommunalunternehmens genehmigen.

1. Gesellschaft mit beschränkter Haftung

a) *Organisatorisch-personelle demokratische Legitimation*

Die gemeindliche GmbH leitet ihre organisatorisch-personelle demokratische Legitimation von den für sie agierenden Gesellschaftsorganen ab. Für deren organisatorisch-personelle demokratische Legitimation ist ausschlaggebend, dass die Gemeinde als Trägerin der Gesellschaft auf die Bestellung der Organe Einfluss nehmen kann.[369]

aa) *Der fakultative Aufsichtsrat*

Die Gesellschafterversammlung wählt die Mitglieder des fakultativen Aufsichtsrats, vgl. § 52 Abs. 1 GmbHG i. V. m. § 101 Abs. 1 S. 1 AktG, es sei denn, der Gesellschaftsvertrag trifft eine andere Regelung.[370] Nach § 47 Abs. 1 GmbHG erfolgt die Beschlussfassung der Gesellschafter durch Mehrheit der abgegebenen Stimmen. Bei gemischtwirtschaftlichen Unternehmen kann sich der gemeindliche Träger daher bei der Wahl der Aufsichtsratsmitglieder nur dann durchsetzen, wenn er die Stimmrechtsmehrheit hat.[371] Die Gesellschafter können außerdem Entsendungsrechte für Mitglieder des Aufsichtsrates in der Satzung begründen, vgl. § 101 Abs. 2 S. 1 AktG.[372] Durch solche Entsendungsrechte können höchstens ein Drittel der Aufsichtsratsmitglieder der Anteilseigner bestimmt werden, vgl. § 101 Abs. 2 S. 4 AktG.[373]

---

369 *Büchner,* Kommunale Unternehmen; *Dietlmeier,* Kommunales Unternehmensrecht, 450; *T. Mann,* Öffentlich-rechtliche Gesellschaft, 190; *R. Schmidt,* ZGR 1996, 345, 359; *Schön,* ZGR 1996, 429, 446; das erfolgt durch die Vertreter des gemeindlichen Trägers in der Gesellschafterversammlung.

370 *Grunewald,* NZG 2015, 609, 609 ff zu den Anforderungen, die an Aufsichtsratsmitglieder gestellt werden.

371 *Dietlmeier,* Kommunales Unternehmensrecht, 451; *ders.,* Öffentlich-rechtliche Gesellschaft, 191; *Schön,* ZGR 1996, 429, 446; *Weckerling-Wilhelm/Mirtsching,* NZG 2011, 327, 331.

372 *T. Mann,* Öffentlich-rechtliche Gesellschaft, 195; *Mann,* VBlBW 2010, 7, 12; *Weckerling-Wilhelm/Mirtsching,* NZG 2011, 327, 331; *F. Gaul,* AG 2019, 405, 405 ff kritisch zu Entsendungsrechten.

373 *Simon,* GmbHR 1999, 257, 261 der Entsendungsberechtigte sei gleichermaßen für die Abberufung des entsandten Mitgliedes zuständig.

bb) Der mitbestimmte Aufsichtsrat

Nach § 1 Abs. 1 Nr. 3 S. 2 Hs. 2 DrittelbG, § 6 Abs. 2 S 1 MitbestG, § 5 Montan-mitbestG i. V. m. § 101 Abs. 1 S. 1 AktG wählt die Gesellschaftsversammlung die Aufsichtsratsmitglieder. Auch für den Aufsichtsrat in einer mitbestimmten GmbH können Entsendungsrechte in der Satzung begründet werden.[374]

cc) Der Geschäftsführer

Die Geschäftsführung kann nach § 6 Abs. 3 S. 1 GmbHG ein Gesellschafter oder ein Dritter übernehmen.

aaa) Bestellung des Geschäftsführers

Nach § 46 Nr. 5 GmbHG ist die Gesellschafterversammlung für die Bestellung und Abberufung von Geschäftsführern zuständig, soweit der Gesellschaftsver-trag nichts Anderes vorsieht. Nach § 38 Abs. 1 GmbHG kann die Bestellung jederzeit widerrufen werden. Dies gilt auch für die Geschäftsführer einer nach DrittelbG mitbestimmten GmbH.

bbb) Bestellung des Geschäftsführers nach MitbestG

Nach § 31 Abs. 1 S. 1 MitbestG i. V. m. § 84 AktG bestellt der Aufsichtsrat die Geschäftsführer und beruft diese auch ab.[375] Bzgl. der Abberufung ver-drängt § 84 AktG § 38 GmbHG, sodass eine Abberufung nur aus wichtigem Grund erfolgen kann.[376] Für die organisatorisch-personelle Legitimation des Geschäftsführers einer nach MitbestG mitbestimmten GmbH ist daher erforderlich, dass sich die vom Anteilseigner gewählten oder entsandten Auf-sichtsratsmitglieder durchsetzen können. Dann ist unschädlich, dass der Aufsichtsrat als Kollegialorgan auch nicht organisatorisch-personell legiti-mierte Arbeitnehmervertreter hat.[377] Der Aufsichtsrat beschließt nach § 32

---

374   § 1 Abs. 1 Nr. 3 S. 2 DrittelbG bzw. § 8 Abs. 2 MitbestG bzw. § 5 MontanMitbestG
      i. V. m. § 101 Abs. 2 S. 1 AktG.
375   § 1 Abs. 1 Nr. 3 S. 2 DrittelbG verweist nicht auf § 84 AktG.
376   *Heilmeier* in: BeckOK-GmbHG § 38 Rn. 10.
377   *Jarass* in: Jarass/Pieroth-GG Art. 20 Demokratie Rn. 9; *Sommermann* in: v. Man-goldt/Klein/Starck-GG Art. 20 Rn. 165 f; *dass.* in: *Isensee/P. Kirchhof* HStR II,
      S. 429 § 24 Rn. 19; *dass.*, Verfassungsfragen der Richterwahl, 74 ff; *Waldmann*,
      Kommunalunternehmen, 18; *R. Schmidt*, ZGR 1996, 345, 355; a. A.: BVerfGE 93,
      37, 67 f; 107, 59, 88 „Wird er von einem Gremium mit nur zum Teil personell legi-timierten Amtsträgern bestellt, erfordert die volle demokratische Legitimation,

Abs. 1 S. 3 BGB analog bzw. § 29 Abs. 1 MitbestG grundsätzlich durch einfache Mehrheit.[378]

Nach dem MitbestG hat der Aufsichtsratsvorsitzende, der nicht gegen den Willen der Anteilseigner gewählt werden kann, vgl. § 27 Abs. 1, 2 S. 2 MitbestG, ein Zweitstimmrecht, vgl. § 29 Abs. 2 S. 1 MitbestG. Die vom Anteilseigner gewählten Aufsichtsratsmitglieder können sich also durchsetzen.

b) Sachlich-inhaltliche Legitimation

Die Tätigkeit der GmbH muss in Übereinstimmung mit geltendem Bundes- und Landesrecht, insbesondere mit dem Gesellschaftsrecht, bzw. mit der Gemeindeordnung (insbesondere §§ 103 f GemO) erfolgen.[379] Die sachlich-inhaltliche demokratische Legitimation einer gemeindlichen GmbH durch Gesetz ist eher gering. Sachlich-inhaltliche demokratische Legitimation erlangt die Tätigkeit der GmbH aber vor allem dadurch, dass in der Satzung der GmbH die Bindung der Gesellschaft an einen öffentlichen Zweck gewährleistet wird.[380] Je detaillierter dieser Zweck festgeschrieben ist, desto engmaschiger kann von den Organen der Gesellschaft und dem Träger kontrolliert werden, ob die Tätigkeit der GmbH am öffentlichen Zweck ausgerichtet ist.[381]

---

dass die die Entscheidung tragende Mehrheit aus einer Mehrheit unbeschränkt demokratisch legitimierter Mitglieder des Kreationsorgans besteht"; *Ossenbühl*, ZGR 1996, 504, 510 ff das „Prinzip der doppelten Mehrheit" verlange, dass jede einzelne Entscheidung mehrheitlich durch demokratische Mitglieder legitimiert sein müsse.

378   *Habersack* in: MüKo-AktG § 108 Rn. 20; *Spindler* in: Spindler/Stilz-AktG; *Habersack* in: MüKo-AktG § 108 Rn. 25.

379   *Häußermann*, Steuerung, 98.

380   *Burgi* in: *Herrler* Herausforderungen, S. 49, 59; *T. Mann* in: *T. Mann/Püttner* Kommunale Wissenschaft II § 46 Rn. 8 ff; *W. Weber* in: *Wurzel/Schraml/Gaß* Kommunale Unternehmen, S. 238, 248; *Büchner*, Kommunale Unternehmen, 152 f; *Engellandt*, Einflussnahme der Kommunen, 28; *T. Mann*, Öffentlich-rechtliche Gesellschaft, 184 f; *Püttner*, Öffentliche Unternehmen, 235 f; *Brenner*, AöR 127 (2002), 223, 238; *von Danwitz*, AöR 120 (1995), 595, 614; *ders.*, VBlBW 2010, 7, 8 f; *Schön*, ZGR 1996, 429, 435 f; *Stober*, NJW 1984, 449, 454; *Zeichner*, AG 1985, 61, 66 f.

381   *Schuppert* in: *Thiemeyer* Instrumentalfunktionen, S. 141, 124; *Gersdorf*, Öffentliche Unternehmen, 268 f; *Möller*, Stellung und Funktion des Aufsichtsrats, 166 ff ausführlich zu den Grenzen der Satzungsfreiheit; *Mann*, VBlBW 2010, 7, 8 f.

aa) *Zuständigkeiten und Weisungsrechte innerhalb der GmbH*

Der Geschäftsführer ist für die Führung des Unternehmens verantwortlich und vertritt die Gesellschaft gerichtlich und außergerichtlich, vgl. § 35 Abs. 1 S. 1 GmbHG. Die Gesellschafterversammlung[382] und der Aufsichtsrat[383] sind für die Überwachung der Geschäftsführung zuständig (§ 46 Nr. 6 GmbHG[384] bzw. § 52 Abs. 1 GmbHG).[385] In der Satzung können auch weitreichende Zuständigkeiten der Gesellschafterversammlung geregelt werden, vgl. § 45 Abs. 1 GmbHG, so beispielsweise für die strategisch wichtigen Entscheidungen des Unternehmens sowie für Entscheidungen von großer finanzieller oder politischer Bedeutung.[386] Einzelne wichtige Entscheidungen können auch an die ausdrückliche Zustimmung des gemeindlichen Gesellschafters gebunden werden.[387] Es können qualifizierte Mehrheitserfordernisse oder das Prinzip der Einstimmigkeit bei Abstimmungen zu wichtigen Fragen vereinbart werden.[388] Es gibt neben den ausdrücklich geregelten Pflichten (bpsw. §§ 30, 31, 33, 35 Abs. 1, 64 Abs. 1, GmbHG) keinen Entscheidungsbereich, den das Gesetz ausschließlich der Geschäftsführung garantiert.[389] Die Satzung

---

382 *Rieble* in: Bork/Schäfer-GmbHG § 52 Rn. 1; *W. Weber* in: *Wurzel/Schraml/Gaß* Kommunale Unternehmen, S. 238, 255.

383 Dies geschieht durch **Berichtspflichten** der Geschäftsführung an den Aufsichtsrat § 90 Abs. 3, 4, 5 AktG i. V. m. § 52 Abs. 1 GmbHG (so auch für den Aufsichtsrat nach MitbestG und DrittelbG; hierzu ausführlich: *Westermann/Maier*, KommJur 2011, 169, 169 ff.) und durch **Zustimmungserfordernisse** des fakultativen Aufsichtsrates nach § 111 Abs. 4 AktG i. V. m. § 52 Abs. 1 GmbHG zu Entscheidungen der Geschäftsführung bzw. § 111 Abs. 4 S. 2 AktG i. V. m. § 1 Abs. 1 Nr. 3 DrittelbG bzw. § 25 Abs. 1 Nr. 2 MitbestG.

384 *Liebscher* in: MüKo-GmbHG § 46 Rn. 189.

385 Bzw. vgl. § 1 Abs. 1 Nr. 3 DrittelbG i. V. m. § 111 Abs. 1 AktG; *Lutter/Krieger/Verse*, Rechte und Pflichten des Aufsichtsrats, Rn. 1120; *Deilmann*, BB 2004, 2253, 2253.

386 *Katz*, BWGZ 2016, 365, 375.

387 *Mann*, VBlBW 2010, 7, 11.

388 *Pauly/Schüler*, DÖV 2012, 339, 345.

389 Wohl *Altmeppen* in: Roth/Altmeppen-GmbHG § 37 Rn. 20 ff; *Beurskens* in: NSH-GmbHG § 37 Rn. 32; *ders.* in: Michalski/Heidinger/Leible/J. Schmidt-GmbHG § 37 Rn. 10; *Oetker* in: Henssler/Strohn-GmbHG § 37 Rn. 12; *Stephan/Tieves* in: MüKo-GmbHG § 37 Rn. 68; *Wisskirchen/Kuhn/Hesser* in: BeckOK-GmbHG §37 Rn. 31, 33; *Cronauge*, Kommunale Unternehmen, Rn. 309; *Dietlmeier*, Kommunales Unternehmensrecht, 447; *Gersdorf*, Öffentliche Unternehmen, 326 m. w. N.; *Schraffer*, Kommunaler Eigenbetrieb, 88, 90; *Waldmann*, Kommunalunternehmen, 24; *Grams*, LKV 1997, 397, 401; *Konzen*, NJW 1989, 2977, 2979; *Mann*, VBlBW 2010, 7, 15; *Schön*, ZGR 1996, 429, 444 f; *Graf Vitzthum*, AöR 1979,

kann außerdem weitere Zuständigkeiten auf den fakultativen Aufsichtsrat übertragen.[390] Für bestimmte Geschäfte der Geschäftsführung können dem Aufsichtsrat nach § 52 Abs. 1 GmbHG, § 111 Abs. 4 S. 2 AktG in der Satzung oder durch den Aufsichtsrat Zustimmungsvorbehalte eingeräumt werden. Ein solches Zustimmungsrecht des Aufsichtsrates wirkt wie ein Vetorecht, da durch Nichterteilen der Zustimmung das Geschäft nicht vorgenommen werden kann. Gleichwohl entsteht keine Möglichkeit zur gestalterischen Einflussnahme.[391] Der Geschäftsführer kann nach der Nichterteilung der Zustimmung durch den Aufsichtsrat eine Entscheidung der Gesellschafterversammlung einfordern, vgl. § 111 Abs. 4 S. 3 AktG. Mit der erforderlichen Dreiviertelmehrheit, vgl. § 111 Abs. 4 S. 4, 5 AktG, kann die Gesellschafterversammlung die Angelegenheit entscheiden.

Nach §§ 37 Abs. 1, 45 Abs. 1 GmbHG kann die Gesellschafterversammlung den Geschäftsführer durch Beschluss anweisen. Die Satzung kann Weisungsrechte der Gesellschafterversammlung an die Geschäftsführung, vgl. §§ 37 Abs. 1, 45 Abs. 1 GmbHG, oder sogar nur ein Weisungsrecht der gemeindlichen Gesellschafter an die Geschäftsführung vorsehen.[392] Die Weisung ist im Innenverhältnis bindend.[393] Weisungen zwischen Organen einer gemeindlichen GmbH haben dieselbe sachlich-inhaltliche Legitimationswirkung wie Weisungen innerhalb der unmittelbaren Gemeindeverwaltung.

bb) Zuständigkeiten und Weisungsrechte des gemeindlichen Trägers

Das GmbHG regelt keine Zuständigkeiten des gemeindlichen Trägers für die Tätigkeiten der GmbH. Solche können auch in der Satzung nicht begründet werden. Es können insbesondere auch keine Zustimmungsvorbehalte für den Gemeinderat in der Satzung eingeräumt werden, da dieser kein Organ der

580, 612; a. A.: *Beuthien/Gätsch*, ZHR 157 (1993), 483, 498 der einen weisungsfreien Bereich der Geschäftsführung inbs. im Bereich der Kapitalerhaltung und im Rechnungswesen sieht; ähnlich *Keßler*, GmbHR 2000, 71, 73 f.

390 *Kiethe*, NZG 2006, 45, 49 der fakultative Aufsichtsrat kann so zum stärksten Organ der GmbH gemacht werden; ebenso *Pauly/Schüler*, DÖV 2012, 339, 341.

391 *T. Mann* in: *T. Mann/Püttner* Kommunale Wissenschaft II § 46 Rn. 41; *Büchner*, Kommunale Unternehmen, 237; *Häußermann*, Steuerung, 59 f weist darauf hin, dass sich trotzdem der „Abstimmungsdruck auf beide Organe gleichermaßen erhöht".

392 *Mann*, VBlBW 2010, 7, 16.

393 *Baumann*, ZHR 1978, 557, 559; *Ries/Garbers*, KommJur 2004, 407, 408.

Gesellschaft ist.[394] Der gemeindliche Träger kann aus demselben Grund die Geschäftsführung auch nicht anweisen oder in der Satzung ein solches Weisungsrecht einräumen.[395] Auch ein Weisungsrecht gegenüber dem Aufsichtsrat kann nicht begründet werden.[396] § 104 Abs. 1 S. 3 GemO sieht jedoch ein Weisungsrecht des gemeindlichen Trägers an dessen Vertreter und Vertreterinnen in der Gesellschafterversammlung vor. Dies ist gesellschaftsrechtlich unbedenklich möglich.[397]

cc) Informationsrechte und Verschwiegenheitsverpflichtung[398]

Der Gesellschafter hat nach § 51a Abs. 1 GmbHG bezüglich der „Angelegenheiten der Gesellschaft" einen Informationsanspruch gegenüber der

---

394 *Brenner*, AöR 127 (2002), 223, 246; *Gundlach/Frenzel/N. Schmidt*, LKV 2001, 246, 251; *Knemeyer*, KommJur 2007, 241, 243 auch durch Satzung könne der Gemeinderat nicht die Gesellschafterversammlung ersetzen.

395 *Burgi* in: *Herrler* Herausforderungen, S. 49, 64 wirft dies als Problempunkt auf, fordert im Ergebnis eine „zurückhaltende Vorgehensweise" und bleibt ohne dogmatisch klares Ergebnis; *Gundlach/Frenzel/N. Schmidt*, LKV 2001, 246, 250.

396 Zum mitbestimmten Aufsichtsrat: *Lutter/Krieger/Verse*, Rechte und Pflichten des Aufsichtsrats, Rn. 1213; *dies.*, Kommunale Gesellschaften, 88; *Brenner*, AöR 127 (2002), 223, 240 ff; *Gundlach/Frenzel/N. Schmidt*, LKV 2001, 246, 249; *Schön*, ZGR 1996, 429, 449; *Vetter*, GmbHR 2011, 449, 457; *Weber-Rey/Buckel*, ZHR 2013, 13, 23; a. A.: *Kropff* in: *Baums* FS Huber, S. 841, 848 möglich, solange die Weisung nicht dem Unternehmensinteresse widerspreche; *Ziche*, DÖV 2014, 111, 112 solange es um die Bereiche geht, für die dem Aufsichtsrat nicht per Gesetz sondern via Satzung die Zuständigkeit eingeräumt wurde, sind Weisungen möglich.

397 *Burgi* in: *Herrler* Herausforderungen, S. 49, 63; *Geerlings* in: *T. Mann/Püttner* Kommunale Wissenschaft II, S. 409 § 52 Rn. 13; *ders.* in: *T. Mann/Püttner* Kommunale Wissenschaft II § 46 Rn. 16; *Oebbecke* in: *Uechtritz* Kommunale Unternehmen, S. 243 § 9 Rn. 41; *Schulze-Fielitz* in: *Hans-Günter Henneke* Aufgabenerfüllung, S. 223, 256; *Cronauge*, Kommunale Unternehmen, Rn. 309; *Erle/R. Becker*, NZG 1999, 58, 60 nicht möglich sei allerdings, die Gesellschafterversammlung durch den Gemeinderat zu ersetzen; *Meier*, VR 2008, 158, 158; *Ruter/Schuhknecht*, BWGZ 1995, 323, 323.

398 Zu den §§ 53, 54 HGrG: *ders.* in: *Hüffer/Koch-AktG* § 394 Rn. 7 ff; *Schürnbrand* in: *MüKo-AktG* Vor §§ 394, 395 Rn. 57 ff: § 53 HGrG ermögliche Gemeinden, die „die Mehrheit der Anteile eines Unternehmens in einer Rechtsform des privaten Rechts" gehört, den Umfang der aktienrechtlichen Pflichtprüfung zu erweitern. Erweitert werden kann die Prüfung um die Ordnungsmäßigkeit der Geschäftsführung und wirtschaftliche Fragen bezüglich der Entwicklung des Unternehmens. Adressat dieses Prüfungsberichts ist die Rechnungsprüfungsbehörde, vgl § 109 Abs. 1 GemO. Für die Übersendung des Berichts ist der Vorstand zuständig.

Geschäftsführung.[399] Die Geschäftsführung unterliegt teilweise Berichtspflichten gegenüber dem Aufsichtsrat und dieser hat zusätzlich Informationsrechte gegenüber der Geschäftsführung (s.o.). § 52 Abs. 1 GmbHG, das MitbestG und das DrittelbG verweisen nicht auf § 90 Abs. 1 S. 1 und 2 AktG, sodass die Geschäftsführung nicht zur eigenständigen, kontinuierlichen Berichterstattung an den Aufsichtsrat verpflichtet ist. Die fehlende Berichtspflicht des Vorstandes kann der Aufsichtsrat daher durch regelmäßige Anforderung von Berichten oder aber den Erlass einer allgemeinen Informationsordnung kompensieren.[400]

Im Außenverhältnis sind sowohl der Geschäftsführer, vgl. §§ 43 Abs. 1 i. V. m. 85 GmbHG[401] als auch der Aufsichtsrat einer GmbH zur Verschwiegenheit verpflichtet (s. B. II und III). Die Verschwiegenheitsverpflichtung des Aufsichtsrats gilt in der GmbH wegen § 51a Abs. 1 GmbHG nicht gegenüber dem Gesellschafter bzw. dem Vertreter des Gesellschafters in der Gesellschafterversammlung (s.o.). Die Gesellschafter selbst unterliegen ihrerseits einer aus der gesellschaftlichen Treuepflicht abgeleiteten Verschwiegenheitsverpflichtung gegenüber Dritten.[402] Die Verschwiegenheitsverpflichtung des Aufsichtsrats ist unabdingbar (s.o.).

Nach § 321 Abs. 5 S. 2 HGB bekommt der Aufsichtsrat ebenfalls den Prüfbericht. Inwieweit der Prüfbericht innerhalb der Gemeinde weitergegeben werden kann, ist eine Frage der §§ 394, 395 AktG.

399 *Altmeppen* in: Roth/Altmeppen-GmbHG § 51a GmbHG Rn. 5 ff; *Hillmann* in: MüKo-GmbHG § 51a GmbHG Rn. 14 ff; *Römermann* in: Michalski/Heidinger/Leible/J. Schmidt-GmbHG § 51a GmbHG Rn. 22 ff; *Brete/Braumann*, GWR 2019, 59, 60 der Begriff sei weit zu verstehen; *Meilicke/Hollands*, GmbHR 2000, 964, 964 ff ausführlich zum Informationsverweigerungsrecht.

400 3.1.3. Public Corporate Governance Kodex (PCGK) zur Informationsordnung; *Giedinghagen* in: Michalski/Heidinger/Leible/J. Schmidt-GmbHG § 52 Rn. 253; *Noack* in: NSH-GmbHG § 52 Rn. 134; *Lutter/Krieger/Verse,* Rechte und Pflichten des Aufsichtsrats, Rn. 1219; *Caruso*, NZG 2009, 1419, 1420; *Hoyningen-Huene/ Powietzka*, BB 2001, 529, 530 f; *Keiluweit*, BB 2011, 1795, 1797.

401 *Häußermann,* Steuerung, 87 leitet die Verschwiegenheitsverpflichtung der Geschäftsführung aus der Treuepflicht der Geschäftsführung ab und sieht deren Bestehen in § 85 GmbHG bestätigt.

402 *Lutter* Information und Vertraulichkeit, Rn. 774; *Häußermann*, Steuerung, 87; *Erker/Freund Lydia*, GmbHR 2001, 463, 465; *Lutter*, ZGR 1982, 1, 13; *Weber-Rey/ Buckel*, ZHR 2013, 13, 19.

dd) Staatliche Aufsicht

Die GmbH selbst unterliegt keiner staatlichen Aufsicht.[403] Der gemeindliche Träger der GmbH unterliegt der Rechtsaufsicht und muss die Gründung des Unternehmens bei der Rechtsaufsichtsbehörde anzeigen, vgl. § 108 GemO. Außerdem wird überprüft, ob der gemeindliche Träger seinen Kontrollpflichten rechtmäßig nachkommt.[404]

c) Zwischenfazit

Die GmbH unterliegt keiner Rechtsaufsicht und die Organe der Gemeinde haben keine eigenen Zuständigkeiten und können die Organe der Gesellschaft nicht anweisen. Somit obliegen die Zuständigkeiten in der GmbH den organisatorisch-personell weniger legitimierten Organen der Gesellschaft selbst. Durch Gestaltung der Satzung können die Zuständigkeiten innerhalb der GmbH jedoch so variiert werden, dass die direkter legitimierte Gesellschafterversammlung bzw. der Aufsichtsrat weitere Zuständigkeiten innehaben, die sonst der Vorstand innehätte. Die Ausgestaltung der Satzung bestimmt demnach darüber, wie hoch das Legitimationsniveau der Tätigkeit der GmbH ist. Gleichwohl wird es wegen der längeren Legitimationsketten und der fehlenden Rechtsaufsicht immer hinter dem Legitimationsniveau der Tätigkeit der unmittelbaren Gemeindeverwaltung zurückbleiben. Ausschlaggebend ist, dass der Bürgermeister und der Gemeinderat Informationsrechte bzgl. aller Tätigkeiten der GmbH haben und sich kein Bereich ihrer Kenntnis entzieht. Die Verschwiegenheitsverpflichtungen der Organe der GmbH beziehen sich nicht auf die Gemeinde.

2. Aktiengesellschaft

a) Organisatorisch-personelle demokratische Legitimation

aa) Aufsichtsrat

Die Hauptversammlung wählt nach § 101 Abs. 1 S. 1 AktG die Aufsichtsratsmitglieder, soweit sie nicht in den Aufsichtsrat zu entsenden sind. Auch für die organisatorisch-personelle demokratische Legitimation der Aktiengesellschaft

---

403 *von Mutius/Albert* in: Gesellschaft für öffentliche Wirtschaft und Gemeinwirtschaft Kontrolle öffentlicher Unternehmen II, S. 25, 38; *Dreier*, Hierarchie, 258; *Brüning*, DÖV 2010, 553, 553; *Ruffert*, VerwArch 2001, 27, 52.

404 *Dreier*, Hierarchie, 258; *Brüning*, DÖV 2010, 553, 553; *Ruffert*, VerwArch 2001, 27, 52.

ist somit die Stimmrechtsmehrheit in der Hauptversammlung wichtig, denn die Hauptversammlung beschließt grundsätzlich mit einfacher Mehrheit, vgl. § 133 Abs. 1 AktG.[405]

bb) Vorstand

Der Vorstand wird durch den Aufsichtsrat für maximal fünf Jahre bestellt, vgl. § 84 Abs. 1 S. 1 AktG.[406] Zum nach MitbestG mitbestimmten Aufsichtsrat gilt bezüglich der Bestellung des Vorstands das zur Bestellung der Geschäftsführung Gesagte.[407] Nach dem MontanMitbestG gibt es ein weiteres Mitglied, das in Pattsituationen den Ausschlag gibt, vgl. § 4 Abs. 1 c) i. V. m. § 8 MontanMitbestG. Bei der Wahl des weiteren Mitglieds ist nach § 8 Abs. 1 MontanMitbestG die Mehrheit der Stimmen des Aufsichtsrats ausschlaggebend, sodass sich die vom gemeindlichen Träger gewählten oder entsandten Aufsichtsratsmitglieder nicht unbedingt durchsetzen können. Der Vorstand einer AG, die dem MontanMitbestG unterliegt, ist nicht organisatorisch-personell legitimiert.

b) Sachlich-inhaltliche Legitimation

Zur sachlich-inhaltlichen demokratischen Legitimation einer gemeindlichen AG durch Gesetz gilt, was zur gemeindlichen GmbH gesagt wurde. Außerdem ist ebenso in der Satzung festzuschreiben, welchen öffentlichen Zweck die AG verfolgt.

aa) Zuständigkeiten und Weisungsrechte innerhalb der AG

Der Vorstand leitet die Geschäfte in eigener Verantwortung, vgl. § 76 Abs. 1 AktG, und vertritt die Gesellschaft gerichtlich und außergerichtlich, vgl. 78 Abs. 1 S. 1 AktG. Die Vertretungsmacht ist nach außen unbeschränkbar, vgl. § 82 Abs. 1 AktG.

Die Hauptversammlung hat einen überschaubaren Aufgabenkatalog, vgl. § 119 Abs. 1 AktG.[408] Im Übrigen kann die Hauptversammlung nur auf

---

405 *Koppensteiner*, NJW 1990, 3105, 3110.

406 *Götz*, AG 1995, 337, 348 der dies als die wichtigste Aufgabe des Aufsichtsrats bezeichnet.

407 S. Abschnitt C. III. 1. a) cc) bbb).

408 BGHZ 83, 122, 131 hinzukommen könnten ungeschriebene Zuständigkeiten der Hauptversammlung für Entscheidungen, die so grundlegend „in die Mitgliedsrechte der Aktionäre und deren im Anteilseigentum verkörpertes Vermögensinteresse" eingreifen, dass die Hauptversammlung beteiligt werden müsse;

Verlangen des Vorstands über Fragen der Geschäftsführung entscheiden, vgl. § 119 Abs. 2 AktG.

Der Aufsichtsrat ist Überwachungsorgan. Er hat die Hauptversammlung einzuberufen, wenn das Wohl der Gesellschaft es fordert, vgl. § 111 Abs. 3 S. 1 AktG. Durch Aufsichtsratsbeschluss oder Satzung können bestimmte Geschäfte oder bestimmte Arten von Geschäften von der Zustimmung des Aufsichtsrats abhängig gemacht werden, vgl. § 111 Abs. 4 S. 2 AktG.[409] Aus dem Sinn und Zweck der Zuständigkeitsverteilung im Aktiengesetz und dem Wortlaut der Norm lässt sich schließen, dass es sich bei diesen Geschäften nicht um übliche Tagesgeschäfte handeln kann. Vielmehr ist erforderlich, dass es sich um Geschäfte handelt, die in ihren Auswirkungen auf das Unternehmen eher grundsätzlicher Natur sind. Es dürfen jedoch auch nicht so viele bzw. weitreichende Zustimmungserfordernisse eingeräumt werden, dass die eigenverantwortliche Geschäftsführung durch den Vorstand verunmöglicht wird.[410] Zur Wirkung und zu den Rechtsfolgen des Zustimmungserfordernisses s.o.

Zwischen den Organen der Aktiengesellschaft bestehen keine Weisungsrechte (s.o.).

bb) Zuständigkeiten und Weisungsrechte des gemeindlichen Trägers

Auch im Aktiengesetz sind keine direkten Einwirkungsmöglichkeiten des gemeindlichen Trägers auf die Organe der AG geregelt.[411] Weder der Aufsichtsrat[412]

---

eingeschränkend, um dem Kriterium klarere Konturen zu verschaffen, müsse der Eingriff in seinen „Auswirkungen an die Notwendigkeit einer Satzungsänderung heranreichen"; hierzu ausführlich: *Hüffer* in: *Habersack/Hommelhoff/Hüffer u. a.* FS Ulmer, 279 ff; *Böttcher/Blasche*, NZG 2006, 569, 569 ff; *Fleischer*, NJW 2004, 2335, 2335 ff; *ders.*, NZG 2004, 585, 585 ff; *Habersack*, AG 2005, 137, 137 ff; *Liebscher*, ZGR 2005, 1, 1 ff; *Martens*, ZHR 1983 (147), 377, 377 ff.

409   Zu den Details, s.o.; *Häußermann*, Steuerung, 59, der die Einrichtung solcher Zustimmungsvorbehalte zur Einflussnahme des gemeindlichen Trägers für erforderlich hält; *Thiessen*, AG 2013, 573, 574 sieht einen weiten Ermessensspielraum von Satzungsgeber und Aufsichtsrat.

410   *Lutter/Krieger/Verse*, Rechte und Pflichten des Aufsichtsrats, Rn. 21; *Backhaus*, Öffentliche Unternehmen, 228; *Häußermann*, Steuerung, 59; *Möller*, Stellung und Funktion des Aufsichtsrats, 82 f; *Veil*, Unternehmensverträge, 73; *ders.*, BB 2013, 835, 835 ff; *Henze*, BB 2000, 209, 211; *Hommelhoff*, ZHR 2018, 296, 313; *Thiessen*, AG 2013, 573, 581.

411   *Klein*, Die öffentliche Hand, 60 f; *Schraffer*, Kommunaler Eigenbetrieb, 81 ff.

412   *Oebbecke* in: *Uechtritz* Kommunale Unternehmen, S. 243 § 9 Rn. 41; *Merz*, Kommunale Gesellschaften, 71 ff; *Möller*, Stellung und Funktion des Aufsichtsrats, 91 ff, 120 ff.

noch der Vorstand[413] können durch die Gemeinde angewiesen werden. Dem gemeindlichen Träger können keine Rechte in der Satzung eingeräumt werden. Es können lediglich Entsendungsrechte für ein Drittel der Aufsichtsratsmitglieder der Aktionäre begründet werden, vgl. § 101 Abs. 2 S. 1, 4 AktG.[414] Aktienrechtlich möglich ist, wie in § 104 Abs. 1 S. 3 GemO vorgesehen, ein Weisungsrecht des gemeindlichen Trägers an dessen Vertreter und Vertreterinnen in der Hauptversammlung.[415]

cc) Informationsrechte und Verschwiegenheitsverpflichtung[416]

Der Aufsichtsrat hat gegenüber dem Vorstand weitreichende Informationsrechte, vgl. § 90 AktG, und ist über die Angelegenheiten der Gesellschaft informiert (s.o.). Der Aufsichtsrat und auch der Vorstand sind zur Verschwiegenheit, auch gegenüber den Aktionären, verpflichtet (s.o.). Bleibt die Modifikation in § 394 S. 1 AktG außer Betracht, wird der gemeindliche Träger grundsätzlich nicht durch die von ihm gewählten oder entsandten Aufsichtsratsmitglieder (oder den Vorstand) informiert. Die Aktionäre haben lediglich ein Auskunftsrecht gegenüber dem Vorstand in der Hauptversammlung, vgl. § 131 Abs. 1 S. 1 AktG. Die Aktionäre sind bezüglich der Inhalte aus der Hauptversammlung nicht zur Verschwiegenheit verpflichtet und dürfen dem gemeindlichen Träger der AG Bericht erstatten (s.o.).

dd) Staatliche Aufsicht

Die AG unterliegt keiner staatlichen Aufsicht.[417] Der gemeindliche Träger der AG unterliegt der Rechtsaufsicht und muss die Gründung des Unternehmens

---

413   *Backhaus,* Öffentliche Unternehmen, 230; *Büchner,* Kommunale Unternehmen, 197 ff, 203 ff; *Gundlach/Frenzel/Schmidt,* LKV 2001, 246, 248; *ders.,* DÖV 2004, 45, 46.

414   *T. Mann,* Öffentlich-rechtliche Gesellschaft, 179.

415   *J. Koch* in: Hüffer/Koch-AktG § 394 Rn. 3; *T. Mann* in: *T. Mann/Püttner* Kommunale Wissenschaft II § 46 Rn. 27; *Oebbecke* in: *Uechtritz* Kommunale Unternehmen, S. 243 § 9 Rn. 41; *Büchner,* Kommunale Unternehmen, 195; *T. Koch,* Kommunale Unternehmen, 154; *Merz,* Kommunale Gesellschaften, 60 ff; *Nesselmüller,* Einwirkungsmöglichkeiten, 67 f; *Püttner,* Öffentliche Unternehmen, 237; *Gundlach/Frenzel/N. Schmidt,* LKV 2001, 246, 249; *T. Mann,* VBlBW 2010, 7, 13; *R. Schmidt,* ZGR 1996, 345, 353.

416   Zu den §§ 53, 54 HGrG s. oben.

417   *von Mutius/Albert* in: Gesellschaft für öffentliche Wirtschaft und Gemeinwirtschaft Kontrolle öffentlicher Unternehmen II, S. 25, 38; *Wolff/Bachof,* Verwaltungsrecht

bei der Rechtsaufsichtsbehörde anzeigen, vgl. § 108 GemO. Außerdem wird überprüft, ob der gemeindliche Träger seinen Kontrollpflichten rechtmäßig nachkommt.[418]

c) Zwischenfazit

Die AG unterliegt keiner Rechtsaufsicht und die Organe der Gemeinde haben keine eigenen Zuständigkeiten und können die Organe der AG nicht anweisen. Somit obliegen die Zuständigkeiten der AG den weniger organisatorisch-personell legitimierten Organen der AG selbst. Die Zuständigkeiten können durch die Satzung auch kaum variiert werden. Dies gilt insbesondere auch für die ausgeprägte Stellung des Vorstands, der das geringste Maß an organisatorisch-personeller Legitimation innehat. Zwar ist der organisatorisch-personell stärker legitimierte Aufsichtsrat vollumfänglich informiert und für die Kontrolle des Vorstands zuständig. Er unterliegt, wie gezeigt, jedoch einer Verschwiegenheitsverpflichtung auch gegenüber den Aktionären. Die Hauptversammlung hat nur ein sehr eingeschränktes Informationsrecht. Gemeinderat und Bürgermeister sind daher nicht über die Tätigkeit der gemeindlichen AG informiert. Der legitimierende Informationsfluss zwischen einer Gemeinde und der gemeindlichen AG ist unterbrochen, sodass das Mindestmaß an sachlich-inhaltlicher Legitimation nicht gegeben ist.

Zwar ist die Tätigkeit der AG auch durch ihren in der Satzung festgelegten öffentlichen Zweck und Gesetze sachlich-inhaltlich legitimiert. Es gibt jedoch wenige gesetzliche Regelungen betreffend die Tätigkeit der AG. Dies könnte eventuell durch eine starke personell-organisatorische Legitimation des Vorstands ausgeglichen werden. Der Vorstand wird durch den Aufsichtsrat bestellt, welcher wiederum durch die Hauptversammlung bestellt wird. Die Hauptversammlung besteht mehrheitlich aus Vertretern der Gemeinde. Der Vorstand ist daher nur mittelbar durch das Gemeindevolk legitimiert und sticht nicht durch eine hohe personell-organisatorische Legitimation hervor.

Insgesamt hat die Tätigkeit der gemeindlichen AG ein deutlich niedrigeres Legitimationsniveau als die der gemeindliche GmbH und divergiert stark vom Vorbild der unmittelbaren Verwaltung als Regeltypus. Die Gemeinde muss jedoch – wenn sie, wie bei der AG, die Tätigkeiten mangels Zuständigkeiten und Weisungsrechten schon nicht inhaltlich steuern kann – zumindest

---

II, 104 ff; *Dreier,* Hierarchie, 258; *Ehlers,* Verwaltung, 268; *Ruffert,* VerwArch 2001, 27, 52.

418   *Dreier,* Hierarchie, 258.

entscheiden können, ob sie die AG weiter betreibt oder auflöst. Hierzu müsste sie über deren Tätigkeiten informiert sein, ist es jedoch nicht. Das Mindestmaß an sachlich-inhaltlicher Legitimation – das Informationsrecht bzw. Informationspflichten – bestehen nicht.

IV. Fazit

Das Kapitel widmete sich der Frage, welche Vorgaben die Verfassung zur Verwaltungsorganisation (I.) macht und wie und inwieweit diese durch öffentlich-rechtliche Organisation (II.) bzw. durch privatrechtliche Organisationsformen umgesetzt werden können (III.). Es wurde deutlich, dass das Legitimationsniveau der Tätigkeit der untersuchten Verwaltungsformen stark divergiert. Auch wenn die Möglichkeiten der Gemeinde zur inhaltlichen Einflussnahme teilweise gering sind, so kann sie jedenfalls immer informiert entscheiden, ob der Eigenbetrieb, die Kommunalanstalt oder die GmbH weiter betrieben werden sollen oder abzuschaffen sind und die Aufgabenwahrnehmung wieder in die unmittelbare Gemeindeverwaltung zurückverlagert werden soll.

Am wenigsten legitimiert ist die Tätigkeit der gemeindlichen AG. Der gemeindliche Träger als Aktionär hat sogar fast keinen Zugriff auf Informationen der AG. Bisher, ohne Betrachtung des § 394 S. 1 AktG, ist das Mindestmaß an sachlich-inhaltlicher Legitimation nicht gegeben. Ohne Modifikation der Verschwiegenheitsverpflichtung weist die Tätigkeit der AG ein nicht kompensierbares Legitimationsdefizit auf. Da der Vorstand einer nach MontanMitbestG mitbestimmten AG nicht organisatorisch-personell legitimiert ist und ein solches Defizit nicht ausgeglichen werden kann (s.o.), dürfen sich Gemeinden der Organisationsform der AG nicht bedienen, wenn das MontanMitbestG Anwendung findet.

Es zeigt sich, dass die Verschwiegenheitsverpflichtung von Aufsichtsräten einer AG (ohne Berücksichtigung des § 394 S. 1 AktG) tatsächlich Probleme aufwirft, wenn der Träger der AG eine Gemeinde ist. Denn die Gemeinde muss informiert sein, ist es jedoch wegen der aktienrechtlichen Verschwiegenheitspflicht nicht. Inwiefern die Modifizierung der Verschwiegenheitsverpflichtung nach § 394 S. 1 AktG diesem Defizit Abhilfe schafft, wird im Folgenden untersucht.

D. Konfliktlösung durch § 394 S. 1 AktG

Es wurde deutlich, dass die Gemeinde als Trägerin einer AG wegen der Verschwiegenheitsverpflichtung der Aufsichtsratsmitglieder (und des Vorstands) fast keinen Zugang zu den Informationen der gemeindlichen AG hat. In Anbetracht dessen, dass die Information das Minimum an sachlich-inhaltlicher Legitimation darstellt, ist dies problematisch.[419] Die Gemeinde müsste durch die Anwendung der Sondervorschrift für die Beteiligung von Gebietskörperschaften an Aktiengesellschaften, § 394 S. 1 AktG, Informationen erhalten, damit die Gemeinde die Organisationsform der AG nutzen darf. Nur dann wäre der Konflikt zwischen aktienrechtlicher Verschwiegenheitsverpflichtung einerseits und aus Demokratie- und Rechtsstaatsgebot abgeleiteten Informationspflichten andererseits angemessen ausgeglichen.

§ 394 S. 1 AktG lockert die Verschwiegenheitsverpflichtung für „Aufsichtsratsmitglieder, die auf Veranlassung einer Gebietskörperschaft in den Aufsichtsrat gewählt oder entsandt worden sind" gegenüber speziellen Berichtsadressaten. § 395 Abs. 1 Hs. 1 AktG legt die Verschwiegenheitsverpflichtung dieser Berichtsadressaten fest. Diese Sondervorschriften verändern die Informationsrechte der Gemeinde als Trägerin eines Unternehmens in Form einer AG. Art und Weise sowie Umfang dieser Veränderung der Informationspflichten sollen in diesem Kapitel beleuchtet werden.

I. Anwendungsbereich der §§ 394, 395 AktG

Unmittelbare Anwendung finden die §§ 394, 395 AktG auf die Aufsichtsräte einer AG und auf die fakultativen Aufsichtsräte einer GmbH inzwischen[420] über

---

419   *Holzner*, DÖV 2016, 668, 668 ähnlich: „Kern des parlamentarischen Kontrollrechts ist die Informationsbeschaffung".

420   Vor der Aktienrechtsnovelle 2016 bestand Uneinigkeit über die analoge Anwendbarkeit der §§ 394, 395 AktG auf GmbHs, insb. auch da ihr wegen § 51a GmbHG praktische Relevanz abgesprochen wurde; bereits vor der Aktienrechtsnovelle für die Anwendbarkeit: *Schürnbrand* in: MüKo-AktG § 394 AktG Rn. 10; van Kann/Keiluweit DB 2009, 2251, 2254; *Thode*, AG 1997, 547, 553; die Relevanz einer Anwendbarkeit der §§ 394, 394 AktG wegen § 51a GmbHG verneinend: *Müller-Michaels* in: Hölters/Weber-AktG § 394 Rn. 13 sieht die praktische Relevanz jedenfalls „gemindert"; *Rödel*, Kommunale Eigengesellschaften, 74; *Dünchheim*, KommJur 2016, 441, 446; *Keßler*, GmbHR 2000, 71, 78; *Will*, VerwArch 2003, 248, 265.

die Verweisung in § 52 Abs. 1 GmbHG. Die Mitbestimmungsgesetze entbehren ohne sachlichen Grund einer Verweisung auf die §§ 394, 395 AktG.[421] Es ist nicht ersichtlich, warum die Verschwiegenheitsverpflichtung der Aufsichtsräte in der mitbestimmten GmbH nicht modifiziert sein sollte, während dies für den Aufsichtsrat einer AG der Fall ist.[422] Eine Begründung hierfür kann auch in den Gesetzesmaterialien nicht gefunden werden. Aus diesem Grund ist der naheliegende systematische Umkehrschluss nicht vorzunehmen und stattdessen von einem Versäumnis des Gesetzgebers auszugehen.[423] Die Anwendbarkeit der §§ 394, 395 AktG für den Aufsichtsrat einer mitbestimmten GmbH kann und muss daher zusätzlich in die Verweisung auf §§ 116 S. 1 i. V. m. § 93 Abs. 1 S. 3, 116 S. 2 AktG hineingelesen werden.[424]

1. Staatliche Beteiligung

Wie sich bereits aus der Abschnittsüberschrift im Gesetz ergibt, finden die §§ 394, 395 AktG nur Anwendung, wenn die Gemeinde unmittelbar oder mittelbar an einer Gesellschaft beteiligt ist.[425] Eine grundsätzliche Mindesthöhe der Beteiligung lässt sich dem Gesetz nicht entnehmen und ist daher nicht

---

421   Lediglich § 3 Abs. 2 MontanmitbestG verweist ganz generell auf die Vorschriften des Aktienrechts, sodass auch die §§ 394, 395 Anwendung finden.

422   *Peter H. Huber/Fröhlich* in: Hopt/Wiedemann-AktG § 394 Rn. 13; *Gasteyer* in: Semler/v. Schenck-AktG § 394 Rn. 11.

423   *Kersting* in: KK-AktG § 394 Rn. 99; *Schockenhoff* in: MüKo-AktG-5.Aufl. § 394 Rn. 12; *Schürnbrand* in: MüKo-AktG § 304 Rn. 11.

424   *Müller-Michaels* in: Hölters/Weber-AktG § 394 Rn. 13; *Peter H. Huber/Fröhlich* in: Hopt/Wiedemann-AktG § 394 Rn. 13; *Kersting* in: KK-AktG §§ 394, 395 Rn. 99; *Schürnbrand* in: MüKo-AktG § 394 Rn. 11; durch Analogie zum selben Ergebnis kommend: *ders.* in: Semler/v. Schenck-AktG § 394 Rn. 11; *Schall* in: Spindler/Stilz-AktG § 394 Rn. 4; *Dietlmeier,* Kommunales Unternehmensrecht, 455; *Lampert,* Aufsichtsratsmitglieder, 67; *A. Starck/Westphal,* Versorgungswirtschaft 2017, 230, 233; a. A.: eine Analogie wegen rechtsstaatlicher Bedenken ablehnend und somit zur Unanwendbarkeit der §§ 394, 395 AktG für den mitbestimmten Aufsichtsrat kommend: *Ganzer/Tremml,* GewArch 2010, 141, 143 f.

425   *Peter H. Huber/Fröhlich* in: Hopt/Wiedemann-AktG § 394 Rn. 18; *Kersting* in: KK-AktG § 394 Rn. 110; *ders.* in: Bürgers/Körber/Lieber-AktG § 394 Rn. 2; *Schall* in: Spindler/Stilz-AktG § 394 Rn. 5; *Schürnbrand* in: MüKo-AktG § 394 Rn. 12; *Dietlmeier,* Kommunales Unternehmensrecht, 435; *Pape,* Kommunales Aufsichtsratsmandat, 222; *Belcke/Mehrhoff,* GmbHR 2016, 576, 577; *Martens,* AG 1984, 29, 31; 451; *Schmolke,* WM 2018, 1913, 1916; *ders.,* NVwZ 2019, 449; *Will,* VerwArch 2003, 248, 252.

erforderlich.[426] Erfasst ist auch eine Beteiligung an einer Gesellschaft in Höhe von 100 % (Eigengesellschaft).[427]

2. Bestellung „auf Veranlassung"

§ 394 S. 1 AktG privilegiert die „Aufsichtsratsmitglieder, die auf Veranlassung einer Gebietskörperschaft in den Aufsichtsrat gewählt oder entsandt worden sind." Eine Veranlassung im Sinne der Norm ist daher jedenfalls die Entsendung aufgrund eines Sonderrechts, vgl. § 101 Abs. 1, 2 AktG, beziehungsweise aufgrund eines Vorschlags und der darauf folgenden Wahl des Aufsichtsratsmitglied durch die Hauptversammlungsmehrheit.[428] Der Begriff der Veranlassung ist weit[429] zu verstehen und umfasst jedes nach außen hin erkennbare Tätigwerden der Gemeinde, das im Interesse an der Bestellung des Aufsichtsratsmitglieds stattfindet und das ursächlich für die tatsächliche Bestellung

---

426 *Ders.* in: Semler/v. Schenck-AktG § 394 Rn. 15; *Peter H. Huber/Fröhlich* in: Hopt/ Wiedemann-AktG § 394 Rn. 19 ff; *Müller-Michaels* in: Hölters/Weber-AktG § 394 Rn. 17; *ders.* in: Bürgers/Körber/Lieber-AktG § 394 Rn. 2; *Rachlitz* in: Grigoleit-AktG § 395 Rn. 13; *Schall* in: Spindler/Stilz-AktG § 394 Rn. 5; *Schürnbrand* in: MüKo-AktG § 394 Rn. 13; *ders.*, Verschwiegenheitspflicht, 81; *Dietlmeier,* Kommunales Unternehmensrecht, 435; *Lampert,* Aufsichtsratsmitglieder, 47 f; *Kapteina,* Öffentliche Unternehmen, 165; *dies.*, GmbHR 2016, 576, 577; *Werner,* NVwZ 2019, 449, 451; *Schmolke,* WM 2018, 1913, 1916; a. A.: (eine Mehrheitsbeteiligung des gemeindlichen Trägers fordernd) *Kersting* in: KK-AktG § 394 Rn. 111 ff; *Möller,* Stellung und Funktion des Aufsichtsrats, 153; *Schmidt-Aßmann/Ulmer,* BB 1988, 1, 7 Beteiligung, die „ins Gewicht fallen" muss; ebenso *Vogel,* Städte- und Gemeinderat 1996, 252, 254.

427 *Peter H. Huber/Fröhlich* in: Hopt/Wiedemann-AktG § 394 Rn. 18; *Werner,* NVwZ 2019, 449, 451; a. A.: *Müller-Michaels* in: Hölters/Weber-AktG § 394 Rn. 14 hält für diesen Fall bereits die §§ 93 Abs. 1 S. 2, 116 AktG nicht für anwendbar; *von Danwitz,* AöR 120 (1995), 595, 618 f.

428 *Ders.* in: Semler/v. Schenck-AktG § 394 Rn. 18; *Peter H. Huber/Fröhlich* in: Hopt/ Wiedemann-AktG § 394 Rn. 23; *ders.* in: Hölters/Weber-AktG § 394 Rn. 20; *Rachlitz* in: Grigoleit-AktG § 394 Rn. 14; *Schall* in: Spindler/Stilz-AktG § 394 Rn. 7; *Schürnbrand* in: MüKo-AktG § 394 Rn. 15; *ders.*, Aufsichtsratsmitglieder, 48 f; *Will,* VerwArch 2003, 248, 252.

429 *Huber/Fröhlich* in: Hopt/Wiedemann-AktG § 394 Rn. 23 von „diffus" sprechend; *Kersting* in: KK-AktG § 394 Rn. 108; Schürnbrand in: MüKo AktG § 394 Fn. 13; *ders.* in: *R. Fischer/Gessler/Wolfgang Schilling u. a.* FS Hefermehl, S. 325, 329 f; *Martens,* AG 1984, 29, 30; a. A.: *Altmann,* Verschwiegenheitspflicht, 87 legt den Begriff der Veranlassung aus Gründen der Rechtssicherheit sehr restriktiv aus.

war.[430] Auch eine gerichtliche Bestellung des Aufsichtsratsmitglieds nach § 104 AktG kann auf Veranlassung der beteiligten Gemeinde beruhen.[431] Der bloße Wahlvorschlag ohne die erforderliche Hauptversammlungsmehrheit reicht nicht aus.[432] Als Veranlassung gilt es jedoch, wenn zum Wahlvorschlag Absprachen – ausdrücklich oder konkludent – hinzukommen, die die Unterstützung anderer Aktionäre absichern.[433] Dies ist für diese Arbeit jedoch deswegen nicht von Bedeutung, da nur gemeindlich beherrschte AGs (die über die entsprechenden Mehrheiten in der Hauptversammlung verfügen) Gegenstand dieser Arbeit sind (s. A. II.)

Schwieriger ist das Merkmal der „Veranlassung" bei mittelbarer Beteiligung der Gemeinden, die im Rahmen dieser Arbeit jedoch außer Betracht bleiben.

II. Adressaten der Berichterstattung

Wer Adressat der Berichte ist bzw. sein kann, ist von elementarer Bedeutung für die der Arbeit zu Grunde liegende Fragestellung. So entscheidet sich über das Merkmal des Berichtsadressaten, wer informiert wird, wer also kontrolliert und durch wen das Tätigwerden des gemeindlichen Unternehmens legitimiert wird. Es entscheidet sich, ob der Ausgleich zwischen aktienrechtlichem

---

430   *Peter H. Huber/Fröhlich* in: Hopt/Wiedemann-AktG § 394 Rn. 23; *Kersting* in: KK-AktG § 394 Rn. 108; *J. Koch* in: Hüffer/Koch-AktG § 394 Rn. 34; *dass.* in: MüKo-AktG § 394 Fn. 13; *Kropff* in: *R. Fischer/Gessler/Wolfgang Schilling u. a.* FS Hefermehl, S. 325, 330; *Lampert,* Aufsichtsratsmitglieder, 48 f; *Schmidt-Aßmann/Ulmer,* BB 1988, 1, 7 f; *Will,* VerwArch 2003, 248, 252.

431   *Ders.* in: Semler/v. Schenck-AktG § 394 Rn. 16; *Pelz* in: Bürgers/Körber-AktG § 394 Rn. 3; *Rachlitz* in: Grigoleit-AktG § 394 Rn. 14; *Kersting* in: KK-AktG § 394 Rn. 119 kritisch und differenzierend; *Pape,* Kommunales Aufsichtsratsmandat, 223.

432   *Müller-Michaels* in: Hölters/Weber-AktG § 394 Rn. 20; *Schall* in: Spindler/Stilz-AktG § 394 Rn. 7; *dass.* in: MüKo-AktG § 394 Rn. 16; *Lampert,* Aufsichtsratsmitglieder, 48 f; *Pape,* Kommunales Aufsichtsratsmandat, 223; *Martens,* AG 1984, 29, 32; *J. Koch* in: Hüffer/Koch-AktG § 394 Rn. 34; wohl a. A.: *Peter H. Huber/Fröhlich* in: Hopt/Wiedemann-AktG § 394 Rn. 24; *Pelz* in: Bürgers/Körber/Lieber-AktG § 394 Rn. 3; *Belcke/Mehrhoff,* GmbHR 2016, 576, 577 lässt Wahlvorschlag und Wahl (wohl auch ohne Mehrheit) ausreichen.

433   *Ders.* in: Semler/v. Schenck-AktG § 394 Rn. 18; *Peter H. Huber/Fröhlich* in: Hopt/Wiedemann-AktG § 394 Rn. 24; *Müller-Michaels* in: Hölters/Weber-AktG § 394 Rn. 20; *Rachlitz* in: Grigoleit-AktG § 394 Rn. 14; *Schall* in: Spindler/Stilz-AktG § 394 Rn. 7; *Will,* VerwArch 2003, 248, 252; a. A.: *Altmann,* Verschwiegenheitspflicht, 86 f.

Geheimnisschutz und der aus Demokratie- und Rechtsstaatsgebot abgeleiteten Informationspflichten gelingt.

§ 394 S. 1 AktG nennt die „*Gebietskörperschaft*" als Berichtsadressatin und bleibt damit sehr vage. Die Ermittlung der konkreten Adressaten ist sehr umstritten.

1. Regelungssystematik und -zweck der §§ 394, 395 AktG

Zur Bestimmung des Berichtsadressaten müssen auch der Regelungszweck und -inhalt der §§ 394, 395 AktG Berücksichtigung finden.[434] **Zweck** des § 395 Abs. 1 Hs. 1 AktG ist es, den Berichtsadressaten nach § 394 S. 1 AktG eine Verschwiegenheitspflicht aufzuerlegen, sodass die Vertraulichkeit der Angaben und Geheimnisse der Gesellschaft nach außen weiterhin gewahrt bleiben.[435] § 395 Abs. 1 Hs. 1 AktG benennt hier „*Personen, die damit betraut sind, die Beteiligungen einer Gebietskörperschaft zu verwalten oder für eine Gebietskörperschaft die Gesellschaft, die Betätigung der Gebietskörperschaft als Aktionär oder die Tätigkeit der auf Veranlassung der Gebietskörperschaft gewählten oder entsandten Aufsichtsratsmitglieder zu prüfen*". Als Berichtsadressaten kommen daher in Betracht, wer die Beteiligung der Gemeinde **prüft oder verwaltet**.[436]

Aus dem **systematischen Zusammenhang der §§ 394, 395 AktG** ist außerdem abzuleiten, dass Adressat von Berichten nur sein kann, wer die **rechtliche und tatsächliche Gewähr für die Verschwiegenheit** gewährleistet.[437] Denn die

434 *Kersting* in: KK-AktG §§ 394, 395 Rn. 176; *Müller-Michaels* in: Hölters/Weber-AktG § 394 Rn. 26; *J. Koch* in: Hüffer/Koch-AktG § 394 Rn. 42; *Schürnbrand* in: MüKo-AktG § 394 Rn. 36; *dass.*, SächsVBl 2006, 273, 275; *Land/Hallermayer*, AG 2011, 114, 118; a. A.: *Wilting*, AG 2012, 529, 533 für die Ermittlung des Adressaten nach § 394 AktG sei ein Rückgriff auf § 395 AktG nicht erforderlich und birge sogar die Gefahr von Fehlannahmen; er unterscheidet zwischen Adressaten der Berichte nach § 394 AktG und nach Empfängern der Berichte nach § 395 AtkG.

435 *Ders.* in: Hölters/Weber-AktG § 394 Rn. 26; *Kersting* in: KK-AktG § 394 Rn. 177; *Peter H. Huber/Fröhlich* in: Hopt/Wiedemann-AktG § 394 Rn. 39; *ders.* in: Grigoleit-AktG § 395 Rn. 24; *J. Koch*, ZHR 2019, 7, 24; *Schmidt-Aßmann/Ulmer*, BB 1988, 1, 6; *Schmolke*, WM 2018, 1913, 1915.

436 *Gasteyer* in: Semler/v. Schenck-AktG § 395 Rn. 4; *Peter H. Huber/Fröhlich* in: Hopt/Wiedemann-AktG § 394 Rn. 39; *Kersting* in: KK-AktG § 394 Rn. 176; *ders.* in: Hölters/Weber-AktG § 395 Rn. 2; *Dietlmeier*, Kommunales Unternehmensrecht, 439.

437 *Ders.* in: Semler/v. Schenck-AktG § 394 Rn. 28 „wenn die Wahrung der Vertraulichkeit als hinreichend sicher gilt"; *Kersting* in: KK-AktG § 394 Rn. 177; *J. Koch* in: Hüffer/Koch-AktG § 394 Rn. 42 spricht nur von Gewähr; *Schürnbrand* in: MüKo-AktG § 394 Rn. 37; *Lampert*, Aufsichtsratsmitglieder, 60; *Bäcker* in: FS

Vorschriften gewähren den Trägern von gemeindlichen Unternehmen nicht nur ein Informationsprivileg. Sie sollen gleichzeitig dem Interesse der Gesellschaft an Geheimhaltung dienen. Dem Geheimnisschutz nach außen, dem Sinn und Zweck der §§ 394, 395 AktG, kann effektiv nur dann Rechnung getragen werden, wenn die Informationen nicht an unbefugte Dritte gelangen.[438] Die Wahrung der Vertraulichkeit muss tatsächlich vergleichbar gut gewährleistet sein wie beim Aufsichtsrat.[439] Ob dieser Anforderung genügt werden wird, muss das Aufsichtsratsmitglied im Einzelfall selbst prognostizieren.[440]

Nach § 395 Abs. 1 S. 1 Hs. 2 AktG gilt die Verschwiegenheitspflicht der Berichtsadressaten nach § 395 Abs. 1 Hs. 1 AktG **„nicht für Mitteilungen im dienstlichen Verkehr"**. Diese Begrifflichkeit ist dem Beamtenrecht entnommen[441] und nach Sinn und Zweck weit auszulegen.[442] Durch die Norm soll ein behördeninterner Austausch ermöglicht werden, der für die sachgerechte Erfüllung der Prüfungsaufgaben (§ 395 Abs. 1 S. 1 Hs. 1 AktG) notwendig ist.[443]

Schwark, S. 101, 117 f; *Pape*, Kommunales Aufsichtsratsmandat, 246 ff; *Battke*, SächsVBl 2006, 273, 276; *Belcke/Mehrhoff*, GmbHR 2016, 576, 579; *Land/Haller-mayer*, AG 2011, 114, 118; *Meier*, ZKF 2021, 125, 127; *Schmidt-Aßmann/Ulmer*, BB 1988, 1, 9; *Schockenhoff*, NZG 2018, 521, 527; *Will*, VerwArch 2003, 248, 263; a. A.: *Peter H. Huber/Fröhlich* in: Hopt/Wiedemann-AktG § 394 Rn. 44 kritisch bzgl. dem Kriterium der tatsächlichen Gewährleistung; *Rachlitz* in: Grigoleit-AktG § 395 Rn. 24 der Bericht an den Gemeinderat gehöre zum Sinn und Zweck der §§ 394, 395; es sei in Kauf zu nehmen, dass sich das Risiko von Verstößen gegen die Verschwiegenheitsverpflichtung erhöhe; dem könne ggf. durch eine Pflicht zum Ausschluss der Öffentlichkeit bei der Sitzung oder der Befassung in einem Ausschuss Rechnung getragen werden; *Schall* in: Spindler/Stilz-AktG § 394 Rn. 14; *Rödel*, Kommunale Eigengesellschaften, 60 kritisch bzgl. dem Kriterium der tatsächlichen Verschwiegenheit; *Wilting*, AG 2012, 529, 533 gegen das strenge Kriterium der tatsächlichen Gewährleistung.

438 *Ders.* in: Semler/v. Schenck-AktG § 394 Rn. 28 f; *Kersting* in: KK-AktG § 394 Rn. 177.

439 *Schürnbrand* in: MüKo-AktG § 394 Rn. 37; *Albrecht-Baba*, NWVBl 2011, 127, 129; *Belcke/Mehrhoff*, GmbHR 2016, 576, 579.

440 *Battke*, SächsVBl 2006, 273, 275; *Schockenhoff*, NZG 2018, 521, 527.

441 *J. Koch* in: Hüffer/Koch-AktG § 395 Rn. 7; *Müller-Michaels* in: Hölters/Weber-AktG § 395 Rn. 10; *Pelz* in: Bürgers/Körber/Lieber-AktG § 395 Rn. 4; *Rachlitz* in: Grigoleit-AktG § 394 Rn. 44; *Schürnbrand* in: MüKo-AktG § 395 Rn. 8; *Kropff* in: R. Fischer/Gessler/Wolfgang Schilling u. a. FS Hefermehl, S. 325, 337.

442 *Meier*, ZKF 2021, 125, 128.

443 *Ders.* in: Semler/v. Schenck-AktG § 395 Rn. 13 f; *Schürnbrand* in: MüKo-AktG § 395 Rn. 8.

Ein solcher Austausch kann zur Wahrnehmung von Aufgaben essenziell sein und schwächt den Geheimnisschutz nach außen hin nicht, da keine Weitergabe der Informationen an Personen ermöglicht wird, die nicht bereits Berichtsadressat nach § 394 S. 1 AktG sind.[444] Ausgeschlossen ist demnach beispielsweise die Weitergabe von Informationen an Aufsichtsbehörden, Finanzbehörden oder die Staatsanwaltschaft.[445]

2. Berichtsadressaten innerhalb der Gemeinde

Systematik und Zweck der §§ 394, 395 AktG ergeben, **dass Berichtsadressaten Prüforgane sind, die rechtlich und tatsächlich die Gewähr für die Vertraulichkeit bezüglich der Berichte bieten können.** Wer konkret Berichtsadressat ist, richtet sich nach dem Organisationsrecht der Gemeinde.[446] Als Berichtsadressaten kommen demnach die Angehörigen der Beteiligungsverwaltung[447] oder andere Prüfungsorgane, wie Rechnungsprüfungsbehörden oder Rechnungsprüfungsausschüsse und gemeindliche Prüfungsämter, in Betracht.[448] Sie sind Prüforgane und es bestehen keine Zweifel daran, dass sie die Vertraulichkeit der Berichte gewährleisten können.

---

444 *Gasteyer* in: Semler/v. Schenck-AktG § 394 Rn. 15, 28; *dies.* in: Hopt/Wiedemann-AktG § 395 Rn. 7 ff; *Kropff* in: *Fischer/Gessler/Schilling u. a.* FS Hefermehl, S. 325, 336; a. A. (Weitergabe an Personen, die nicht bereits Berichtsadressaten nach § 394 S. 1 AktG sind, ist möglich): *J. Koch* in: Hüffer/Koch-AktG § 395 Rn. 7 durch S. 1 Hs. 2 werde jedenfalls keine Weitergabe an Parlamente ermöglicht; *ders.* in: Hölters/Weber-AktG § 395 Rn. 10 Weitergabe auch an andere Behörden, die mit der Sache unmittelbar befasst sind, denkbar; *Thode*, AG 1997, 547, 552 *Wilting*, AG 2012, 529, 535.

445 *Gasteyer* in: Semler/v. Schenck-AktG § 395 Rn. 15; *Pelz* in: Bürgers/Körber/Lieber-AktG § 395 Rn. 4; *Schürnbrand* in: MüKo-AktG § 395 Rn. 9; *Kropff* in: *R. Fischer/ Gessler/Wolfgang Schilling u. a.* FS Hefermehl, S. 325, 337; a. A.: *Müller-Michaels* in: Hölters/Weber-AktG § 395 Rn. 10.

446 *Dies.* in: Hopt/Wiedemann-AktG § 394 Rn. 39; *J. Koch* in: Hüffer/Koch-AktG § 394 Rn. 42; *Schall* in: Spindler/Stilz-AktG § 394 Rn. 14; *Schürnbrand* in: MüKo-AktG § 394 Rn. 36; *dass.*, SächsVBl 2006, 273, 275; *Land/Hallermayer*, AG 2011, 114, 118; *Schmidt-Aßmann/Ulmer*, BB 1988, 1, 8; *Schmolke*, WM 2018, 1913, 1917.

447 *Dietlmeier*, Kommunales Unternehmensrecht, 438; *Meier*, ZKF 2021, 125, 127.

448 *Kersting* in: KK-AktG § 395 Rn. 193 ff; *Müller-Michaels* in: Hölters/Weber-AktG § 395 Rn. 2; *Rachlitz* in: Grigoleit-AktG § 395 Rn. 24; *Schürnbrand* in: MüKo-AktG § 394 Rn. 36; *Land/Hallermayer*, AG 2011, 114, 118; *Ristelhuber*, NWVBl 2016, 359, 362; *A. Starck/Westphal*, Versorgungswirtschaft 2017, 230, 233.

Auch der Bürgermeister ist ein Prüforgan, das Vertraulichkeit gewährleisten kann.[449] Um dem Auskunftsanspruch der Gemeinderatsmitglieder entsprechen zu können, muss der Bürgermeister als Leiter der Verwaltung informiert sein.[450] Der Bürgermeister ist außerdem zur Vertraulichkeit fähig. Allerdings ist es nicht ausreichend, dass nur der Bürgermeister informiert ist, da der Gemeinderat das Hauptorgan der Gemeinde darstellt. Weil aber der Gemeinderat das Hauptorgan der Gemeinde ist, reicht es nicht aus, allein etwaige Ausschüsse des Gemeinderats zur Prüfung zu berufen.[451]

Zu klären ist also, ob auch der **Gemeinderat** Adressat der Berichterstattung sein kann. Hierzu müsste er Prüforgan im Sinne der Norm sein. Innerhalb der Gemeinde entscheidet der Gemeinderat über die Gründung und die Aufhebung von AGs und kann die Entscheidung nach § 39 Abs. 2 Nr. 11, 12 GemO auch nicht auf Ausschüsse übertragen. Um darüber entscheiden zu können, braucht der Gemeinderat Informationen. Außerdem kann der Gemeinderat seine Kontrollfunktion nur wahrnehmen, wenn er informiert ist.[452] Die Kontrollkompetenz umfasst auch die Überprüfung der Tätigkeit der gemeindlichen AGs.[453] Darüber hinaus würde die Rechtsaufsicht über die Gemeinde leerlaufen, wenn der Gemeinderat keine relevanten Informationen über seine gemeindliche AG besitzt. Der Entstehungsgeschichte der §§ 394, 395 AktG ist zudem nicht zu entnehmen, dass der Gemeinderat als Berichtsadressat ausgeschlossen werden sollte.[454] Im Gegenteil, es wurde beabsichtigt, Verantwortung und Information zusammenzubringen.[455] Der Gemeinderat ist somit Prüforgan im Sinne der Norm.[456]

---

449 *Dietlmeier,* Kommunales Unternehmensrecht, 438; *Pape,* Kommunales Aufsichtsratsmandat, 256; *Meier,* ZKF 2021, 125, 128 f.

450 *Rödel,* Kommunale Eigengesellschaften, 69; *Meier,* ZKF 2021, 125, 128 f.

451 So aber Schockenhoff in: MüKo-AktG-5.Aufl. § 394 Rn. 47; Schürnbrand in: MüKo-AktG § 394 Rn. 42; Belcke/Mehrhoff, GmbHR 2016, 576, 578; Will, VerwArch 2003, 248, 263 der verschwiegenen Berichtsempfänger vorschlägt, der die Informationen gefiltert an den Gemeinderat weitergeben kann.

452 *Dies.* in: Hopt/Wiedemann-AktG § 394 Rn. 46; *Rachlitz* in: Grigoleit-AktG § 395 Rn. 30; *Rödel,* Kommunale Eigengesellschaften, 61.

453 *Schockenhoff* in: MüKo-AktG-5.Aufl. § 394 Rn. 47; *Dietlmeier,* Kommunales Unternehmensrecht, 441.

454 *Dietlmeier,* Kommunales Unternehmensrecht, 444.

455 *Ders.,* Kommunales Unternehmensrecht, 444 f; *Werner,* NVwZ 2019, 449, 452.

456 *Dies.* in: Hopt/Wiedemann-AktG § 394 Rn. 40; *Kersting* in: KK-AktG § 394 Rn. 179 nur der Gemeinderat als Ganzes und nicht einzelne Mitglieder oder Fraktionen; *Rachlitz* in: Grigoleit-AktG § 395 Rn. 30; *Altmann,* Verschwiegenheitspflicht,

Der Gemeinderat müsste außerdem rechtlich und tatsächlich die Vertraulichkeit der Berichte gewährleisten. Grundsätzlich tagt der Gemeinderat zwar öffentlich, vgl. § 35 Abs. 1 S. 1 GemO. Aus Gründen des öffentlichen Wohls können jedoch auch nichtöffentliche Sitzungen angeordnet werden, vgl. § 35 Abs. 1 S. 2 GemO. Drohen wegen einer Veröffentlichung von Betriebs- oder Geschäftsgeheimnissen Schäden für das gemeindliche Unternehmen, liegt ein solcher Grund des öffentlichen Wohls vor.[457]

Auch gibt es keine stichhaltigen Gründe, dem Gemeinderat pauschal abzusprechen, dass er die Geheimhaltung der Berichte tatsächlich gewährleisten kann. Häufig geschieht dies mit Blick auf die geringe Professionalisierung der Gemeinderatsmitglieder, deren wirtschaftlichen und persönlichen Verbandelungen[458] und der Größe des Gremiums[459]. Die Größe des Gremiums ist jedoch kein gutes Argument, da auch bei größeren Aufsichtsratsgremien nicht der pauschale Verdacht geäußert wird, dass dieser unfähig zur Vertraulichkeit wäre.[460] Außerdem werden diese Zweifel an der Vertraulichkeit des Gemeinderats bei der mittelbaren Berichterstattung an den Gemeinderat nach § 51a GmbHG nicht angeführt. Sie wirken hier daher willkürlich angebracht und nicht überzeugend.

---

130 ff; *Dietlmeier*, Kommunales Unternehmensrecht, 442; *Rödel*, Kommunale Eigengesellschaften, 61.

457 *Rachlitz* in: Grigoleit-AktG § 395 Rn. 31; *Brüning*, Gern/Brüning-Kommunalrecht, Rn. 620 zur Nichtöffentlichkeit; *Dietlmeier*, Kommunales Unternehmensrecht, 446; *Merz*, Kommunale Gesellschaften, 78; *Katz*, NVwZ 2020, 1076, 1077 ff allgemein zum Kriterium des „öffentlichen Wohls".

458 *Schürnbrand* in: MüKo-AktG § 394 Rn. 42; *Pape*, Kommunales Aufsichtsratsmandat, 254; *Bäcker* in: *Grundmann* FS Schwark, S. 101, 118; *Albrecht-Baba*, NWVBl 2011, 127, 130; *Belcke/Mehrhoff*, GmbHR 2016, 576, 578; *Ganzer/Tremml*, GewArch 2010, 141, 148; *van Kann/Keiluweit*, DB 2009, 2251, 2253; *Land/Hallermayer*, AG 2011, 114, 120; *Will*, VerwArch 2003, 248, 263.

459 *Kersting* in: KK-AktG § 394 Rn. 181; *J. Koch* in: Hüffer/Koch-AktG § 394 Rn. 42; *Müller-Michaels* in: Hölters/Weber-AktG § 395 Rn. 3 ff; *Lampert*, Aufsichtsratsmitglieder, 60; *Pape*, Kommunales Aufsichtsratsmandat, 254; *Albrecht-Baba*, NWVBl 2011, 127, 130; *Belcke/Mehrhoff*, GmbHR 2016, 576, 578; *Weber-Rey/ Buckel*, ZHR 2013, 13, 18; *Will*, VerwArch 2003, 248, 263.

460 so. i. E. auch OVG *Münster*, NVwZ 2023, 848, 2. Leitsatz; *M. Mann*, AG 2018, 57, 62; dies gilt wegen der pauschalen Verwendung des Arguments, obwohl nach § 25 GemOBW der Gemeinderat aus max. 60 Mitgliedern besteht und somit größer als der max. aus 21 Mitgliedern, vgl. 95 AktG, bestehende Aufsichtsrat sein kann. Hierzu *Pape*, Kommunales Aufsichtsratsmandat, 254.

Des Weiteren gibt es ein Sanktionsinstrumentarium, vgl. §§ 203 Abs. 2, 353b StGB, welches die Verpflichtung zur Verschwiegenheit ausreichend absichert.[461] Außerdem zeigt die Regelung der Verschwiegenheitsverpflichtung für Gemeinderäte, dass der Gesetzgeber dessen Fähigkeit zur Verschwiegenheit grundsätzlich vorausgesetzt hat.[462] Der Gemeinderat ist daher Berichtsadressat im Sinne der Norm, solange er tatsächlich die Vertraulichkeit gewährleisten kann.[463]

III. Inhalt der Berichterstattung

1. §§ 394 S. 2 i. V. m. 116 S. 1, 93 Abs. 1 S. 3 AktG

§ 394 S. 1 AktG erlaubt Aufsichtsratsmitgliedern, die auf Veranlassung einer Gemeinde in den Aufsichtsrat gewählt oder entsandt worden sind, soweit sie eine Berichtspflicht trifft, gegenüber den Berichtsadressaten der Gemeinde (s.o.) zu berichten. Obschon[464] § 394 S. 2 AktG lediglich von vertraulichen Angaben und Geheimnissen der Gesellschaft, namentlich Betriebs- oder Geschäftsgeheimnissen, spricht und somit der Anschein erweckt wird, dass lediglich ein Bezug zu § 93 Abs. 2 S. 3 AktG hergestellt werden soll, gilt die Lockerung der Verschwiegenheitsverpflichtung nach § 394 S. 1 AktG auch für vertrauliche Berichte und vertrauliche Beratungen im Sinne des § 116 S. 2 AktG.[465] Deren Nennung in § 116 S. 2 AktG ist ohnehin nur deklaratorisch, da sie bereits von

---

461 *Peter H. Huber/Fröhlich* in: Hopt/Wiedemann-AktG § 395 Rn. 46; *Werner*, NVwZ 2019, 449, 452.

462 *Rödel*, Kommunale Eigengesellschaften, 61.

463 *Peter H. Huber/Fröhlich* in: Hopt/Wiedemann-AktG § 395 Rn. 46; *Müller-Michaels* in: Hölters/Weber-AktG § 395 Rn. 5a, wenn Vertraulichkeit in jedem Fall sichergestellt ist; *Rachlitz* in: Grigoleit-AktG § 395 Rn. 30; *Schall* in: Spindler/Stilz-AktG § 394 Rn. 15; *Land/Hallermayer*, AG 2011, 114, 120 wenn Vertraulichkeit sichergestellt ist; *Meier/Wieseler*, Der Gemeindehaushalt 1993, 174, 176; *Werner*, NVwZ 2019, 449, 452; *Thode*, AG 1997, 547, 549 „begrifflich von § 394 gedeckt"; ohne das einschränkende Merkmal der tatsächlichen Vertraulichkeit zustimmend: *Rödel*, Kommunale Eigengesellschaften, 61; *Bätge* in: Beckmann/Mansel/Matusche-Beckmann GS Hübner, S. 463, 477 „kommunale Vertretung" ist Adressat; a. A. (grundsätzlich gegen die Berichterstattung an den Gemeinderat): *Gasteyer* in: Semler/v. Schenck-AktG § 395 Rn. 17; *Kersting* in: KK-AktG § 394 Rn. 181 f; *J. Koch* in: Hüffer/Koch-AktG § 394 Rn. 43.

464 In Gedenken an Herrn Professor Dr. Jan Schürnbrand. „Obschon" war eines seiner Lieblingswörter.

465 *Gasteyer* in: Semler/v. Schenck-AktG § 395 Rn. 7; *Müller-Michaels* in: Hölters/Weber-AktG § 395 Rn. 6; *Schürnbrand* in: MüKo-AktG § 395 Rn. 5.

der Verschwiegenheitsverpflichtung nach §§ 116 S. 1, 93 Abs. 1 S. 3 AktG erfasst sind.[466] Der Aufsichtsrat darf im Rahmen seiner Berichtspflichten gegenüber den Berichtsadressaten der Gemeinde über Betriebs- und Geschäftsgeheimnisse und über vertrauliche Berichte und vertrauliche Beratungen berichten.

2. Konkreter Inhalt der Berichtspflicht

Die Verschwiegenheitsverpflichtung wird nur in Bezug auf die konkrete Berichtspflicht (beispielsweise nur „für Angelegenheiten besonderer Bedeutung"[467]) und nicht etwa ganz generell gelockert.[468]

3. Zweck der Berichtspflicht, vgl. § 394 S. 2 AktG

Eine weitere Grenze ergibt sich aus § 394 S. 2 AktG: *„Für vertrauliche Angaben und Geheimnisse der Gesellschaft, namentlich Betriebs- oder Geschäftsgeheimnisse,* **gilt dies nicht,**[469] *wenn ihre Kenntnis für die Zwecke der Berichte nicht von Bedeutung ist".* Im Allgemeinen verfolgen die Berichtspflichten den Zweck, dem gemeindlichen Träger die haushaltsrechtliche Überwachung der wirtschaftlichen Betätigung durch die Gesellschaft[470] und die Beteiligungsverwaltung zu ermöglichen.[471] Dies gilt vor allem bezüglich der haushaltsrechtlichen

---

466 „Zur Verdeutlichung" eingefügt: BegrRegE TransPuG, TB-Drs. 14/8769, 18 abrufbar unter http://dipbt.bundestag.de/doc/btd/14/087/1408769.pdf; *Drygala* in: Schmidt, K./Lutter-AktG § 116 Rn. 29; *Habersack* in: MüKo-AktG § 116 Rn. 49; *Schick* in: Wachter-AktG § 116 Rn. 12; *Spindler* in: Spindler/Stilz-AktG § 116 Rn. 113; *T. Mann* in: *Ennuschat/Geerlings/T. Mann u. a.* GS-Tettinger, S. 295, 302. *Wilsing/Linden*, ZHR 2014, 419, 426.

467 So beispielsweise § 113 Abs. 5 NRWGO.

468 *Peter H. Huber/Fröhlich* in: Hopt/Wiedemann-AktG § 394 Rn. 27; *J. Koch* in: Hüffer/Koch-AktG § 394 Rn. 36; *Möller,* Stellung und Funktion des Aufsichtsrats, 153; *Schmidt-Aßmann/Ulmer*, BB 1988, 1, 6; *Spindler*, ZIP 2011, 689, 691; *Will*, VerwArch 2003, 248, 260.

469 Die Hervorhebungen wurden durch die Verfasserin eingeführt.

470 *Müller-Michaels* in: Hölters/Weber-AktG § 394 Rn. 31; *ders.* in: Bürgers/Körber/Lieber-AktG § 394 Rn. 9; *Pape,* Kommunales Aufsichtsratsmandat, 246; *Reichard,* GWR 2017, 72, 73.

471 *Gasteyer* in: Semler/v. Schenck-AktG § 394 Rn. 26; *Pelz* in: Bürgers/Körber/Lieber-AktG § 394 Rn. 9; *Rachlitz* in: Grigoleit-AktG § 394 Rn. 22; *Altmann,* Verschwiegenheitspflicht, 117; *Dietlmeier,* Kommunales Unternehmensrecht, 435; *Kropff* in: *R. Fischer/Gessler/Wolfgang Schilling u. a.* FS Hefermehl, S. 325, 334 f; *Pape,* Kommunales Aufsichtsratsmandat, 246; *Belcke/Mehrhoff,* GmbHR 2016, 576, 578; *Martens,* AG 1984, 29, 31 wesentliches Element der Entstehungsgeschichte

Prüfung,[472] der Prüfung der Rechtmäßigkeit des Tätigwerdens der Gesellschaft[473] und im Hinblick auf die Einhaltung des öffentlichen Zwecks des Unternehmens[474] bzw. der Erfüllung der der Gesellschaft übertragenen Aufgaben. Die gemeindliche Trägerin benötigt Kenntnisse über die langfristige Ausrichtung der AG.[475] Sie muss über die haftungsrechtlichen Risiken aufgeklärt werden.[476] Für den Zweck der Berichte meist nicht von Bedeutung sind Detailkenntnisse, wie beispielsweise konkrete Produktions- oder Verkaufsabläufe.[477] Ein eigener Ermessensspielraum steht den Aufsichtsratsmitgliedern bei der Subsumtion nicht zu. Vielmehr handelt es sich beim „Zweck der Berichte" um einen unbestimmten Rechtsbegriff, welcher der gerichtlichen Überprüfung voll zugänglich ist.[478]

zu §§ 394, 395 AktG sei die Intention „Aktienrecht und Haushaltsrecht konfliktfrei aufeinander abzustimmen; *Schmidt-Aßmann/Ulmer*, BB 1988, 1, 6; *Thode*, AG 1997, 547, 548.

472 *Kersting* in: KK-AktG § 394 Rn. 174; *Pelz* in: Bürgers/Körber/Lieber-AktG § 394 Rn. 9; *Pape,* Kommunales Aufsichtsratsmandat, 246.
473 *Müller-Michaels* in: Hölters/Weber-AktG § 394 Rn. 31.
474 *Rachlitz* in: Grigoleit-AktG § 394 Rn. 22.
475 *Schürnbrand* in: MüKo-AktG § 394 Rn. 31.
476 *Kersting* in: KK-AktG § 394 Rn. 174; *Pelz* in: Bürgers/Körber/Lieber-AktG § 394 Rn. 9; *Schall* in: Spindler/Stilz-AktG §§ 394, 395 Rn. 12; *Belcke/Mehrhoff*, GmbHR 2016, 576, 579.
477 *Gasteyer* in: Semler/v. Schenck-AktG § 394 Rn. 26; *Kersting* in: KK-AktG § 394 Rn. 174; *Schürnbrand* in: MüKo-AktG § 394 Rn. 31; *Dietlmeier,* Kommunales Unternehmensrecht, 435; *Möller,* Stellung und Funktion des Aufsichtsrats, 153; *Belcke/Mehrhoff*, GmbHR 2016, 576, 579.
478 *Gasteyer* in: Semler/v. Schenck-AktG § 394 Rn. 27; Rachlitz in: Grigoleit-AktG § 395 Rn. 23; *Schall* in: Spindler/Stilz-AktG § 394 Rn. 13; *Schürnbrand* in: MüKo-AktG § 394 Rn. 32; *Reichard*, GWR 2017, 72, 73; *Schockenhoff*, NZG 2018, 521, 527 es gebe „allenfalls ein Beurteilungsspielraum auf Tatbestandsebene", aber volle gerichtliche Überprüfbarkeit; *Schmolke*, WM 2018, 1913, 1916; i. E. auch *Pape,* Kommunales Aufsichtsratsmandat, 246; a. A.: *Peter H. Huber/Fröhlich* in: Hopt/ Wiedemann-AktG § 394 Rn. 52 Beurteilung obliege derjenigen Stelle, „der das Informationsrecht eingeräumt ist"; *Kersting* in: KK-AktG §§ 394, 395 Rn. 187; *Müller- Michaels* in: Hölters/Weber-AktG § 394 Rn. 32; *Altmann,* Verschwiegenheitspflicht, 117; *Schmidt-Aßmann/Ulmer*, BB 1988, 1, 10 läge „in der Verantwortung" des einzelnen Aufsichtsratsmitglieds.

4. Art und Weise der Berichterstattung

Die Aufsichtsratsmitglieder können schriftlich oder mündlich berichten, sie können auch ihnen zur Verfügung stehende Dokumente an den gemeindlichen Träger weiterreichen.[479]

IV. Berichterstattungspflichten

§ 394 S. 1 AktG begründet selbst keine Berichtspflicht, die zur Lockerung der Verschwiegenheitsverpflichtung führt.[480] Die Norm setzt eine solche voraus und gestattet es den Aufsichtsratsmitgliedern, der Berichtspflicht nachzukommen.[481] Nach § 394 S. 3 AktG kann „die Berichtspflicht nach Satz 1 [...] auf **Gesetz**, auf **Satzung** oder auf dem Aufsichtsrat in Textform mitgeteiltem **Rechtsgeschäft** beruhen."[482]

1. Gesetz

Berichtspflichten können in Gesetzen geregelt sein. Gesetze im Sinne der Norm sind nach Art. 2 EGBGB alle Rechtsnormen, sodass auch Rechtsverordnungen und Satzungen Grundlage einer Berichtspflicht sein können.[483] Nicht erforderlich ist, dass die Normen, die eine Berichtspflicht enthalten, § 394 S. 1 AktG

---

479   *Gasteyer* in: Semler/v. Schenck-AktG § 395 Rn. 9; *Kersting* in: KK-AktG § 394 Rn. 166; *Pelz* in: Bürgers/Körber/Lieber-AktG § 394 Rn. 9 f; *Schürnbrand* in: MüKo-AktG § 394 Rn. 33 f; *Altmann*, Verschwiegenheitspflicht, 117; *Pape*, Kommunales Aufsichtsratsmandat, 246 f; *Rödel*, Kommunale Eigengesellschaften, 63; *Kropff* in: R. Fischer/Gessler/Wolfgang Schilling u. a. FS Hefermehl, S. 325, 335; a. A.: *Möller*, Stellung und Funktion des Aufsichtsrats, 162 f; *Martens*, AG 1984, 29, 37.

480   *T. Mann*, Öffentlich-rechtliche Gesellschaft, 242; *ders.* in: *Ennuschat/Geerlings/T. Mann u. a.* GS-Tettinger, S. 295, 304; *Ristelhuber*, NWVBl 2016, 359, 362.

481   *Peter H. Huber/Fröhlich* in: Hopt/Wiedemann-AktG § 394 Rn. 26; *J. Koch* in: Hüffer/Koch-AktG § 394 Rn. 36; *Rachlitz* in: Grigoleit-AktG § 394 Rn. 17; *Schall* in: Spindler/Stilz-AktG § 394 Rn. 9; *Land/Hallermayer*, AG 2011, 114, 114; *Will*, VerwArch 2003, 248, 250; *Wilting*, AG 2012, 529, 530.

482   Die lange geführte Diskussion über die Frage, ob eine Berichtspflicht nur auf Bundes- oder Landesgesetz oder auch rechtsgeschäftlich begründet werden kann, und welche Anforderungen an solche Gesetze und rechtsgeschäftlichen Vereinbarungen gestellt werden müssen, ist seit der Einführung von § 394 S. 3 AktG mit der Aktienrechtsnovelle 2016 (Gesetz vom 22.12.2015, BGBl. 2015 I S. 2565) ad acta gelegt.

483   *A. Starck/Westphal*, Versorgungswirtschaft 2017, 230, 232.

nennen.[484] Wenn sich durch Auslegung ergibt, dass die Norm eine Berichtspflicht im Sinne von § 394 S. 1 AktG begründen soll, ist dies ausreichend.[485] § 53 Abs. 1 HGrG enthält zwar eine Berichtspflicht, jedoch steht der Gemeinde die gemeindliche AG als Berichterstattungsverpflichtete gegenüber und nicht der Aufsichtsrat der gemeindlichen AG.[486]

Berichtspflichten können in kommunalverfassungsrechtlichen Gesetzen begründet werden.[487] § 113 Abs. 5 S. 1 GO NRW regelt beispielsweise, dass „die Vertreter der Gemeinde […] den Rat über alle Angelegenheiten von besonderer Bedeutung frühzeitig zu unterrichten [haben]." Die kommunalverfassungsrechtlichen Regelungen enthalten meist den Zusatz, dass sie lediglich unter Vorbehalt entgegenstehender Vorschriften zu beachten sind (vgl. beispielsweise § 115 Abs. 5 S. 2 GO NRW). Die Verschwiegenheitsverpflichtung §§ 116 S. 1 i. V. m. § 93 Abs. 1 S. 3, 116 S. 2 AktG ist hier allerdings nicht gemeint, da sonst der Zweck des § 394 S. 1 AktG, als Sonderregelung zur Verschwiegenheitsverpflichtung Ausnahmen zu schaffen, unterlaufen würde. Nicht ausreichend sind solche kommunalverfassungsrechtlichen Gesetze, die zwar eine allgemeine Berichtspflicht begründen, sich jedoch auch nach Auslegung nicht auf § 394 S. 1 AktG beziehen.[488]

484 *Peter H. Huber/Fröhlich* in: Hopt/Wiedemann-AktG § 394 Rn. 29; *J. Koch* in: Hüffer/Koch-AktG § 394 Rn. 38; *A. Starck/Westphal*, Versorgungswirtschaft 2017, 230, 232; *Zöllner*, AG 1984, 147, 148.

485 *Peter H. Huber/Fröhlich* in: Hopt/Wiedemann-AktG§ 394 Rn. 29 Berichtspflicht müsse sich spezifisch an den Aufsichtsrat richten; *Kersting* in: KK-AktG § 394 Rn. 127 Berichtspflicht müsse sich auf § 394 AktG beziehen; *Schwill*, NVwZ 2019, 109, 112 es müsse sich um „konkrete Auskunftspflicht" handeln; a. A.: *A. Starck/Westphal*, Versorgungswirtschaft 2017, 230, 232 es sei kein Bezug zu den §§ 394, 395 AktG notwendig.

486 *Peter H. Huber/Fröhlich* in: Hopt/Wiedemann-AktG § 394 Rn. 31; *Möller,* Stellung und Funktion des Aufsichtsrats, 155 f; *Bäcker* in: *Grundmann* FS Schwark, S. 101, 117; *Martens*, AG 1984, 29, 33; *Schmidt-Aßmann/Ulmer*, BB 1988, 1, 11 f.

487 *Müller-Michaels* in: Hölters/Weber-AktG § 394 Rn. 24; *Rachlitz* in: Grigoleit-AktG, § 395, Rn. 18; *Altmann*, Verschwiegenheitspflicht, 116; *Ganzer/Tremml*, GewArch 2010, 141, 148; *Schockenhoff*, NZG 2018, 521, 526; *Werner*, NVwZ 2019, 449, 452; *Werner*, NVwZ 2023, 1800, 1801; a. A.: *Möller,* Stellung und Funktion des Aufsichtsrats, 156.

488 So bspw. § 24 Abs. 3 S. 1 GemO BW; *Kersting* in: KK-AktG § 394 Rn. 127; *T. Mann* in: *Ennuschat/Geerlings/T. Mann u. a.* GS-Tettinger, S. 295, 304 fordert eine „eigenständige Berichtspflicht"; *Thode*, AG 1997, 547, 549; *Zöllner*, AG 1984, 147, 148.

2. Satzung

Eine Berichtspflicht kann auch in einer Satzung verankert werden. Satzung im Sinne von § 394 S. 1 AktG ist die Satzung der Aktiengesellschaft.[489] Eine Berichtspflicht kann in der Satzung bei Gründung der AG oder durch Satzungsänderung aufgenommen werden. Erforderlich ist, dass die Berichtspflicht zum Zeitpunkt der Informationsweitergabe Teil der gültigen Satzung ist.[490] Diese Möglichkeit muss ausgeschöpft werden, da durch diese Berichtspflichten sichergestellt wird, dass der Gemeinderat ausreichend informiert ist.

3. Rechtsgeschäft

Rechtsgeschäfte im Sinne der Norm erfassen vertragliche Vereinbarungen, Aufträge oder Nebenabreden, die eine Berichtspflicht des Aufsichtsrats gegenüber der Gemeinde begründen.[491] Der Begriff ist ausweislich der Gesetzesmaterialien weit zu verstehen, „um alle denkbaren Varianten abzudecken."[492] An dem Rechtsgeschäft muss auf der einen Seite das Aufsichtsratsmitglied und auf der anderen Seite die Gemeinde beteiligt sein.[493] Das Aufsichtsratsmitglied muss bei Abschluss des Vertrages, der eine Berichtspflicht enthält, „die Interessen der Gesellschaft berücksichtigen".[494] An die Wirksamkeit der Berichtspflicht werden die allgemeinen zivilrechtlichen Maßstäbe angelegt.[495] Die Berichtspflicht ist dem Aufsichtsrat in Textform mitzuteilen (§ 126b BGB), vgl. § 394 S. 3

---

489 *Kersting* in: KK-AktG § 394 Rn. 129; *Pape,* Kommunales Aufsichtsratsmandat, 229; *A. Starck/Westphal,* Versorgungswirtschaft 2017, 230, 232.

490 *Kersting* in: KK-AktG § 394 Rn. 132 unerheblich sei, ob das gewählte oder entsandte Aufsichtsratsmitglied bereits vor Aufnahme der Berichtspflichte in die Satzung im Aufsichtsrat war.

491 BR-Drucks. 18/4349 v. 18.3.2015; *ders.* in: KK-AktG § 394 Rn. 137 Berichtspflicht müsse inhaltlich klar umrissen sein; *Müller-Michaels* in: Hölters/Weber-AktG § 394 Rn. 25; *A. Starck/Westphal,* Versorgungswirtschaft 2017, 230, 233.

492 RegBegr. BT-Drs. 18/4349, 33; *Schürnbrand* in: MüKo-AktG § 394 Rn. 25; *Bungert/Wettich,* ZIP 2012, 296, 301 f insgesamt kritisch.

493 *Kersting* in: KK-AktG § 394 Rn. 135; *Pape,* Kommunales Aufsichtsratsmandat, 233; *Schockenhoff,* NZG 2018, 521, 526.

494 *Kersting* in: KK-AktG § 394 Rn. 140; *Pape,* Kommunales Aufsichtsratsmandat, 234, der aus der erforderlichen Berücksichtigung der Interessen der Gesellschaft ein Beteiligungsrecht (Zustimmung des Geschäftsführers nach § 76 Abs. 1 AktG) der Gesellschaft an dem Rechtsgeschäft fordert.

495 *Schürnbrand* in: MüKo-AktG § 394 Rn. 25.

AktG.[496] Wegen des eindeutigen Wortlauts nicht erforderlich ist die Textform der Berichtspflicht selbst.[497]

Des Weiteren ergeben sich gesetzlich normierte Berichtspflichten aus der beamtenrechtlichen Weisungsbindung.[498] Dies ist möglich, da sie als Nebenpflicht aus dem Beamtenverhältnis ein Rechtsgeschäft darstellen. Dem wird teilweise mit dem Hinweis auf die Unabhängigkeit und die Weisungsfreiheit der Aufsichtsratsmitglieder widersprochen.[499] Hiergegen kann angeführt werden, dass durch die beamtenrechtliche Weisungsbindung nicht die grundsätzliche Weisungsfreiheit der Aufsichtsratsmitglieder in Abrede gestellt wird. Durch sie wird lediglich eine Berichtspflicht begründet, die auf Grundlage des § 394 S. 1 AktG zur Lockerung der Verschwiegenheitsverpflichtung führt.[500] Gelegentlich wird angeführt, dass der Beamte im Aufsichtsrat nicht im Rahmen seines dienstrechtlichen Pflichtverhältnisses wirkt.[501] Jedoch ist der Beamte gerade wegen seiner Amtsstellung in den Aufsichtsrat berufen worden, sodass es realitätsfern wäre, diese beiden Tätigkeitsbereiche zu trennen. Die Wahrnehmung seiner Aufsichtsratstätigkeit gehört somit in seinen Amtskreis.[502]

---

496 *Kersting* in: KK-AktG, § 394 Rn. 145 empfangszuständig sei der Aufsichtsratsvorsitzende.

497 *Schall* in: Spindler/Stilz-AktG § 394 Rn. 9; *A. Starck/Westphal*, Versorgungswirtschaft 2017, 230, 233; a. A.: *Kersting* in: KK-AktG § 394 Rn. 143 sei wegen des uneindeutigen Wortlauts nach Sinn und Zweck des Gesetzes (Dokumentation) erforderlich; *Belcke/Mehrhoff*, GmbHR 2016, 576, 579.

498 *Müller-Michaels* in: Hölters/Weber-AktG § 394 Rn. 25; *Rachlitz* in: Grigoleit-AktG § 395 Rn. 18; *Schall* in: Spindler/Stilz-AktG § 394 Rn. 10; *Lampert,* Aufsichtsratsmitglieder, 57; *Möller,* Stellung und Funktion des Aufsichtsrats, 157; *Lutter/Grunewald*, WM 1984, 385, 397; *Martens*, AG 1984, 29, 33; *Werner*, NVwZ 2019, 449, 451; *Will*, VerwArch 2003, 248, 262; von § 55 BBG sprechend: *Thode*, AG 1997, 547, 549; *Schockenhoff*, NZG 2018, 521, 526; *Werner*, NVwZ 2019, 449, 451; *Schmolke*, WM 2018, 1913, 1916; *A. Starck/Westphal*, Versorgungswirtschaft 2017, 230, 232; a. A.: *Kersting* in: KK-AktG § 394 Rn. 128; *Altmann,* Verschwiegenheitspflicht, 97; *Dietlmeier,* Kommunales Unternehmensrecht, 438; *Bäcker* in: *Grundmann* FS Schwark, S. 101, 117; *Schmidt-Aßmann/Ulmer*, BB 1988, 1, 19 ff.

499 *Kersting* in: KK-AktG § 394 Rn. 128; *Dietlmeier,* Kommunales Unternehmensrecht, 438 befürchtet Pflichtenkollision; *Schmidt-Aßmann/Ulmer*, BB 1988, 1, 20.

500 i. E. ebenso *Schürnbrand* in: MüKo-AktG § 394 Rn. 23.

501 so wohl auch *T. Mann* in: *Ennuschat/Geerlings/T. Mann u. a.* GS-Tettinger, S. 295, 304.

502 *J. Koch* in: Hüffer/Koch-AktG § 394 Rn. 40; *Schall* in: Spindler/Stilz-AktG § 394 Rn. 10; *Schürnbrand* in: MüKo-AktG § 394 Rn. 23.

V. Grenzen der Berichterstattung

1. Verschwiegenheitsverpflichtung der Berichtsadressaten

§ 395 Abs. 1 Hs. 1 AktG legt den Adressaten der Berichte nach § 394 S. 1 AktG selbst eine Verschwiegenheitsverpflichtung auf. Personen, die wegen der Modifikation der Verschwiegenheitsverpflichtung in § 394 S. 1 AktG Berichte erhalten, unterliegen gleichermaßen der Verschwiegenheitsverpflichtung und müssen ebenso die tatsächliche Gewähr dafür bieten, Geheimhaltung ähnlich wie ein Aufsichtsrat wahren zu können.[503]

Die Verschwiegenheitsverpflichtung nach § 395 Abs. 1 Hs. 1 AktG besteht nicht nur bezüglich der Berichte und Unterlagen, die rechtmäßig nach § 394 S. 1 AktG erstattet wurden.[504] Denknotwendig besteht sie – erst recht – bezüglich der Berichte und Unterlagen, die nicht rechtmäßig erstattet wurden. Bezüglich dieser besteht ein noch größeres Bedürfnis nach Geheimhaltung.[505] § 395 Abs. 1 S. 1 Hs. 1 AktG ist auch im Übrigen weit auszulegen. § 395 Abs. 1 S. 1 Hs. 1 AktG bezieht sich des Weiteren auf die Prüfungsberichte nach § 53 Abs. 1 Nr. 3 HGrG und die der örtlichen Prüfung nach § 54 HGrG.[506] Dies lässt sich mit der Intention des Gesetzgebers begründen, der bei der Schaffung der §§ 394, 395 AktG das Ziel verfolgt hat, einen einheitlichen Regelungskomplex des Haushalts- und des Aktienrechts zu schaffen.[507]

Wieweit die Verpflichtung zur Geheimhaltung reicht, müssen die Adressaten selbst prüfen. Es verbleibt ihnen hierbei kein Ermessens- oder Beurteilungsspielraum.[508]

---

503 *J. Koch* in: Hüffer/Koch-AktG § 395 Rn. 7 verweist auf § 395 Abs. 1 S. 1 Hs. 1 AktG, ohne die genauen Voraussetzungen zu nennen; *Pelz* in: Bürgers/Körber/Lieber-AktG § 395 Rn. 4 ebenso; *Schürnbrand* in: MüKo-AktG § 395 Rn. 10; *Kropff* in: *R. Fischer/Gessler/Wolfgang Schilling u. a.* FS Hefermehl, S. 325, 337 wie Koch und Pelz.

504 *Gasteyer* in: Semler/v. Schenck-AktG § 395 Rn. 5; *J. Koch* in: Hüffer/Koch-AktG § 395 Rn. 4; *Müller-Michaels* in: Hölters/Weber-AktG § 395 Rn. 6.

505 i. E. zustimmend: *Kersting* in: KK-AktG § 395 Rn. 191; *J. Koch* in: Hüffer/Koch-AktG; *Schürnbrand* in: MüKo-AktG § 395 Rn. 5, Rn. 42.

506 *J. Koch* in: Hüffer/Koch-AktG § 395 Rn. 4; *Müller-Michaels* in: Hölters/Weber-AktG § 395 Rn. 7 ff lässt die Frage für die Erkenntnisse aus der örtlichen Prüfung nach § 54 HGrG offen; *Rachlitz* in: Grigoleit-AktG § 395 Rn. 41.

507 *Schürnbrand* in: MüKo-AktG § 395 Rn. 7; *Schmidt-Aßmann/Ulmer*, BB 1988, 1, 5 f zum einheitlichen Regelungszusammenhang.

508 *Schürnbrand* in: MüKo-AktG § 395 Rn. 5.

2. Veröffentlichungsverbot

§ 395 Abs. 2 AktG regelt, dass bei der Veröffentlichung von Prüfungsergebnissen vertrauliche Angaben und Geheimnisse der Gesellschaft, namentlich Betriebs- oder Geschäftsgeheimnisse, nicht veröffentlicht werden dürfen. Auch hier ist die weite Auslegung des § 395 Abs. 1 AktG zugrunde zu legen. § 395 Abs. 2 AktG erfasst daher alle von § 395 Abs. 1 AktG erfassten Informationen, auch solche, die sich aus Berichten nach § 53 Abs. 1 Nr. 2 HGrG oder § 54 HGrG ergeben.[509] Die Informationen, die einem Veröffentlichungsverbot unterliegen, werden anonymisiert in den Berichten aufgenommen. Der Name der gemeindlichen AG wird nicht genannt und auch sonst werden Bemerkungen vermieden, die Rückschlüsse auf die konkrete AG ermöglichen würden.[510] Soweit dies nicht möglich ist, unterbleibt die Berichterstattung diesbezüglich ganz und erfolgt lediglich in vertraulicher Sitzung des Rechnungsprüfungsausschusses.[511]

VI. Zusammenfassung

Die Modifikation der Verschwiegenheitsverpflichtung von Aufsichtsräten in gemeindlichen AGs in § 394 S. 1 AktG ermöglicht, dass unter anderem der Gemeinderat im Rahmen von bestehenden Berichtspflichten informiert wird. Jedenfalls so lange keine konkreten Umstände befürchten lassen, dass der Gemeinderat seine Verschwiegenheitsverpflichtung verletzen wird. Im Rahmen einer Berichtspflicht berichten die Aufsichtsratsmitglieder gegenüber dem Gemeinderat über vertrauliche Angaben, Betriebs- oder Geschäftsgeheimnisse, vertrauliche Berichte und vertrauliche Beratungen, soweit der Zweck der Berichtspflicht dies erfordert. Der Zweck der Berichtspflicht ist unter anderem die haushaltsrechtliche Prüfung durch die Gemeinde, die Prüfung der Rechtmäßigkeit des Tätigwerdens der gemeindlichen AG oder die Prüfung der Einhaltung des öffentlichen Zwecks durch die gemeindlichen AGs. Eine im Gesetz geregelte Berichtspflicht schließt nicht aus, dass neben ihr noch weitere Berichtspflichten in der Satzung oder durch Rechtsgeschäfte begründet werden

---

509   *J. Koch* in: Hüffer/Koch-AktG; *Schürnbrand* in: MüKo-AktG § 305 Rn. 11.

510   *Kersting* in: KK-AktG §§ 394, 395 Rn. 208; *J. Koch* in: Hüffer/Koch-AktG § 395 Rn. 8; *Müller-Michaels* in: Hölters/Weber-AktG § 395 Rn. 12; *Rachlitz* in: Grigoleit-AktG § 395 Rn. 43; *Schall* in: Spindler/Stilz-AktG § 305 Rn. 5; *Schürnbrand* in: MüKo-AktG § 395 Rn. 12; *H. Schäfer* in: *Leibholz* FS Geiger, S. 623, 637.

511   *Kersting* in: KK-AktG §§ 394, 395 Rn. 208; *J. Koch* in: Hüffer/Koch-AktG § 395 Rn. 8; *Rachlitz* in: Grigoleit-AktG § 395 Rn. 43; *Schürnbrand* in: MüKo-AktG § 395 Rn. 11 f.

können.[512] Da der Gemeinderat Berichtsadressat des § 394 S. 1 AktG ist und die Gemeinde die Berichtspflichten des Aufsichtsrats durch Satzung schaffen kann, hat die Gemeinde es in der Hand, ob der Informationsfluss hin zum Gemeinderat gewährleistet ist.

VII. Fazit

Bei der Verschwiegenheitsverpflichtung von Aufsichtsräten handelt es sich trotz der Anwendbarkeit der Vorschriften auch auf die GmbH um eine aktienrechtliche Problematik. Nur in ihrem aktienrechtlichen Anwendungsbereich entscheidet die Anwendung des § 394 S. 1 AktG darüber, ob eine Gemeinde sich zur wirtschaftlichen Betätigung der Organisationsform der AG bedienen darf.

Die Ausführungen in Kapitel D haben gezeigt, dass durch die Sonderregelung des § 394 S. 1 AktG der Informationsfluss zwischen Aufsichtsrat und Gemeinde grundsätzlich gewährleistet ist. Dass im Einzelfall die Informationsübermittlung an den Gemeinderat dadurch versagt ist, dass es konkrete Befürchtungen gibt, der Gemeinderat könnte seine Verschwiegenheitsverpflichtung verletzen, erschüttert den Grundsatz nicht.

Das Minimum an sachlich-inhaltlicher Legitimation der Tätigkeit des gemeindlichen Unternehmens ist durch die Information gewahrt. Dass der Aufsichtsrat die Gemeinde informiert, erweitert die Handlungsoptionen der Gemeinde allerdings nicht. Denn wie gezeigt, hat die Gemeinde keine Weisungsrechte oder andere Einflussmöglichkeiten gegenüber der gemeindlichen AG. Die Information ermöglicht der Gemeinde lediglich, informiert darüber zu entscheiden, ob die gemeindliche AG weiterbetrieben oder abgeschafft werden soll und die Aufgabenwahrnehmung wieder in die unmittelbare Gemeindeverwaltung zurückverlagert werden sollte

Fraglich ist, ob dieses Mindestmaß an sachlich-inhaltlicher Legitimation wirklich ausreicht. Dagegen spricht, dass das Legitimationsniveau der Tätigkeit der gemeindlichen AG vom Regeltypus der Tätigkeit der unmittelbaren Verwaltung sehr weit nach unten abweicht. Allerdings steht dem Gesetzgeber bezüglich des Legitimationsniveaus von staatlicher bzw. gemeindlicher Tätigkeit ein Einschätzungsspielraum zu. § 103 Abs. 2 GemO sieht vor, dass gemeindliche Unternehmen als AG organisiert werden können, *„wenn der öffentliche Zweck des Unternehmens nicht ebenso gut in einer anderen Rechtsform erfüllt*

---

512   *Schürnbrand* in: MüKo-AktG § 394 Rn. 28; differenzierend *Kersting* in: KK-AktG § 394 Rn. 154 ff; ebenso differenzierend *Battke*, SächsVBl 2006, 273, 276 ff.

wird oder erfüllt werden kann". Der Landesgesetzgeber knüpft die Errichtung, Übernahme oder Beteiligung einer Gemeinde an einer AG also an weitere Voraussetzungen. Da das Mindestmaß an demokratischer Legitimation erfüllt ist, fallen diese Entscheidungen in den Einschätzungsspielraum des Gesetzgebers. Das Mindestmaß an sachlich-inhaltlicher demokratischer Legitimation durch Information der Gemeinde ist ausreichend.

E. Zusammenfassung und Gesamtfazit

Die Gemeinden bedienen sich zur Erfüllung ihrer Aufgaben teilweise privatrechtlicher Organisationsformen, namentlich der der GmbH und der AG. Unter anderem die §§ 103 ff GemO stellen hierfür Zulässigkeitskriterien auf. Wenn die Gemeinde privatrechtliche Organisationsformen wählt, unterliegen diese Unternehmen dem Privatrecht, vor allem dem Gesellschaftsrecht. Anders als von Befürwortern eines Verwaltungsgesellschaftsrechts vertreten, finden die Normen des Gesellschaftsrechts ohne öffentlich-rechtliche Überlagerung oder Modifikation Anwendung (Kapitel A).

Der Aufsichtsrat ist das Kontrollorgan einer AG oder einer GmbH. Die aktienrechtliche Verschwiegenheitsverpflichtung der Aufsichtsräte soll den Geheimnisschutz der vertraulichen Angaben, der Betriebs- und Geschäftsgeheimnisse gewährleisten und durch Einbeziehung der vertraulichen Berichte und Beratungen die Arbeit der Unternehmensorgane schützen. Die Verschwiegenheitsverpflichtung stellt das Gegenstück zu umfangreichen Informationsrechten des Aufsichtsrats dar. Welche Informationen der Verschwiegenheitsverpflichtung unterliegen, entscheidet sich nach dem objektiven Unternehmensinteresse. Die Aufsichtsratsmitglieder haben es demnach nicht selbst in der Hand zu entscheiden, über welche Informationen sie schweigen müssen und über welche nicht. Die Verschwiegenheitsverpflichtung der Aufsichtsräte gilt nicht nur gegenüber Dritten, sondern insbesondere auch gegenüber den Aktionären. Dies gilt grundsätzlich auch gegenüber einer Gemeinde als Aktionärin, die die Aufsichtsratsmitglieder entsandt hat. (Kapitel B).

Die Tätigkeit von gemeindlichen Unternehmen ist Ausübung von Staatsgewalt und muss als solche demokratisch legitimiert sein. Demokratische Legitimation kann durch organisatorisch-personelle und durch sachlich-inhaltliche Legitimation erzeugt werden. In Einzelfällen ist auch eine rein sachlich-inhaltliche Legitimation denkbar. Notwendig, um sachlich-inhaltliche demokratische Legitimation herstellen zu können, sind Informationen. Um sicherzustellen, dass informiert wird, sind Informationspflichten erforderlich (Kapitel C. I.).

Kapitel C. II. zeigt, auf welche Art und Weise und inwieweit diese Vorgaben zur Verwaltungstätigkeit bei der unmittelbaren Gemeindeverwaltung und in den Organisationsformen Regiebetrieb, Eigenbetrieb und selbständige Kommunalanstalt umgesetzt wurden. Die Untersuchung der Verwirklichung dieser Vorgaben bei der Tätigkeit von gemeindlichen GmbHs und gemeindlichen

AGs an (Kapitel C. III.) zeigte, dass das Legitimationsniveau der Tätigkeit der in Augenschein genommenen Organisationsformen stark variiert. Parallel zu den unterschiedlichen Legitimationsniveaus zeigt sich, dass die Gemeinde unterschiedlich gut über die Tätigkeit des Regiebetriebs, des Eigenbetriebs, der selbständigen Kommunalanstalt, der gemeindlichen GmbH bzw. der gemeindlichen AG informiert ist. Als Mindestmaß sachlich-inhaltlicher demokratischer Legitimation muss die Gemeinde über die Tätigkeit des gemeindlichen Unternehmens informiert sein. Dies ist bei allen Organisationsformen außer bei der gemeindlichen AG der Fall. Es zeigt sich, dass die Verschwiegenheitsverpflichtung von Aufsichtsräten einer AG (ohne Modifikation) tatsächlich Probleme aufwirft, wenn der Träger der AG eine Gemeinde ist (Kapitel C. IV.).

Durch die Modifikation der Verschwiegenheitsverpflichtung in § 394 S. 1 AktG wird ermöglicht, dass die Aufsichtsräte im Rahmen ihrer durch Gesetz, Satzung oder Rechtsgeschäft begründeten Berichtspflichten die Verwaltungs- und Prüforganen der Gemeinde, so unter anderem den Gemeinderat, informieren können. Dies hat zur Folge, dass das Mindestmaß an sachlich-inhaltlicher Legitimation der Tätigkeit der gemeindlichen AG erfüllt ist. Zwar ermöglicht die Information keine weitergehende Einflussnahme der Gemeinde auf die gemeindliche AG. Gleichwohl kann die Gemeinde jedenfalls eine informierte Entscheidung darüber treffen, ob sie eine gemeindliche AG weiter betreiben oder auflösen möchte und ob die Aufgabenwahrnehmung wieder in die unmittelbare Gemeindeverwaltung zurückverlagert werden sollte. Aus demokratie- und rechtsstaatlicher Perspektive ist dies ausreichend (Kapitel D.).

Das Spannungsfeld zwischen öffentlichem Recht und Gesellschaftsrecht wird bei der Verschwiegenheitsverpflichtung nach §§ 116 S. 1, 93 Abs. 1 S. 3 AktG von Aufsichtsräten gemeindlicher AGs besonders deutlich. Durch die Anwendung des die Verschwiegenheitsverpflichtung modifizierenden § 394 S. 1 AktG erhält der Gemeinderat Informationen über die gemeindliche AG. Erst hierdurch wird den Anforderungen aus dem Demokratie- und Rechtsstaatsgebot genüge getan. Die Sonderregelung in § 394 S. 1 AktG bringt den Konflikt zwischen Geheimnisschutz und Informationspflicht in angemessenen Ausgleich.

Literaturverzeichnis

Ade, Klaus, Einführung in: *Ade, Klaus/Neumaier-Klaus, Erika/Thormann, Martin u. a.* (Hrsg.), Handbuch Kommunales Beteiligungsmanagement, 2. Aufl., Stuttgart, München, Hannover, Berlin 2005, S. 13–30.

Aker, Bernd in: *Aker, Bernd/Hafner, Wolfgang/Notheis, Klaus* (Hrsg.), Kommentar zur Gemeindeordnung Baden-Württemberg, 2. Aufl., Stuttgart, München, Hannover, Berlin, Weimar, Dresden 2019, §§ 1–73, 109, 112, 117–147 GemO.

Albrecht-Baba, Alexandra, Die Treuepflicht der politischen Mandatsträger als Aufsichtsratsmitglieder in einem Unternehmen, NWVBl (2011), S. 127–132.

Alfuß, Werner Eduard Ernst, Staatliche Haftungsbeschränkung durch Inanspruchnahme privatrechtlicher Organisationsformen, Köln 1976.

Altmann, Christian, Verschwiegenheitspflicht des Aufsichtsratsmitglieds einer öffentlichen Kapitalgesellschaft, Hamburg 2015.

Altmeppen, Holger, Die Einflussrechte der Gemeindeorgane in einer kommunalen GmbH, NJW 2003, S. 2561–2567.

Altmeppen, Holger in: Altmeppen, Holger/*Roth, Günter H.* (Hrsg.), Kommentar zum GmbHG, 10. Aufl., München 2021, §§ 37, 51a, 52.

Bäcker, Roland M., Weisungsfreiheit und Verschwiegenheitspflicht kommunal geprägter Aufsichtsräte in: *Grundmann, Stefan* (Hrsg.), Unternehmensrecht zu Beginn des 21. Jahrhunderts, Festschrift für Eberhard Schwark zum 70. Geburtstag, München 2009, S. 101–119.

Backhaus, Jürgen G., Öffentliche Unternehmen, 2. Aufl., Frankfurt/Main 1980.

Baer, Susanne, § 13 Verwaltungsaufgaben in: *Hoffmann-Riem, Wolfgang/Schmidt-Aßmann, Eberhard/Voßkuhle, Andreas* (Hrsg.), Grundlagen des Verwaltungsrechts, Bd. 1, 3. Aufl., München 2022, S. 979–1024.

Ballerstedt, Kurt, Zur Frage der Rechtsform gemeindlicher Wirtschaftsunternehmen, DÖV (1951), S. 449–453.

Banspach, Dirk/Nowak, Karsten, Der Aufsichtsrat der GmbH - unter besonderer Berücksichtigung kommunaler Unternehmen und Konzerne, Der Konzern (2008), S. 195–207.

Barta, Sebastian, Transparenz- und Publizität in Unternehmen: Der Aufsichtsrat soll in Zukunft einfach noch besser aufpassen!, GmbHR (2002), R313–R314.

Bätge, Frank, Kommunale Vertreter im Aufsichtsrat einer GmbH im Spannungsfeld zwischen Gesellschafts- und Kommunalrecht in: *Beckmann,*

Roland Michael/Mansel, Heinz-Peter/Matusche-Beckmann, Annemarie (Hrsg.), Weitsicht in Versicherung und Wirtschaft, Gedächtnisschrift für Ulrich Hübner, Hamburg 2012, S. 463–483.

Battke, Jörg-Dieter, Zur Zulässigkeit von gesellschaftsvertraglichen Auskunfts-rechten des fakultativen Aufsichtsrates kommunaler Eigengesellschaften gegenüber dem Gemeinderat, SächsVBl (2006), S. 273–278.

Baumann, Horst, GmbH und Mitbestimmung, Überlegungen zum Funktions-zusammenhang zwischen Herrschaft, Haftung und Mitbestimmung im Mitbestimmungsgesetz 1976, ZHR (1978), S. 557–581.

Bayer, Walter, Die Haftung des Beirats im Recht der GmbH und der GmbH & Co. KG in: *Burgard, Ulrich* (Hrsg.), Festschrift für Uwe H. Schneider, Köln 2011, S. 75–87.

Bayer, Walter, Aktienrechtsnovelle 2012 - Kritische Anmerkungen zum Regie-rungsentwurf, AG (2012), S. 141–153.

Becker, Joachim, Das Demokratieprinzip und die Mitwirkung Privater an der Erfüllung öffentlicher Aufgaben, DÖV (2014), S. 910–915.

Beisheim, Carsten E./Hecker, Andreas, Compliance-Verantwortung im Licht der "Siemens/Neubürger"-Entscheidung - auch bei Unternehmen der öffent-lichen Hand, KommJur (2015), S. 49–53.

Belcke, Ulf Erik/Mehrhoff, Robert, Aktienrechtsnovelle 2016 - Auswirkungen auf die Verschwiegenheit kommunaler Vertreter in (fakultativen) Aufsichts-räten, GmbHR (2016), S. 576–580.

Berger, Ariane, Staatseigenschaft gemischtwirtschaftlicher Unternehmen, Ber-lin 2006.

Berger, Ariane, Die Ordnung der Aufgaben im Staat, Tübingen 2016.

Berkemann, Jörg, Die staatliche Kapitalbeteiligung an Aktiengesellschaften, Hamburg 1966.

Bettenburg, Thomas/Weirauch, Boris, Transparenz nicht um jeden Preis?, Gesetzentwurf zur Aktienrechtsnovelle 2012 über die Teilnahme der Öffent-lichkeit bei Aufsichtsratssitzungen kommunaler Unternehmen, DÖV (2012), S. 352–357.

Beurskens, Michael in: Baumbach, Adolf/*Hueck, Alfred* (Hrsg.), GmbH-Gesetz, Beck'scher Kurz-Kommentar, 23. Aufl., München 2022, §§ 37, 39.

Beuthien, Volker/Gätsch, Andreas, Einfluss Dritter auf die Organbesetzung und Geschäftsführung bei Vereinen, Kapitalgesellschaften und Genossenschaf-ten, ZHR 157 (1993), S. 483–512.

Birkhold, Sonja Barbara, Die Grenzen der Gestaltungsfreiheit bei der Einrich-tung eines fakultativen Aufsichtsrats, Berlin 2020.

Böckenförde, Ernst-Wolfgang, Verfassungsfragen der Richterwahl, Berlin 1974.

Böckenförde, Ernst-Wolfgang, § 24 Demokratie als Verfassungsprinzip in: Isensee, Josef/*Kirchhof, Paul* (Hrsg.), Handbuch des Staatsrechts der Bundesrepublik Deutschland, Verfassungsstaat, Bd. 2, 3. Aufl., Heidelberg 2004, S. 429–496.

Bolsenkötter, Überwachung bei kommunalen Unternehmen in: Gesellschaft für öffentliche Wirtschaft und Gemeinwirtschaft (Hrsg.), Kontrolle öffentlicher Unternehmen, Bd. 1, Baden-Baden 1980, S. 89–115.

Bormann, Michael, Mehr "Transparenz" bei Unternehmen mit Beteiligung von Gebietskörperschaften?, NZG (2011), S. 926–929.

Bormann, Michael, Kein Anspruch auf Einsicht in Aufsichtsratsunterlagen öffentlicher Unternehmen, Versorgungswirtschaft (2015), S. 174–175.

Böttcher, Lars/Blasche, Sebastian, Die Grenzen der Leitungsmacht des Vorstands, NZG (2006), S. 569–573.

Böttcher, Lars/Krömker, Michael, Abschied von der kommunalen AG in NW?, NZG (2001), S. 590–594.

Bracht, Hannes, Der Anspruch von Rats- und Kreistagsmitgliedern auf Auskunft über die kommunale GmbH, AG und Sparkasse, NVwZ (2016), S. 108–113.

Brenndörfer, Bernd in: Dietlein, Johannes/ Pautsch, Arne (Hrsg.), BeckOK Kommunalrecht Baden-Württemberg, München 2022, § 24 GemO.

Brenner, Michael, Gesellschaftsrechtliche Ingerenzmöglichkeiten von Kommunen auf privatrechtlich ausgestaltete kommunale Unternehmen, AöR 127 (2002), S. 223–250.

Brete, Raik/Braumann, Florian, Das Informationsrecht des Gesellschafters der verschiedenen Gesellschaftsformen, GWR (2019), S. 59–66.

Breuer, Stefan/Fraune, Christian in: *Heidel, Thomas* (Hrsg.), Aktienrecht und Kapitalmarktrecht, 5. Aufl., Baden-Baden 2020, § 116.

Britz, Gabriele, Funktion und Funktionsweise öffentlicher Unternehmen im Wandel: Zu den jüngsten Entwicklungen im Recht der kommunalen Wirtschaftsunternehmen, NVwZ (2001), S. 380–387.

Brüning, Christoph, Zur Reanimation der Staatsaufsicht über die Kommunalwirtschaft, DÖV (2010), S. 553–560.

Brüning, Christoph, § 44 in: Mann, Thomas/*Püttner, Günter* (Hrsg.), Handbuch der kommunalen Wissenschaft und Praxis, Bd. 2, 3. Aufl., Berlin, Heidelberg 2011, S. 149–171.

Brüning, Christoph, § 5 Öffentliche Unternehmen im Wettbewerbs- und Vergaberecht in: Schulte, Martin/*Kloos, Joachim* (Hrsg.), Handbuch Öffentliches Wirtschaftsrecht, München 2016, S. 165–219.

Brüning, Christoph, Deutsches Kommunalrecht, 4. Aufl., Baden-Baden 2019.

Buch-Heeb, Petra, Wissenszurechnung und Verschwiegenheitspflicht von Aufsichtsratsmitgliedern, WM (2016), S. 1469–1474.

Büchner, Wolfgang, Die rechtliche Gestaltung kommunaler öffentlicher Unternehmen, Frankfurt am Main 1982.

Buken, Dirk, Rechtsprobleme der kommunalen GmbH im Rechtsvergleich der Bundesländer, Hannover 2017.

Bungert, Hartwin/Wettich, Carsten, Kleine Aktienrechtsnovelle 2011 - Kritische Würdigung des Referentenentwurfs aus Sicht der Praxis, ZIP (2011), S. 160–167.

Bungert, Hartwin/Wettich, Carsten, Aktienrechtsnovelle 2012 - der Regierungsentwurf aus Sicht der Praxis, ZIP (2012), S. 296–305.

Bürgers, Tobias/Fischer, Sebastian in: *Bürgers, Tobias/Körber, Torsten/Lieder, Jan* (Hrsg.), Heidelberger Kommentar zum Aktiengesetz, 5. Aufl., Heidelberg 2021, § 116 AktG.

Burgi, Martin, Funktionale Privatisierung und Verwaltungshilfe, Tübingen 1999.

Burgi, Martin, Neue Organisations- und Kooperationsformen im europäisierten kommunalen Wirtschaftsrecht - ein Plädoyer für die kommunale Organisationshoheit in: *Ruffert, Matthias* (Hrsg.), Recht und Organisation, Bd. 913, 1. Aufl., Berlin 2003, S. 55–72.

Burgi, Martin, Öffentlichkeit von Ratssitzungen bei Angelegenheiten kommunaler Unternehmen?, NVwZ (2014), S. 609–615.

Burgi, Martin, Öffentliches Recht und Gesellschaftsrecht im Spannungsfeld in: *Herrler, Sebastian* (Hrsg.), Aktuelle gesellschaftsrechtliche Herausforderungen, Bonn 2016, S. 49–66.

Burgi, Martin, Verwaltungsorganisationsrecht in: *Ehlers, Dirk/Pünder, Hermann* (Hrsg.), Allgemeines Verwaltungsrecht, 15. Aufl., Berlin 2016, S. 255–323.

Burgi, Martin in: *Starck, Christian* (Hrsg.), Kommentar zum Grundgesetz, Bd. 3, 7. Aufl., München 2018, Art 86, 87.

Burgi, Martin, Die Deutsche Bahn zwischen Staat und Wirtschaft, NVwZ (2018), S. 601–609.

Caruso, Patrizio, Der Public Corporate Governance Kodex, NZG (2009), S. 1419–1421.

Cervellini, Marc, Der Bericht des Aufsichtsrats - Element guter Corporate Governance, Baden-Baden 2012.

Classen, Claus Dieter, Demokratische Legitimation im offenen Rechtsstaat, Tübingen 2009.

Cronauge, Ulrich, Kommunale Unternehmen, 6. Aufl., Berlin 2016.

von Danwitz, Thomas, Vom Verwaltungsprivat- zum Verwaltungsgesellschaftsrecht - Zu Begründung und Reichweite öffentlich-rechtlicher Ingerenzen in der mittelbaren Kommunalverwaltung, AöR 120 (1995), S. 595–630.

Decher, Christian E., Loyalitätskonflikte des Repräsentanten der öffentlichen Hand im Aufsichtsrat, ZIP (1990), S. 277–288.

Deilmann, Barbara, Abgrenzung der Überwachungsbefugnisse von Gesellschafterversammlung und Aufsichtsrat einer GmbH unter besonderer Berücksichtigung des mitbestimmten Aufsichtsrats, BB (2004), S. 2253–2257.

Diekmann, Hans, § 48 Der Aufsichtsrat in: *Priester, Hans-Joachim/Mayer, Dieter/Wicke, Hartmut* (Hrsg.), Münchener Handbuch des Gesellschaftsrechts - Gesellschaft mit beschränkter Haftung, Bd. 3, 5. Aufl., München 2018, S. 1131–1169.

Dietlmeier, Otto K., Rechtsfragen der Publizität im kommunalen Unternehmensrecht, Berlin 2015.

Dittmann, Armin, Die Bundesverwaltung, Tübingen 1983.

Dittmar, Falko, Weitergabe von Informationen im faktischen Aktienkonzern, AG (2013), S. 498–507.

Dreher, Meinrad, Interessenkonflikte bei Aufsichtsratsmitgliedern von Aktiengesellschaften, JZ (1990), S. 896–904.

Dreier, Horst, Hierarchische Verwaltung im demokratischen Staat, Tübingen 1991.

Dreier, Horst, Art. 20 (Demokratie) in: *Dreier, Horst* (Hrsg.), Grundgesetz, Bd. 2, 3. Aufl., Tübingen 2015, Art. 20 (Demokratie), Art. 28 GG.

Dreyer, Jörg-Detlev, Entwicklung und Beurteilung Aufsichtsratsorientierter Informationskonzeptionen, Schwarzenbeck 1980.

Droege, Michael, Zur Besteuerung der öffentlichen Hand, Tübingen 2018.

Drygala, Tim in: *Schmidt, Karsten/Lutter, Marcus* (Hrsg.), Kommentar zum Aktiengesetz, 4. Aufl., Köln 2020, § 116.

Dünchheim, Thomas, Das transparente Stadtwerk? - Auskunftspflichten nach Informationsfreiheitsgesetz, Pressegesetz und Kommunalverfassungsrecht, KommJur (2016), S. 441–447.

Ehlers, Dirk, Verwaltung in Privatrechtsform, Berlin 1984.

Ehlers, Dirk, Rechtsprobleme der Kommunalwirtschaft, DVBl (1998), S. 497–508.

Ehlers, Dirk, Das selbständige Kommunalunternehmen des öffentlichen Rechts in: *Henneke, Hans-Günter* (Hrsg.), Kommunale Aufgabenerfüllung in Anstaltsform, Bd. 13, Stuttgart, München, Hannover, Berlin, Weimar, Dresden 2000, S. 47–66.

Ehlers, Dirk, Die Anstalt öffentlichen Rechts als neue Unternehmensform der kommunalen Wirtschaft, ZHR (2003), S. 546–579.

Elsing, Siegfried H./Schmidt, Matthias, Individuelle Informationsrechte von Aufsichtsratmitgliedern einer Aktiengesellschaft, BB (2002), S. 1705–1711.

Emde, Ernst Thomas, Die demokratische Legitimation der funktionalen Selbstverwaltung, Berlin 1991.

Emmerich, Volker, Das Wirtschaftsrecht der öffentlichen Unternehmen, Bad Homburg, Münster 1969.

Engel, Rüdiger/Heilshorn, Torsten, Kommunalrecht Baden-Württemberg, 12. Aufl., Baden-Baden 2022.

Engel, Wolfgang, Grenzen und Formen der mittelbaren Kommunalverwaltung, Stuttgart 1981.

Engellandt, Frank, Die Einflussnahme der Kommunen auf ihre Kapitalgesellschaften über das Anteilseignerorgan, Heidelberg 1995.

Enzinger, Michael in: *Schmidt, Karsten* (Hrsg.), Münchener Kommentar zum HGB, Bd. 2, 4. Aufl., München 2016, § 109.

Erichsen, Hans-Uwe, Die Vertretung der Kommunen in den Mitgliederorganen von juristischen Personen des Privatrechts, Köln, Stuttgart, Berlin, Hannover, Kiel, München 1990.

Erker, Martin/*Freund Lydia*, Verschwiegenheitspflicht von Aufsichtsratmitgliedern bei der GmbH, GmbHR (2001), S. 463–467.

Erle, Bernd/Becker, Ralph, Der Gemeinderat als Gesellschafterversammlung der GmbH, NZG 1999, S. 58–62.

Eutebach, Helmut, Die Verschwiegenheitspflicht der Aufsichtsratmitglieder einer Aktiengesellschaft, Köln 1969.

Faber, Markus, Privatisierung streng geheim! - Öffentlichkeitsdefizite bei kommunalen Privatisierungen im Spannungsfeld zu den Anforderungen des Demokratieprinzips, Zugleich ein Beitrag über Handlungsstrategien der kommunalen Korruptionsprävention, NVwZ (2003), S. 1317–1322.

Fabry, Beatrice, Teil 1 Organisationsformen öffentlicher Unternehmen in: *Fabry*, Beatrice/*Augsten, Ursula* (Hrsg.), Unternehmen der öffentlichen Hand, 2. Aufl., Baden-Baden 2011, S. 35–83.

Fabry, Beatrice, Teil 4 Beteiligung Dritter an Unternehmen der öffentlichen Hand in: *Fabry, Beatrice/Augsten, Ursula* (Hrsg.), Unternehmen der öffentlichen Hand, 2. Aufl., Baden-Baden 2011, S. 271–277.

Fabry, Beatrice/*Augsten, Ursula,* Die Kommunalanstalt in Baden-Württemberg, VBlBW (2016), S. 103–106.

Fischer, Robert, Das Entsendungs- und Weisungsrecht öffentlich-rechtlicher Körperschaften beim Aufsichtsrat einer Aktiengesellschaft, AG (1982), S. 85–93.

Fleckenstein, Jürgen in: Dietlein, Johannes/ Pautsch, Arne (Hrsg.), BeckOK Kommunalrecht Baden-Württemberg, München 2022, § 17 GemO.

Fleiner, Fritz, Institutionen des Deutschen Verwaltungsrechts, 8. Aufl., Zürich 1939.

Fleischer, Holger, Ungeschriebene Hauptversammlungszuständigkeiten im Aktienrecht: Von "Holzmüller" zu "Gelatine", NJW (2004), S. 2335–2339.

Fleischer, Holger, Gestaltungsgrenzen für Zustimmungsvorbehalte des Aufsichtsrats nach § 111 Abs. 4 S. 2 AktG, BB (2013), S. 835–843.

Fleischer, Holger in: *Spindler, Gerald/Stilz, Eberhard* (Hrsg.), Kommentar zum Aktiengesetz, Bd. 1, 4. Aufl., München 2019, § 90.

Flore, Ingo, Verschwiegenheitspflicht der Aufsichtsratsmitglieder, BB (1993), S. 133–134.

Frerk, Peter, Praktische Gedanken zur Optimierung der Kontrollfunktion des Aufsichtsrates, AG (1995), S. 212–218.

Ganzer, Peter/Tremml, Bernd, Die Verschwiegenheitspflicht der Aufsichtsratsmitglieder einer kommunalen Eigengesellschaft in der Rechtsform einer mitbestimmten GmbH - dargestellt anhand der Rechtslage in Bayern, GewArch (2010), S. 141–150.

Gärditz, Klaus Ferdinand, § 4 Die Organisation der Wirtschaftsverwaltung in: *Schmidt, Reiner/Wollenschläger, Ferdinand* (Hrsg.), Kompendium Öffentliches Wirtschaftsrecht, 5. Aufl., Berlin, Heidelberg 2019, S. 173–210.

Gasteyer, Thomas in: *Schenck, Kersten* von (Hrsg.), Der Aufsichtsrat, München 2015, §§ 394, 395.

Gaul, Dieter, Information und Vertraulichkeit der Aufsichtsratsmitglieder einer GmbH, GmbHR (1986), S. 296–301.

Gaul, Felix, Das Entsendungsrecht nach § 101 Abs. 2 AktG - ein Fall für die aktienrechtliche Mottenkiste?, AG (2019), S. 405–414.

Geerlings, Jörg, § 52 Das kommunale Aufsichtsratsmandat in: *Mann, Thomas/Püttner, Günter* (Hrsg.), Handbuch der kommunalen Wissenschaft und Praxis, Bd. 2, 3. Aufl., Berlin, Heidelberg 2011, S. 409–437.

Gersdorf, Hubertus, Öffentliche Unternehmen im Spannungsfeld zwischen Demokratie- und Wirtschaftlichkeitsprinzip, Berlin 2000.

Giebler, Peter, Eigenbetrieb und gemeindliche Gesamtorganisation, VBlBW (1999), S. 255–258.

Giedinghagen, Jan C. in: *Heidinger, Andreas/Leible, Stefan/Schmidt, Jessica* (Hrsg.), Kommentar zum GmbHG, Bd. 2, 3. Aufl., München 2017, § 52.

Gohlke, Maik/Neudert, Anka, G. Steuerrecht in: *Wurzel, Gabriele/Schraml, Alexander/Gaß, Andreas* (Hrsg.), Rechtspraxis der kommunalen Unternehmen, 4. Aufl., München 2021, S. 559–614.

Götz, Heinrich, Die Überwachung der Aktiengesellschaft im Lichte jüngerer Unternehmenskrisen, AG (1995), S. 337–353.

Götze, Cornelius, "Gelatine" statt "Holzmüller" - Zur Reichweite ungeschriebener Mitwirkungsbefugnisse der Hauptversammlung, NZG (2004), S. 585–589.

Götze, Cornelius in: *Goette, Wulf/Habersack, Mathias* (Hrsg.), Münchener Kommentar zum Aktiengesetz, Bd. 1, 5. Aufl., München 2019, § 53a AktG.

Graf Vitzthum, Wolfgang, Gemeinderechtliche Grenzen der Privatisierung kommunaler Wirtschaftsunternehmen, AöR (1979), S. 580–634.

Grams, Hartmut A., Pflichten von Mandatsträgern in Aufsichtsgremien kommunaler Privatunternehmen, LKV (1997), S. 397–402.

Gräwe, Daniel/*Stütze, Sebastian*, Rechte und Pflichten des GmbH-Beirats bei offenen Satzungsgestaltungen, GmbHR (2012), S. 877–882.

Grigoleit, Hans Christoph in: *Grigoleit, Hans Christoph* (Hrsg.), Kommentar zum Aktiengesetz, 2. Aufl., München 2020, § 1.

Grigoleit, Hans Christoph/Tomasic, Lovro in: *Grigoleit, Hans Christoph* (Hrsg.), Kommentar zum Aktiengesetz, 2. Aufl., München 2020, §§ 93, 116.

Groß, Thomas, § 15 Die Verwaltungsorganisation als Teil der Staatsorganisation in: *Hoffmann-Riem, Wolfgang/Schmidt-Aßmann, Eberhard/Voßkuhle, Andreas* (Hrsg.), Grundlagen des Verwaltungsrechts, Bd. 1, 3. Aufl., München 2022, S. 1115–1178.

Groß-Bölting, Christian/Rabe, Kai in: *Hölters, Wolfgang/Weber, Markus* (Hrsg.), Kommentar zum Aktiengesetz, 4. Aufl., München 2022, § 116.

Grossfeld, Bernhard/*Brondics, Klaus*, Die Stellung des fakultativen Aufsichtsrates (Beirat) in der Gesellschaft mit beschränkter Haftung und in der GmbH & Co. KG, AG (1987), S. 293–309.

Grunewald, Barbara, Die Auswahl von Aufsichtsratsmitgliedern insbesondere bei Unternehmen mit maßgeblicher Beteiligung der öffentlichen Hand, NZG (2015), S. 609–614.

Grzeszick, Bernd in: *Herzog, Roman/Klein, Hans H./Herdegen, Matthias u. a.* (Hrsg.), Grundgesetz Kommentar, München 2021, Art. 20.

Guckelberger, Annette, Allgemeines Verwaltungsrecht, 11. Aufl., Baden-Baden 2023.

Gundlach, Ulf/Frenzel, Volkhard/Schmidt, Nikolaus, Das kommunale Aufsichtsratsmitglied im Spannungsfeld zwischen öffentlichem Recht und Gesellschaftsrecht, LKV (2001), S. 246–251.

Habersack, Mathias, Private public partnership: Gemeinschaftsunternehmen zwischen Privaten und der öffentlichen Hand - Gesellschaftsrechtliche Analyse -, ZGR (1996), S. 544–563.

Habersack, Mathias in: *Ulmer, Peter/Habersack, Mathias/Henssler, Martin* (Hrsg.), Mitbestimmungsrecht, 4. Aufl., München 2018, § 25 MitbestG.

Habersack, Mathias in: Goette, Wulf/*Habersack, Mathias* (Hrsg.), Münchener Kommentar zum Aktiengesetz, Bd. 2, 5. Aufl., München 2019, §§ 108, 109, 111, 116.

Hafner, Wolfgang in: *Aker, Bernd/Hafner, Wolfgang/Notheis, Klaus* (Hrsg.), Kommentar zur Gemeindeordnung Baden-Württemberg, 2. Aufl., Stuttgart, München, Hannover, Berlin, Weimar, Dresden 2019, §§ 77–108.

Hanebeck, Alexander, Bundesverfassungsgericht und Demokratieprinzip, DÖV (2004), S. 901–909.

Harder, Nils/Ruter, Rudolf X., Die Mitglieder des Aufsichtsrats einer GmbH mit öffentlich-rechtlichem Anteilseigner - ihre Rechten und Pflichten, GmbHR (1995), S. 813–816.

Haupt, Klaus-Jürgen, Wirtschaftliche Betätigung von Kommunen im Gewande der privatrechtlichen Gesellschaft, Bochum 1988.

Hauser, Dirk, Wirtschaftliche Betätigung von Kommunen - Beschränkungen durch Verfassung, Gemeindeordnung und Wettbewerbsrecht, Tübingen 2004.

Hauser, Werner, Die Wahl der Organisationsform kommunaler Einrichtungen, Köln 1987.

Häußermann, Daniel Alexander, Die Steuerung der kommunalen Eigengesellschaft, Stuttgart, München, Hannover, Berlin, Weimar, Dresden 2004.

Heidel, Thomas, Zur Weisungsgebundenheit von Aufsichtsratsmitgliedern bei Beteiligung von Gebietskörperschaften und Alleinaktionären, NZG (2012), S. 48–54.

Heilmeier, Matthias in: *Ziemons, Hildegard/Jaeger, Carsten/Pöschke, Moritz* (Hrsg.), Beck'scher Online-Kommentar GmbHG, 49. Aufl., München 2021, § 38.

Hellermann, Johannes, Örtliche Daseinsvorsorge und gemeindliche Selbstverwaltung, Tübingen 2000.

Hellermann, Johannes in: *Epping, Volker/Hillgruber, Christian* (Hrsg.), Beck'scher Online-Kommentar zum Grundgesetz, 49. Aufl., München 2021, Art. 28 GG.

Hengeler, Hans, Zum Beratungsgeheimnis im Aufsichtsrat einer Aktiengesellschaft in: *Fischer, Robert/Hefermehl, Wolfgang* (Hrsg.), Gesellschaftsrecht und Unternehmensrecht, Festschrift für Wolfgang Schilling zum 65. Geburtstag, Berlin, New York 1973, S. 175–205.

Hennrichs, Joachim/Pöschke, Moritz, Die Überwachung der Geschäftsführung durch den Aufsichtsrat - Reformvorschläge in: *Dauner-Lieb, Barbara/Hennrichs, Joachim/Henssler, Martin u. a.* (Hrsg.), Festschrift für Barbara Grunewald, Köln 2021, S. 327–343.

Henssler, Martin in: *Henssler, Martin/Strohn, Lutz* (Hrsg.), Gesellschaftsrecht, 5. Aufl., München 2021, § 52 GmbHG.

Henze, Hartwig, Leitungsverantwortung des Vorstands - Überwachungspflicht des Aufsichtsrats, BB (2000), S. 209–216.

Hermes, Georg, Legitimationsprobleme unabhängiger Behörden in: *Bauer, Hartmut/Huber, Peter M./Sommermann, Karl-Peter* (Hrsg.), Demokratie in Europa, Tübingen 2005, S. 457–487.

Hermes, Georg in: *Dreier, Horst* (Hrsg.), Grundgesetz, Bd. 2, 3. Aufl., Tübingen 2015, Art 86–87.

Hermesmeier, Timo, Staatliche Beteiligungsverwaltung, Baden-Baden 2010.

Herzog, Roman, Allgemeine Staatslehre, Frankfurt a. M. 1971.

Hillmann, Reinhard in: *Fleischer, Holger/Goette, Wulf* (Hrsg.), Münchener Kommentar zum GmbHG, Bd. 2, 3. Aufl., München 2019, § 51a GmbHG.

Hofbauer, Peter, Die Kompetenzen des (GmbH-)Beirats, Unter besonderer Berücksichtigung der Rückfallzuständigkeit der Gesellschafterversammlung einer GmbH bei Funktionsunfähigkeit eines statuarischen Beirats, Köln 1996.

Hoffmann, Eva-Maria, Rechtsformalternativen kommunaler Unternehmenstätigkeit, Hamburg 2014.

Hoffmann-Becking, Michael, § 33 Rechte und Pflichten der Aufsichtsratsmitglieder in: *Hoffmann-Becking, Michael* (Hrsg.), Münchener Handbuch des Gesellschaftsrechts, Bd. 4, 5. Aufl., München 2020, S. 676–706.

Hölters, Wolfgang, Der Beirat der GmbH und GmbH & [und] Co. KG, Köln 1979.

Hölters, Wolfgang in: *Hölters, Wolfgang/Weber, Markus* (Hrsg.), Kommentar zum Aktiengesetz, 4. Aufl., München 2022, §§ 394–395.

Holz, Dagmar/Kürten, Nils/Grabolle, Sabine, Die Anstalt des öffentlichen Rechts als Organisations- und Kooperationsform, KommJur (2014), S. 281–286.

Holzner, Thomas, Parlamentarische Informationsansprüche im Spannungsfeld zwischen demokratischer Kontrolle und Staatswohlinteressen, DÖV (2016), S. 668–674.

Hopt, Klaus J./Roth, Markus in: *Hirte, Heribert/Mülbert, Peter O./Roth, Markus* (Hrsg.), Großkommentar Aktiengesetz, 4/2, 5. Aufl., Berlin 2015a, § 93 AktG.

Hopt, Klaus J./Roth, Markus in: *Hirte, Heribert/Mülbert, Peter O./Roth, Markus* (Hrsg.), Großkommentar zum Aktiengesetz, Bd. 5, 5. Aufl., Berlin 2019b, § 116.

Hoyningen-Huene, Gerrick von/Powietzka, Armin, Unterrichtung des Aufsichtsrats in der mitbestimmten GmbH, BB 2001, S. 529–533.

Huber, Peter H./Fröhlich, Daniel in: *Hopt, Klaus J./Wiedemann, Herbert* (Hrsg.), Großkommentar zum Aktiengesetz, Bd. 9, 4. Aufl., Berlin 2014, Vor §§ 394, 395, §§ 394, 395.

Hüffer, Uwe, Zur Holzmüller-Problematik: Reduktion des Vorstandsermessens oder Grundlagenkompetenz der Hauptversammlung? in: *Habersack, Mathias/Hommelhoff, Peter/Hüffer, Uwe u. a.* (Hrsg.), Festschrift für Peter Ulmer, Berlin 2003.

Huster, Stefan/Rux, Johannes in: Epping, Volker/*Hillgruber, Christian* (Hrsg.), Beck'scher Online-Kommentar zum Grundgesetz, 49. Aufl., München 2021, Art. 20.

Ihrig, Hans-Christoph/Wandt, Andre P. H., Die Aktienrechtsnovelle 2016, BB (2016), S. 6–18.

Ipsen, Hans Peter, Kollision und Kombination von Prüfungsvorschriften des Haushalts- und des Aktienrechts, JZ (1955), S. 593–601.

Ipsen, Jörn, § 24, Die Entwicklung der Kommunalverfassung in Deutschland in: *Mann, Thomas/Püttner, Günter* (Hrsg.), Handbuch der Kommunalen Wissenschaft und Praxis, Grundlagen und Kommunalverfassung, Bd. 1, 3. Aufl., Berlin, Heidelberg 2007, S. 565–659.

Jaeger, Carsten in: *Ziemons, Hildegard/Jaeger, Carsten/Pöschke, Moritz* (Hrsg.), Beck'scher Online-Kommentar GmbHG, 49. Aufl., München 2021, § 52.

Jansen, Till, Mitbestimmung in Aufsichtsräten, Wiesbaden 2013.

Janssen, Ulli in: *Heidel, Thomas* (Hrsg.), Aktienrecht und Kapitalmarktrecht, 5. Aufl., Baden-Baden 2020, § 53a.

Jarass, Hans D., Kommunale Wirtschaftsunternehmen und Verfassungsrecht, DÖV (2002), S. 489–500.

Jarass, Hans D. in: *Jarass, Hans D./Kment, Martin* (Hrsg.), Grundgesetz für die Bundesrepublik Deutschland, 17. Aufl., München 2022, Art. 20.

Jestaedt, Matthias, Demokratieprinzip und Kondominialverwaltung, Entscheidungsteilhabe Privater an der öffentlichen Verwaltung auf dem Prüfstand des Verfassungsprinzips Demokratie, Berlin 1993.

Jestaedt, Matthias, Demokratische Legitimation - quo vasi?, JuS (2004), S. 647–653.

Jestaedt, Matthias, § 16 Grundbegriffe des Verwaltungsorganisationsrechts in: *Hoffmann-Riem, Wolfgang/Schmidt-Aßmann, Eberhard/Voßkuhle, Andreas* (Hrsg.), Grundlagen des Verwaltungsrechts, Bd. 1, 3. Aufl., München 2022, S. 1179–1234.

Kahl, Wolfgang, Die Staatsaufsicht, Tübingen 2000.

Kahl, Wolfgang, § 47 Begriff, Funktionen und Konzepte von Kontrolle in: *Hoffmann-Riem, Wolfgang/Schmidt-Aßmann, Eberhard/Voßkuhle, Andreas* (Hrsg.), Grundlagen des Verwaltungsrechts, Bd. 3, 2. Aufl., München 2013, S. 459–540.

Kappel, Karl-Ernst, Kommunale Unternehmen im Wandel, BWGZ (2016), S. 1046–1052.

Kapteina, Benedikt, Öffentliche Unternehmen in Privatrechtsform und ihre demokratische Legitimation, Hamburg 2017.

Katz, Alfred, Kommunalunternehmen als GmbH (AG) - Ausgestaltung der GmbH/des Gesellschaftsvertrags im Konflikt mehrerer "Rechtsregime", BWGZ 2016, S. 370–381.

Katz, Alfred, Kommunale Wirtschaft, Stuttgart 2004.

Katz, Alfred, Erweiterte Handlungsspielräume für Kommunen, BWGZ (2016), S. 365–369.

Katz, Alfred, Demokratische Legitimationsbedürftigkeit der Kommunalunternehmen, NVwZ (2018), S. 1091–1097.

Katz, Alfred, Öffentlichkeit versus Nichtöffentlichkeit von Gemeinderatssitzungen, NVwZ (2020), S. 1076–1081.

Kaufmann, Michael, Die erweiterte Prüfung kommunaler Unternehmen gemäß § 53 Abs. 1 Haushaltsgrundsätzegesetz, Münster 1994.

Keilich, Jochen/Brummer, Paul, Reden ist Silber, Schweigen ist Gold - Geheimhaltungspflichten auch für die Arbeitnehmervertreter im Aufsichtsrat, BB (2012), S. 897–901.

Keiluweit, Anjela, Unterschiede zwischen obligatorischen und fakultativen Aufsichtsgremien - ein Vergleich zwischen Aktiengesellschaft und GmbH, BB (2011), S. 1795–1800.

Keller, Bernd/Paetzelt, Sebastian, Der Aufsichtsrat in öffentlichen Unternehmen im Spannungsverhältnis zwischen öffentlichem Recht und Gesellschaftsrecht, KommJur (2005), S. 451–454.

Kenntner, Markus, Öffentliches Recht Baden-Württemberg, 3. Aufl., Baden-Baden 2021.

Kerber, Markus C., Die (irrtümliche) Berufung auf das Demokratiegebot bei der Organisation öffentlicher Wirtschaft in Berlin, Recht und Politik (2006), S. 161–174.

Kersting, Christian in: *Zöllner, Wolfgang/Noack, Ulrich* (Hrsg.), Kölner Kommentar zum Aktiengesetz, Bd. 7, 3. Aufl., Köln 2016, §§ 394, 395.

Keßler, Jürgen, Die kommunale GmbH, GmbHR (2000), S. 71–78.

Kiethe, Kurt, Gesellschaftsrechtliche Spannungslagen bei Public Private Partnerships, NZG (2006), S. 45–49.

Kirchhof, Ferdinand, Kommunale Aufgabenerfüllung durch ausgegliederte Einheiten in: *Henneke, Hans-Günter* (Hrsg.), Kommunale Aufgabenerfüllung in Anstaltsform, Bd. 13, Stuttgart, München, Hannover, Berlin, Weimar, Dresden 2000, S. 31–46.

Kirchhof, Paul, § 99 Mittel staatlichen Handelns in: *Kirchhof, Paul/Isensee, Josef* (Hrsg.), Handbuch des Staatsrechts der Bundesrepublik Deutschland, Bd. 5, 3. Aufl., Heidelberg 2007, S. 3–133.

Kittner, Michael, Unternehmensverfassung und Information - Die Schweigepflicht von Aufsichtsratsmitgliedern, ZHR (1972), S. 208–251.

Klappstein, Walter, Kommunale Selbstverwaltung und Finanzkontrolle in: *Mutius, Albert von* (Hrsg.), Selbstverwaltung im Staat der Industriegesellschaft, Bd. 4, Heidelberg 1983, S. 479–501.

Klein, Matthias, Die Betätigung der öffentlichen Hand als Aktionärin, Tübingen 1992.

Kleine-Cosack, Michael, Berufsständische Autonomie und Grundgesetz, Baden-Baden 1986.

Klinkhammer, Heinz/Rancke, Friedbert, Verschwiegenheitspflicht der Aufsichtsratsmitglieder, Königstein im Taunus 1978.

Kloepfer, Michael, Verfassungsrecht Grundlagen, Staatsorganisationsrecht, Bezüge zum Völker- und Europarecht, München 2011.

Kluth, Winfried, Funktionale Selbstverwaltung verfassungsrechtlicher Status - verfassungsrechtlicher Schutz, Tübingen 1997.

Knauff, Matthias, § 6 Die wirtschaftliche Betätigung der öffentlichen Hand in: *Schmidt, Reiner/Wollenschläger, Ferdinand* (Hrsg.), Kompendium Öffentliches Wirtschaftsrecht, 5. Aufl., Berlin, Heidelberg 2019, S. 257–297.

Knauff, Matthias, Öffentliches Wirtschaftsrecht, 2. Aufl., Baden-Baden 2020.

Knemeyer, Franz-Ludwig, Die verfassungsrechtliche Gewährleistung des Selbstverwaltungsrechts der Gemeinden und Landkreise in: *Mutius, Albert von* (Hrsg.), Selbstverwaltung im Staat der Industriegesellschaft, Bd. 4, Heidelberg 1983, S. 209–226.

Knemeyer, Franz-Ludwig, Kommunale Steuerung und unternehmerische Freiheit - ein lösbarer Spagat, KommJur (2007), S. 241–244.

Knirsch, Hanspeter, Information und Geheimhaltung im Kommunalrecht, Köln 1987.

Koch, Jens, Wissenszurechnung aus dem Aufsichtsrat, ZIP (2015), S. 1757–1767.

Koch, Jens, Die hoheitlich beherrschte AG nach der Deutsche Bahn-Entscheidung des Bundesverfassungsgerichts, ZHR (2019), S. 7–46.

Koch, Jens in: *Hüffer, Uwe/Koch, Jens* (Hrsg.), Aktiengesetz, 16. Aufl., München 2022, §§ 53a, 93, 116, 394, 395.

Koch, Thorsten, Der rechtliche Status kommunaler Unternehmen in Privatrechtsform, Baden-Baden 1994.

Köller, Sandra, Funktionale Selbstverwaltung und ihre demokratische Legitimation, Berlin 2009.

Konzen, Horst, Geschäftsführung, Weisungsrecht und Verantwortlichkeit in der GmbH und GmbH & Co KG, NJW (1989), S. 2977–2987.

Koppensteiner, Hans-Georg, Zur Grundrechtsfähigkeit gemischtwirtschaftlicher Unternehmungen, NJW (1990), S. 3105–3114.

Köstler, Roland/Schmidt, Thomas, Interessenvertretung und Information, BB (1981), S. 87–91.

Köstler, Roland/Zachert, Ulrich/Müller, Matthias, Aufsichtsratspraxis, 8. Aufl., Frankfurt a.M. 2006.

Kraft, Ernst Thomas, Das Verwaltungsgesellschaftsrecht, Frankfurt a.M., Bern 1982.

Krämer, Achim/Winter, Thomas, Die eigenverantwortliche Mitgliedschaft im Aufsichtsrat der fakultativen, insbesondere der fakultativen kommunalen GmbH in: *Habersack, Mathias/Hommelhoff, Peter* (Hrsg.), Festschrift für Wulf Goette zum 65. Geburtstag, München 2011, S. 254–261.

Krebs, Karsten, Interessenkonflikte bei Aufsichtsratsmandaten in der Aktiengesellschaft, Köln, Berlin, Bonn, München 2002.

Krebs, Walter, Neue Bauformen des Organisationsrechts und ihre Einbeziehung in das Allgemeine Verwaltungsrecht in: *Schmidt-Aßmann, Eberhard/Hoffmann-Riem, Wolfgang* (Hrsg.), Verwaltungsorganisationsrecht als Steuerungsressource, 1. Aufl., Baden-Baden 1997, S. 339–354.

Krebs, Walter, § 108 Verwaltungsorganisation in: *Kirchhof, Paul/Isensee, Josef* (Hrsg.), Handbuch des Staatsrechts der Bundesrepublik Deutschland, Bd. 5, 3. Aufl., Heidelberg 2007, S. 457–520.

Kropff, Bruno, Aktiengesetz, Düsseldorf 1965.

Kropff, Bruno, Aktienrechtlicher Geheimnisschutz bei Beteiligung von Gebietskörperschaften in: *Fischer, Robert/Gessler, Ernst/Schilling, Wolfgang u. a.* (Hrsg.), Strukturen und Entwicklungen im Handels-, Gesellschafts- und Wirtschaftsrecht, Festschrift für Wolfgang Hefermehl zum 70. Geburtstag, München 1976, S. 325–345.

Kropff, Bruno, Aufsichtsratsmitglied "im Auftrag" in: *Baums, Theodor* (Hrsg.), Festschrift für Ulrich Huber zum siebzigsten Geburtstag, Tübingen 2006, S. 841–860.

Kühne, Rainer/Czarnecki, Ralph, Informationsansprüche gegenüber kommunalen Unternehmen, LKV (2005), S. 481–485.

Kunig, Philip, Das Rechtsstaatsprinzip, Tübingen 1986.

Lampert, Bastian, Einflussnahme auf Aufsichtsratsmitglieder durch die öffentliche Hand als Gesellschafterin, Hamburg 2012.

Land, Volker/Hallermayer, Jessica, Weitergabe von vertraulichen Informationen durch auf Veranlassung von Gebietskörperschaften gewählte Mitglieder des Aufsichtsrats gemäß §§ 394, 395 AktG, AG (2011), S. 114–121.

Lange, Christoph, Privatisierung der Rechtsform, Frankfurt am Main, Bern 1984.

Lange, Klaus, Kommunalrecht, 2. Aufl., Tübingen 2019.

Langrehr, Heinrich-Wilhelm, Die Auswirkungen der Privatisierung gemeindlicher Aufgaben auf die kommunale Selbstverwaltung in: *Frank, Götz/Langrehr, Heinrich-Wilhelm* (Hrsg.), Die Gemeinde, Tübingen 2007, S. 89–106.

Leisner, Walter Georg, Die "Ingerenzrechte" des Staates in der Wirtschaftskrise, GewArch (2009), S. 337–343.

Leisner-Egensperger, Anna, "Geschäfte der laufenden Verwaltung" im Kommunalrecht, VerwArch (2009), S. 161–191.

Lenz, Tobias in: *Heidinger, Andreas/Leible, Stefan/Schmidt, Jessica* (Hrsg.), Kommentar zum GmbHG, Bd. 2, 3. Aufl., München 2017, § 37.

Liebscher, Thomas, Ungeschriebene Hauptversammlungszuständigkeiten im Lichte von Holzmüller, Macrotron und Gelatine, ZGR (2005), S. 1–33.

Liebscher, Thomas in: *Fleischer, Holger/Goette, Wulf* (Hrsg.), Münchener Kommentar zum GmbHG, Bd. 2, 3. Aufl., München 2019, §§ 45, 46 GmbHG.

Lieder, Jan in: *Oetker, Hartmut* (Hrsg.), Kommentar zum Handelsgesetzbuch, 7. Aufl., München 2021, § 109.

Lieder, Jan/Becker, Marcus/Hoffmann, Thomas, Fakultative Aufsichtsgremien, GmbHR (2021), S. 621–636.

Linker, Anja Celina/Zinger, Georg, Rechte und Pflichten der Organe einer Aktiengesellschaft bei Weitergabe vertraulicher Unternehmensinformation, NZG (2002), S. 497–502.

Loeser, Roman, Das Berichtswesen der öffentlichen Verwaltung, Baden-Baden 1991.

Loschelder, Wolfgang, § 107 Weisungshierarchie und persönliche Verantwortung in der Exekutive in: *Kirchhof, Paul/Isensee, Josef* (Hrsg.), Handbuch des Staatsrechts der Bundesrepublik Deutschland, Bd. 5, 3. Aufl., Heidelberg 2007, S. 409–455.

Lutter, Marcus, Zum Verhältnis von Information und Vertraulichkeit im Aufsichtsrat, BB (1980), S. 291–294.

Lutter, Marcus, Information und Vertraulichkeit im Aufsichtsrat, 3. Aufl., Köln, Berlin, München 2006.

Lutter, Marcus in: *Lutter, Marcus/Hommelhoff, Peter* (Hrsg.), GmbH-Gesetz, 20. Aufl., Köln 2020, § 52.

Lutter, Marcus/Grunewald, Barbara, Öffentliches Haushaltsrecht und privates Gesellschaftsrecht, WM (1984), S. 385–398.

Lutter, Marcus/Krieger, Gerd/Verse, Dirk A., Rechte und Pflichten des Aufsichtsrats, 7. Aufl., Köln 2020.

Maiwald, Christian in: *Schmidt-Bleibtreu, Bruno/Hofmann, Hans/Henneke, Hans-Günther* (Hrsg.), Kommentar zum Grundgesetz, 15. Aufl., Köln 2022, Art. 87.

Mangoldt, Maximilian von, Der Beirat, Notwendiges Organ einer Zweipersonen-GmbH bei paritätischer Beteiligung von Gesellschafter-Geschäftsführern?, Baden-Baden 2011.

Mann, Maximilian, §§ 394 f. AktG im Geflecht von Individual- und Kollektivinteressen, AG (2018), S. 57–63.

Mann, Thomas, Die "Kommunalunternehmen" - Rechtsformalternative im kommunalen Wirtschaftsrecht, NVwZ (1996), S. 557–558.

Mann, Thomas, Die öffentlich-rechtliche Gesellschaft, Tübingen 2002.

Mann, Thomas, Die Aufhebung der Verschwiegenheitspflicht von Aufsichtsratsmitgliedern einer kommunalen GmbH in: *Ennuschat, Jörg/Geerlings, Jörg/Mann, Thomas u. a.* (Hrsg.), Wirtschaft und Gesellschaft im Staat der Gegenwart, Gedächtnisschrift für Peter J. Tettinger, Köln, München 2007, S. 295–315.

Mann, Thomas, Steuernde Einflüsse der Kommunen in ihren Gesellschaften, VBlBW (2010), S. 7–16.

Mann, Thomas, § 46 Kapitalgesellschaften in: *Mann, Thomas/Püttner, Günter* (Hrsg.), Handbuch der kommunalen Wissenschaft und Praxis, Bd. 2, 3. Aufl., Berlin, Heidelberg 2011.

Martens, Klaus-Peter, Die Entscheidungsautonomie des Vorstands und die "Basisdemokratie" in der Aktiengesellschaft, ZHR 1983 (147), S. 377–428.

Martens, Klaus-Peter, Privilegiertes Informationsverhalten von Aufsichtsratsmitgliedern einer Gebietskörperschaft nach § 394 AktG, AG (1984), S. 29–38.

Maurer, Hartmut/Waldhoff, Christian, Allgemeines Verwaltungsrecht, 20. Aufl. 2020.

Mayen, Thomas, Verwaltung durch unabhängige Einrichtungen, DÖV (2004), S. 45–55.

Mayer, Bernd R. Mayer/vom Albrecht Kolke, Michael in: *Hölters, Wolfgang/Weber, Markus* (Hrsg.), Kommentar zum Aktiengesetz, 4. Aufl., München 2022, § 53a.

Mehde, Veith, Neues Steuerungsmodell und Demokratieprinzip, Berlin 2000.

Mehde, Veith in: *Herzog, Roman/Klein, Hans H./Herdegen, Matthias u. a.* (Hrsg.), Grundgesetz Kommentar, München 2021, Art. 28 GG.

Meier, Norbert, Der gemeindliche Vertreter in Gesellschafter- und Hauptversammlungen kommunaler Beteiligungsgesellschaften gemäß § 113 Abs. 2 GO NRW, VR 2008, S. 158–159.

Meier, Norbert, Inkompatibilität und Interessenwiderstreit von Verwaltungsangehörigen in Aufsichtsräten, NZG (2003), S. 54–57.

Meier, Norbert, Zum Anspruch des Bürgermeisters auf Auskunft über Aufsichtsratssitzungen kommunaler Beteiligungngesellschaften im Spannungsverhältnis zu den Verschwiegenheitsvorgaben der §§ 394, 395 AktG, ZKF (2021), S. 125–129.

Meier, Norbert/*Wieseler, Johannes*, Ausgewählte Problembereiche bei kommunal beherrschten Unternehmen in privatrechtlicher Organisationsform, Der Gemeindehaushalt (1993), S. 174–178.

Meilicke, Wienand/Hollands, Martin, Schutz der GmbH vor nachträglichem Mißbrauch der nach § 51a GmbHG erlangten Informationen, GmbHR (2000), S. 964–966.

Meiski, Georg, Die Nichtöffentlichkeit der Aufsichtsratssitzung einer kommunalen GmbH und das Öffentlichkeitsprinzip der kommunalen Selbstverwaltung, NVwZ (2007), S. 1355–1358.

Mertens, Hans-Joachim, Zur Verschwiegenheitspflicht der Aufsichtsratsmitglieder, AG (1975), S. 235–237.

Mertens, Hans-Joachim/Cahn, Andreas in: Zöllner, Wolfgang/*Noack, Ulrich* (Hrsg.), Kölner Kommentar zum Aktiengesetz, 2/2, 3. Aufl., Köln 2013, § 116.

Merz, Sabine, Der öffentlich-rechtliche und konzernrechtliche Rahmen für kommunale Tochter-, Enkel-, und Urenkelgesellschaften, Dargestellt am Beispiel von Baden-Württemberg, Stuttgart u.a. 2014.

Meyer-Landrut, Joachim, Verschwiegenheitspflicht der Aufsichtsratsmitglieder, Besprechung der Entscheidung BGHZ 65, 325, ZGR (1976), S. 510–516.

Möller, Berenice, Die rechtliche Stellung und Funktion des Aufsichtsrats in öffentlichen Unternehmen der Kommunen, Berlin 1999.

Mülbert, Peter O./Sajnovits, Alexander, Verschwiegenheitspflichten von Aufsichtsratsmitgliedern als Schranken der Wissenszurechnung, NJW 2016, S. 2540–2542.

Müller, Klaus J./Wolff, Reinmar, Freiwilliger Aufsichtsrat nach § 52 BmgHG und andere freiwillige Organe, NZG (2003), S. 751–755.

Müller, Matthias in: Dietlein, Johannes/ Pautsch, Arne (Hrsg.), BeckOK Kommunalrecht Baden-Württemberg, München 2022, §§ 102a, 102b GemO.

Müller-Michaels, Olaf in: Hölters, Wolfgang/Weber, Markus (Hrsg.), Kommentar zum Aktiengesetz, 4. Aufl., München 2022, §§ 394, 395.

Musil, Andreas, Das Bundesverfassungsgericht und die demokratische Legitimation der funktionalen Selbstverwaltung, DÖV (2004), S. 116–120.

Mutter, Stefan/Pernfuß, Andreas, Kein Weisungsrecht von Kommunen gegenüber entsandten Aufsichtsräten, AG (2009), R441–R442.

Nagel, Bernhard, Die Verlagerung der Konflikte um die Unternehmensmitbestimmung auf das Informationsproblem, BB (1979), S. 1799–1804.

Nießen, Tobias, Der Aufsichtsrat in der GmbH, NJW-Spezial (2008), S. 367–368.

Noack, Ulrich in: *Baumbach, Adolf/Hueck, Alfred* (Hrsg.), GmbH-Gesetz, Beck'scher Kurz-Kommentar, 23. Aufl., München 2022, § 52.

Nolte, Martin, Kontrolle als zentrales Element unseres Verfassungsstaats in: *Nolte, Martin* (Hrsg.), Kontrolle im verfassten Rechtsstaat, Kiel 2002, S. 11–31.

Oebbecke, Janbernd, Weisungs- und unterrichtungsfreie Räume in der Verwaltung, Stuttgart (u.a.) 1986.

Oebbecke, Janbernd, § 9 Rechtliche Vorgaben für die Führung kommunaler Gesellschaften in: *Uechtritz, Michael* (Hrsg.), Handbuch Kommunale Unternehmen, 3. Aufl., Köln 2012, S. 243–268.

Oetker, Hartmut, Vorstand, Aufsichtsrat und ihr Zusammenwirken aus rechtlicher Sicht in: *Hommelhoff, Peter/Hopt, Klaus J.* (Hrsg.), Handbuch Corporate Governance, 2. Aufl., Stuttgart 2009, S. 277–301.

Oetker, Hartmut, Aktienrechtliche Verschwiegenheitspflicht der Aufsichtsratsmitglieder öffentlicher Unternehmen und freier Zugang zu Informationen in: *Martinek, Michael* (Hrsg.), Festschrift für Dieter Reuter zum 70. Geburtstag am 16. Oktober 2010, Berlin (u.a.) 2010, S. 1091–1105.

Oetker, Hartmut in: *Henssler, Martin/Strohn, Lutz* (Hrsg.), Gesellschaftsrecht, 5. Aufl., München 2021, § 37.

Ossenbühl, Fritz, Mitbestimmung in Eigengesellschaften der öffentlichen Hand, ZGR 1996, S. 504–518.

Ossenbühl, Fritz, Gedanken zur demokratischen Legitimation der Verwaltung in: *Horn, Hans-Detlef* (Hrsg.), Festschrift für Walter Schmitt Glaeser zum 70. Geburtstag, Berlin 2003, S. 101–118.

Otting, Olaf, Neues Steuerungsmodell und rechtliche Betätigungsspielräume der Kommunen, Köln 1997.

Pape, Christopher, Das kommunale Aufsichtsratsmandat, Berlin, Bern, Brüssel u.a. 2020.

Pauly, Walter/Schüler, Yvonne, Der Aufsichtsrat kommunaler GmbHs zwischen Gemeindewirtschafts- und Gesellschaftsrecht, DÖV (2012), S. 339–346.

Peine, Franz-Joseph, Grenzen der Privatisierung - verwaltungsrechtliche Aspekte, DÖV (1997), S. 353–365.

Pelz, Christian in: *Bürgers, Tobias/Körber, Torsten/Lieder, Jan* (Hrsg.), Heidelberger Kommentar zum Aktiengesetz, 5. Aufl., Heidelberg 2021, Vor §§ 394, 395 AktG; §§ 394, 395 AktG.

Pencereci, Turgut/Brandt, Claudia, Die Kommunale Anstalt, LKV (2008), S. 293–300.

Peres, Holger in: *Saenger, Ingo/Inhester, Michael* (Hrsg.), GmbHG, 4. Aufl., Baden-Baden 2020, § 52.

Pfeifer, Axel, Möglichkeiten und Grenzen der Steuerung kommunaler Aktiengesellschaften durch ihre Gebietskörperschaften, München 1991.

Pitschas, Rainer/Schoppa, Katrin, Rechtsformen kommunaler Unternehmenswirtschaft, DÖV (2009), S. 469–477.

Plate, Klaus/Schulze, Charlotte/Fleckenstein, Jürgen, Kommunalrecht Baden-Württemberg, Stuttgart 2018.

Preussner, Joachim, Corporate Governance in öffentlichen Unternehmen, NZG (2005), S. 575–578.

Priester, Hans-Joachim, Interessenkonflikte im Aufsichtsratsbericht - Offenlegung versus Vertraulichkeit, ZIP (2011), S. 2081–2085.

Puhl, Thomas, § 48 Entparlamentarisierung und Auslagerung staatlicher Entscheidungsverantwortung in: Isensee, Josef/*Kirchhof, Paul* (Hrsg.), Handbuch des Staatsrechts der Bundesrepublik Deutschland, Bd. 3, 3. Aufl., Heidelberg 2005, S. 639–682.

Püttner, Günter, Sorgfaltspflicht und Verantwortlichkeit von Mitgliedern der Überwachungsorgane in: Gesellschaft für öffentliche Wirtschaft und Gemeinwirtschaft (Hrsg.), Kontrolle öffentlicher Unternehmen, Bd. 1, Baden-Baden 1980, S. 137–158.

Püttner, Günter, Die öffentlichen Unternehmen, Ein Handbuch zu Verfassungs- und Rechtsfragen der öffentlichen Wirtschaft, 2. Aufl., Stuttgart, München, Hannover 1985.

Püttner, Günter, Die Vertretung der Gemeinden in wirtschaftlichen Unternehmen, DVBl (1986), S. 748–753.

Rachlitz, Richard in: *Grigoleit, Hans Christoph* (Hrsg.), Kommentar zum Aktiengesetz, 2. Aufl., München 2020, §§ 394, 395.

Raisch, Peter, Zum Begriff und zur Bedeutung des Unternehmensinteresses als Verhaltensmaxime von Vorstands- und Aufsichtsratsmitgliedern in: *Fischer, Robert/Gessler, Ernst/Schilling, Wolfgang u. a.* (Hrsg.), Strukturen und Entwicklungen im Handels-, Gesellschafts- und Wirtschaftsrecht, Festschrift für Wolfgang Hefermehl zum 70. Geburtstag, München 1976, S. 347–364.

Raiser, Thomas, Weisungen an Aufsichtsratsmitglieder?, ZGR (1978), S. 391–404.

Raiser, Thomas in: *Raiser, Thomas/Veil, Rüdiger/Jacobs, Matthias* (Hrsg.), Mitbestimmungsgesetz und Drittelbeteiligungsgesetz, 7. Aufl., Berlin, Boston 2020, § 25 MitbestG.

Raiser, Thomas/Veil, Rüdiger, Recht der Kapitalgesellschaften, 6. Aufl., München 2015.

Rautenberg, Thomas, Gemischte Gesellschaften und Gemeindewirtschaftsrecht, Teil 2, KommJur (2007), S. 41–45.

Reichard, Michael, Die Verschwiegenheitspflicht von Aufsichtsratsmitgliedern, GWR (2017), S. 72–74.

Reichert, Ulrich, Die besondere Stellung der Vertreter der öffentlichen Hand im Aufsichtsrat einer GmbH, München 1983.

Remmert, Barbara, Private Dienstleistungen in staatlichen Verwaltungsverfahren, Tübingen 2003.

Remmert, Barbara, Zur Bedeutung der kommunalen Selbstverwaltungsgarantie des Art. 28 Abs. 2 S. 1 GG im Land und für das Land Berlin, LKV (2004), S. 341–345.

Reuter, Dieter, Der Beirat der GmbH in: *Lutter, Marcus/Ulmer, Peter* (Hrsg.), Festschrift 100 Jahre GmbH-Gesetz, Köln 1992, S. 631–656.

Riebartsch, Dominik, Die Haftung des Aufsichtsrates einer Aktiengesellschaft bei Verletzung der Überwachungspflichten, Berlin, Bern, Brüssel u.a. 2021.

Rieble, Volker in: *Bork, Reinhard/Schäfer, Carsten* (Hrsg.), GmbHG, 5. Aufl., Köln 2022, § 52.

Riegel, Anton, Zur Verschwiegenheitspflicht von Aufsichtsratsmitgliedern in kommunalen Eigengesellschaften, Versorgungswirtschaft (2002), S. 53–56.

Ries, Alexandra/Gabers, Günter, Die Kommunale GmbH zwischen Privatautonomie und öffentlichem Zweck, KommJur (2004), S. 407–411.

Ries, Alexandra/Garbers, Günter, Die Kommunale GmbH zwischen Privatautonomie und öffentlichem Zweck, KommJur (2004), S. 407–411.

Ristelhuber, Johannes, Information und Verschwiegenheit kommunaler Aufsichtsräte, NWVBl (2016), S. 359–365.

Rittner, Fritz, Die Verschwiegenheitspflicht der Aufsichtsratsmitglieder nach BGHZ 64, 325 in: *Fischer, Robert/Gessler, Ernst/Schilling, Wolfgang u. a.* (Hrsg.), Strukturen und Entwicklungen im Handels-, Gesellschafts- und Wirtschaftsrecht, Festschrift für Wolfgang Hefermehl zum 70. Geburtstag, München 1976, S. 365–381.

Robbers, Gerhard in: *Kahl, Wolfgang/Waldhoff, Christian/Walter, Christian* (Hrsg.), Bonner Kommentar zum Grundgesetz, Bd. 7, 214. Aktualisierung 2021, Art 20.

Rödel, Frauke, Öffentlichkeit und Vertraulichkeit im Recht der kommunalen Eigengesellschaften, Wiesbaden 2017.

Rohleder, Michael, Die Übertragbarkeit von Kompetenzen auf GmbH-Beiräte, Köln 1991.

Römermann, Volker in: *Heidinger, Andreas/Leible, Stefan/Schmidt, Jessica* (Hrsg.), Kommentar zum GmbHG, Bd. 2, 3. Aufl., München 2017, § 51a GmbHG.

Ronellenfitsch, Michael, § 98 Wirtschaftliche Betätigung des Staates in: *Kirchhof, Paul/Isensee, Josef* (Hrsg.), Handbuch des Staatsrechts der Bundesrepublik Deutschland, Bd. 4, 3. Aufl., Heidelberg 2006, S. 1159–1199.

Ronellenfitsch, Michael, § 4 Der rechtliche Rahmen privatwirtschaftlicher Betätigung der Kommunen in: *Uechtritz, Michael/Reck, Hans-Joachim* (Hrsg.), Handbuch Kommunale Unternehmen, 3. Aufl., Köln 2012, S. 47–54.

Ruffert, Matthias, Grundlagen und Maßstäbe einer wirkungsvollen Aufsicht über die kommunale wirtschaftliche Betätigung, VerwArch (2001), S. 27–57.

Ruter, Rudolf X./Schuhknecht, Rainer, Das Weisungsrecht der Kommunen in Baden-Württemberg gegenüber ihren Eigengesellschaften in der Rechtsform der GmbH, BWGZ (1995), S. 323–325.

Ruthig, Josef/Storr, Stefan, Öffentliches Wirtschaftsrecht, 5. Aufl., Heidelberg 2020.

Saage, Gustav, Teil 6 Laufende Überwachung des Geschäftsganges in: Verlag Moderne Industrie (Hrsg.), Handbuch des Aufsichtsrats, 2. Aufl., München 1977, S. 409–504.

Sachs, Michael in: *Sachs, Michael* (Hrsg.), Grundgesetz Kommentar, 9. Aufl., München 2021, Art. 20.

Säcker, Franz Jürgen, Behördenvertreter im Aufsichtsrat in: *Eyrich, Heinz/Odersky, Walter/Säcker, Franz Jürgen* (Hrsg.), Festschrift für Kurt Rebmann, München 1989, S. 781–805.

Säcker, Franz-Jürgen, Vorkehrungen zum Schutz der gesetzlichen Verschwiegenheitspflicht und gesellschaftsrechtliche Treuepflicht der Aufsichtsratsmitglieder in: *Lutter, Marcus/Stimpel, Walter/Wiedemann, Herbert* (Hrsg.), Festschrift für Robert Fischer, Berlin, New York 1979, S. 633–656.

Säcker, Franz-Jürgen, Aktuelle Probleme der Verschwiegenheitspflicht der Aufsichtsratsmitglieder, NJW (1986), S. 803–811.

Saurer, Johannes, Die Funktion der Rechtsverordnung, Berlin 2005.

Saurer, Johannes, Großvorhaben als Herausforderung für den demokratischen Rechtsstaat, DVBl (2012), S. 1082–1089.

Schäfer, Hans, Zum Schutz Dritter bei der Rechnungsprüfung und der Berichterstattung der Rechnungshöfe in: *Leibholz, Gerhard* (Hrsg.), Menschenwürde und freiheitliche Rechtsordnung, Festschrift für Willi Geiger zum 65. Geburtstag, Tübingen 1974, S. 623–641.

Schall, Alexander in: *Spindler, Gerald/Stilz, Eberhard* (Hrsg.), Kommentar zum Aktiengesetz, Bd. 1, 4. Aufl., München 2019, §§ 394, 395.

Scharpf, Christian, Die wirtschaftliche Betätigung von Gemeinden zwischen Grundrechtsrelevanz und kommunalem Selbstverwaltungsrecht, GewArch (2005), S. 1–5.

Schenck, Kersten von in: *Schenck, Kersten von* (Hrsg.), Der Aufsichtsrat, München 2015, § 116.

Schenek, Kai-Markus in: *Dietlein, Johannes/Pautsch, Arne* (Hrsg.), BeckOK Kommunalrecht Baden-Württemberg, 8. Aufl., München 2020, § 120.

Schick, Werner Paul in: *Wachter, Thomas* (Hrsg.), Kommentar zum Aktienge-setz, 4. Aufl., Köln 2022, § 116.

Schilling, Wolf Ulrich, Die GmbH und der fakultative Aufsichtsrat, BB (1995), S. 109–110.

Schink, Alexander, Wirtschaftliche Betätigung kommunaler Unternehmen, NVwZ (2002), S. 129–140.

Schirrmacher, Carsten, Der Schutz der Gläubiger einer kommunalen Eigenge-sellschaft mbH, Tübingen 2019.

Schmidt, Burkhard in: *Ensthaler, Jürgen/Füller, Jens Thomas/Schmidt, Burkhard* (Hrsg.), Kommentar zum GmbH-Gesetz, 2. Aufl., Köln 2010, § 52.

Schmidt, Jörg, Die demokratische Legitimationsfunktion der parlamentari-schen Kontrolle, Berlin 2007.

Schmidt, Karsten, Gesellschaftsrecht, 4. Aufl., Köln u.a. 2002.

Schmidt, Reiner, Der Übergang öffentlicher Aufgabenerfüllung in private Rechtsformen, ZGR (1996), S. 345–363.

Schmidt-Aßmann, Eberhard, Verwaltungslegitimation als Rechtsbegriff, AöR (1991), S. 330–387.

Schmidt-Aßmann, Eberhard, Zur Reform des Allgemeinen Verwaltungsrechts in: *Hoffmann-Riem, Wolfgang/Schmidt-Aßmann, Eberhard* (Hrsg.), Reform des Allgemeinen Verwaltungsrechts, Bd. 1, 1. Aufl., Baden-Baden 1993, S. 11–63.

Schmidt-Aßmann, Eberhard, Verwaltungsorganisationsrecht als Steuerungsres-source in: *Schmidt-Aßmann, Eberhard/Hoffmann-Riem, Wolfgang* (Hrsg.), Verwaltungsorganisationsrecht als Steuerungsressource, 1. Aufl., Baden-Baden 1997.

Schmidt-Aßmann, Eberhard, § 26 Der Rechtsstaat in: *Isensee, Josef/Kirchhof, Paul* (Hrsg.), Handbuch des Staatsrechts der Bundesrepublik Deutschland, Verfassungsstaat, Bd. 2, 3. Aufl., Heidelberg 2004, S. 541–612.

Schmidt-Aßmann, Eberhard/Ulmer, Peter, Die Berichterstattung von Aufsichts-ratsmitgliedern einer Gebietskörperschaft nach § 394 AktG, BB (1988), S. 1–24.

Schmolke, Klaus Ulrich, Vertreter von Gebietskörperschaften im Aufsichtsrat zwischen Verschwiegenheits- und Berichtspflicht, WM (2018), S. 1913–1920.

Schnapp, Friedrich E., Die Grundrechtsbindung der Staatsgewalt, JuS (1989), S. 1–8.

Schneider, Jens-Peter, Das neue Steuerungsmodell als Innovationsimpuls für Verwaltungsorganisation und Verwaltungsrecht in: *Schmidt-Aßmann,*

Eberhard/Hoffmann-Riem, Wolfgang (Hrsg.), Verwaltungsorganisationsrecht als Steuerungsressource, 1. Aufl., Baden-Baden 1997, S. 103–138.

Schneider, Udo, D. I. Regie- und Eigenbetrieb in: *Wurzel, Gabriele/Schraml, Alexander/Gaß, Andreas* (Hrsg.), Rechtspraxis der kommunalen Unternehmen, 4. Aufl., München 2021, S. 152–185.

Schneider, Uwe H., Interessenkonflikte im Aufsichtsrat in: *Habersack, Mathias/Hommelhoff, Peter* (Hrsg.), Festschrift für Wulf Goette zum 65. Geburtstag, München 2011, S. 475–485.

Schneider, Uwe H./Seyfarth Georg in: *Scholz, Franz* (Hrsg.), GmbHG, Bd. 2, 13. Aufl., Köln 2022, § 52.

Schnöckel, Stefan, Die Öffentlichkeit von Verhandlungen in Repräsentativorganen, DÖV (2007), S. 676–683.

Schnorbus, York in: *Rowedder, Heinz/Schmidt-Leithoff, Christian* (Hrsg.), GmbHG, 6. Aufl., München 2017, § 52.

Schoch, Friedrich, Der Beitrag des kommunalen Wirtschaftsrechts zur Privatisierung öffentlicher Aufgaben, DÖV (1993), S. 377–383.

Schockenhoff, Martin, Geheimnisschutz bei Aktiengesellschaften mit Beteiligung der öffentlichen Hand, NZG (2018), S. 521–528.

Schockenhoff, Martin in: *Goette, Wulf/Habersack, Mathias/Kalss, Susanne* (Hrsg.), Münchener Kommentar zum Aktiengesetz, Bd. 6, 5. Aufl., München 2021, Vor §§ 394, 395, §§ 394, 395.

Schoepke, Peter, Zur Problematik der Gesellschaftsform für kommunale Unternehmen, VBlBW (1994), S. 81–87.

Schön, Wolfgang, Der Einfluss öffentlich-rechtlicher Zielsetzungen auf das Statut privatrechtlicher Eigengesellschaften der öffentlichen Hand: - Gesellschaftsrechtliche Analyse -, ZGR (1996), S. 429–457.

Schraffer, Heinrich, Der kommunale Eigenbetrieb, Baden-Baden 1993.

Schraml, Alexander, § 45 Kommunalunternehmen in: *Mann, Thomas/Püttner, Günter* (Hrsg.), Handbuch der kommunalen Wissenschaft und Praxis, Bd. 2, 3. Aufl., Berlin, Heidelberg 2011, S. 173–206.

Schubert, Claudia in: *Wißmann, Hellmut/Kleinsorge, Georg/Schubert, Claudia* (Hrsg.), Mitbestimmungsrecht, 5. Aufl., München 2017, § 25 MitbestG.

Schulze-Fielitz, Helmut, Die kommunale Selbstverwaltung zwischen Diversifizierung und Einheit in: *Henneke, Hans-Günter* (Hrsg.), Organisation kommunaler Aufgabenerfüllung, Stuttgart München (u.a.) 1998, S. 223–261.

Schulze-Fielitz, Helmut, Art. 20 (Rechtsstaat) in: *Dreier, Horst* (Hrsg.), Grundgesetz, Bd. 2, 3. Aufl., Tübingen 2015, Art. 20.

Schüppen, Matthias, § 23 Aufsichtsrat in: *Schüppen, Matthias/Schaub, Bernhard* (Hrsg.), Münchener Anwalts Handbuch Aktienrecht, 3. Aufl., München 2018.

Schuppert, Gunnar Folke, Probleme der Steuerung und Kontrolle öffentlicher Unternehmen in: *Thiemeyer, Theo* (Hrsg.), Instrumentalfunktion öffentlicher Unternehmen, 1. Aufl Baden-Baden 1990, S. 141–162.

Schuppert, Gunnar Folke, § 17 Verwaltungsorganisation und Verwaltungsorganisationsrecht in: *Hoffmann-Riem, Wolfgang/Schmidt-Aßmann, Eberhard/Voßkuhle, Andreas* (Hrsg.), Grundlagen des Verwaltungsrechts, Bd. 1, 3. Aufl., München 2022, S. 1235–1312.

Schürnbrand, Jan, Organschaft im Recht der privaten Verbände, Tübingen 2007.

Schürnbrand, Jan, Public Corporate Governance Kodex für öffentliche Unternehmen, ZIP (2010), S. 1105–1110.

Schürnbrand, Jan, Überwachung des insolvenzrechtlichen Zahlungsverbots durch den Aufsichtsrat, NZG (2010), S. 1207–1213.

Schürnbrand, Jan in: *Goette, Wulf/Habersack, Mathias* (Hrsg.), Münchener Kommentar zum Aktiengesetz, Bd. 6, 4. Aufl., München 2017, Vor §§ 394, 395, §§ 394, 395.

Schwarz, Kyrill-A. in: *Starck, Christian* (Hrsg.), Kommentar zum Grundgesetz, Bd. 2, 7. Aufl., München 2018, Art. 28.

Schwerdtner, Eberhard, Flucht in das Privatrecht - ein Spiel ohne Grenzen?, KommJur (2007), S. 169–171.

Schwill, Florian, Die Begrenzung des parlamentarischen Anfragerechts durch Betriebs- und Geschäftsgeheimnisse sowie Verschwiegenheitsregelungen, NVwZ (2019), S. 109–114.

Schwintowski, Hans-Peter, Verschwiegenheitspflicht für politisch legitimierte Mitglieder des Aufsichtsrats, NJW (1990), S. 1009–1015.

Schwintowski, Hans-Peter, Gesellschaftsrechtliche Bindungen für entsandte Aufsichtsratsmitglieder in öffentlichen Unternehmen, NJW (1995), S. 1316–1321.

Schwintowski, Hans-Peter, Die Zurechnung des Wissens eines Aufsichtsrats in einem oder mehreren Unternehmen, ZIP (2015), S. 617–623.

Seibt, Christoph H., Informationsfluss zwischen Vorstand und Aufsichtsrat bzw. innerhalb des Verwaltungsrats in: *Hommelhoff, Peter/Hopt, Klaus J.* (Hrsg.), Handbuch Corporate Governance, 2. Aufl., Stuttgart 2009, S. 391–422.

Seibt, Christoph H./Kulenkamp, Sabrina, Monitore und Garantoren im Übernahmeverfahren, AG (2021), S. 1–9.

Semler, Johannes, Leitung und Überwachung der Aktiengesellschaft, 2. Aufl., Köln, Berlin, Bonn, München 1996.

Simon, Stefan, Bestellung und Abberufung des Aufsichtsrats in GmbH und GmbH & Co. KG, GmbHR (1999), S. 257–266.

Sina, Peter, Zur Berichtspflicht des Vorstandes gegenüber dem Aufsichtsrat bei drohender Verletzung der Verschwiegenheitspflicht durch einzelne Aufsichtsratsmitglieder, NJW 1990, S. 1016–1021.

Sobota, Katharina, Das Prinzip Rechtsstaat, Verfassungs- und verwaltungsrechtliche Aspekte, Tübingen 1997.

Sommermann, Karl-Peter in: *Starck, Christian* (Hrsg.), Kommentar zum Grundgesetz, Bd. 2, 7. Aufl., München 2018, Art. 20.

Spannowsky, Willy, Die Verantwortung der öffentlichen Hand für die Erfüllung öffentlicher Aufgaben und die Reichweite ihrer Einwirkungspflicht auf Beteiligungsunternehmen, DVBl (1992), S. 1072–1079.

Spannowsky, Willy, Der Einfluss öffentlich-rechtlicher Zielsetzungen auf das Statut privatrechtlicher Eigengesellschaften in öffentlicher Hand, -Öffentlich-rechtliche Vorgaben, insbesondere zur Ingerenzpflicht-, ZGR (1996), S. 400–428.

Spieker, Wolfgang, Die Verschwiegenheitspflicht der Aufsichtsratsmitglieder, NJW (1965), S. 1937–1944.

Spindler, Gerald, Kommunale Mandatsträger in Aufsichtsräten - Verschwiegenheitspflicht und Weisungsgebundenheit, ZIP (2011), S. 689–697.

Spindler, Gerald in: *Fleischer, Holger/Goette, Wulf* (Hrsg.), Münchener Kommentar zum GmbHG, Bd. 2, 3. Aufl., München 2019, § 52.

Spindler, Gerald in: *Goette, Wulf/Habersack, Mathias* (Hrsg.), Münchener Kommentar zum Aktiengesetz, Bd. 2, 5. Aufl., München 2019, §§ 90, 93.

Spindler, Gerald in: *Spindler, Gerald/Stilz, Eberhard* (Hrsg.), Kommentar zum Aktiengesetz, Bd. 1, 4. Aufl., München 2019, §§ 108, 116.

Starck, Arnulf/Westphal, Frank, Aufsichtsrat und Berichte in kommunalen Eigengesellschaften - Berichtspflichten, Berichtsverlangen und Verschwiegenheitspflichten, Versorgungswirtschaft (2017), S. 230–234.

Stebut, Dietrich von, Geheimnisschutz und Verschwiegenheitspflicht im Aktienrecht, Köln, Berlin, Bonn, München 1972.

Stegmaier, Wolfgang, Geheimhaltung bei wissenschaftlichen oder statistischen Studien über Corporate-Governance-Strukturen, AG (2017), S. 336–345.

Stein, Ekkehart, Demokratie durch Gemeindeselbstverwaltung in: *Frank, Götz/Langrehr, Heinrich-Wilhelm* (Hrsg.), Die Gemeinde, Tübingen 2007, S. 3–15.

Stepanek, Bettina, Verfassungsunmittelbare Pflichtaufgaben der Gemeinden, Berlin 2013.

Stephan, Klaus-Dieter/Tieves, Johannes in: *Fleischer, Holger/Goette, Wulf* (Hrsg.), Münchener Kommentar zum GmbHG, Bd. 2, 3. Aufl., München 2019, § 37.

Stern, Klaus, Das Staatsrecht der Bundesrepublik Deutschland, 2. Aufl., München 1984.

Stern, Klaus, Das Staatsrecht der Bundesrepublik Deutschland, 2. Aufl., München 1988.

Stober, Rolf, Die privatrechtlich organisierte öffentliche Verwaltung, NJW (1984), S. 449–457.

Stober, Rolf, Handbuch des Wirtschaftsverwaltungs- und Umweltrechts, Stuttgart, Berlin, Köln 1989.

Stober, Rolf/Paschke, Marian, Deutsches und Internationales Wirtschaftsrecht, 3. Aufl., Stuttgart 2017.

Storr, Stefan, Verfassungsrechtliche Direktiven des demokratischen Prinzips für die Nutzung privatrechtlicher Organisations- und Kooperationsformen durch die öffentliche Verwaltung in: *Bauer, Hartmut/Huber, Peter M./Sommermann, Karl-Peter* (Hrsg.), Demokratie in Europa, Tübingen 2005, S. 411–430.

Suerbaum, Joachim, § 16 Kommunale und sonstige öffentliche Unternehmen in: *Ehlers, Dirk/Fehling, Michael/Pünder, Hermann* (Hrsg.), Besonderes Verwaltungsrecht, Bd. 1, 4. Aufl., München 2019, S. 490–545.

Sünner, Eckart, Einzelfragen der Aktienrechtsnovelle 2012, CCZ (2012), S. 107–114.

Tettinger, Peter J., § 11 Verfassungsgarantie der kommunalen Selbstverwaltung in: *Mann, Thomas/Püttner, Günter* (Hrsg.), Handbuch der Kommunalen Wissenschaft und Praxis, Grundlagen und Kommunalverfassung, Bd. 1, 3. Aufl., Berlin, Heidelberg 2007, S. 187–215.

Teuber, Christian, Parlamentarische Informationsrechte, Berlin 2007.

Theisen, Manuel René, Die Verschwiegenheitspflicht der Aufsichtsratsmitglieder der mitbestimmten GmbH nach den Vorschriften in Gesellschaftsvertrag und Aufsichtsratsgeschäftsordnung, GmbHR (1979), S. 134–138.

Theisen, Manuel René, Grundsätze ordnungsgemäßer Kontrolle und Beratung der Geschäftsführung durch den Aufsichtsrat, AG (1995), S. 193–203.

Thieme, Werner, § 9 Die Gliederung der deutschen Verwaltung in: *Mann, Thomas/Püttner, Günter* (Hrsg.), Handbuch der Kommunalen Wissenschaft und Praxis, Grundlagen und Kommunalverfassung, Bd. 1, 3. Aufl., Berlin, Heidelberg 2007, S. 147–168.

Thiessen, Jan, Zustimmungsvorbehalte des Aufsichtsrats zwischen Pflicht und Kür, AG (2013), S. 573–582.

Thode, Bernd, Parlamentskontrolle und Geheimnisschutz bei öffentlichen Unternehmen, AG (1997), S. 547–554.

Thormann, Warendorf, Generelle Nichtöffentlichkeit der Aufsichtsratssitzungen Öffentlicher Unternehmen - warum eigentlich?, - Worauf (auch) die Aktienrechtsnovelle 2016 eine Antwort schuldig bleibt -, DÖV (2016), S. 991–999.

Thümmel, Roderich C., Möglichkeiten und Grenzen der Kompetenzverlagerung auf Beiräte in der Personengesellschaft und in der GmbH, DB (1995), S. 2461–2465.

Thümmel, Roderich C., Aufsichtsräte in Unternehmen der öffentlichen Hand - professionell genug?, DB (1999), S. 1891–1893.

Tietje, Saskia, Die Neuordnung des Rechts wirtschaftlicher Betätigung und privatrechtlicher Beteiligung der Gemeinden, Frankfurt a.M. 2002.

Tomasic, Lovro in: *Grigoleit, Hans Christoph* (Hrsg.), Kommentar zum Aktiengesetz, 2. Aufl., München 2020, § 109.

Towfigh, Emanuel V., Niemand kann zwei Herren dienen, DVBl (2015), S. 1016–1023.

Trute, Hans-Heinrich, § 9 Die demokratische Legitimation der Verwaltung in: *Hoffmann-Riem, Wolfgang/Schmidt-Aßmann, Eberhard/Voßkuhle, Andreas* (Hrsg.), Grundlagen des Verwaltungsrechts, Bd. 1, 3. Aufl., München 2022, S. 551–654.

Trzeciak, Ralph, Rechtsformen und Grenzen kommunalen Handelns bei der Energieversorgung, Köln 1990.

Unger, Sebastian, Das Verfassungsprinzip der Demokratie, Tübingen 2008.

Unruh, Peter, Der Verfassungsbegriff des Grundgesetzes, Tübingen 2002.

van Kann, Jürgen/Keiluweit, Anjela, Verschwiegenheitspflichten kommunaler Aufsichtsratsmitglieder in privatrechtlich organisierten Gesellschaften, DB (2009), S. 2251–2256.

Veil, Rüdiger, Unternehmensverträge, Tübingen 2003.

Veil, Rüdiger, Weitergabe von Informationen durch den Aufsichtsrat an Aktionäre und Dritte, ZHR (2008), S. 239–273.

Veith, Günter, Zur Verschwiegenheitspflicht der Aufsichtsratsmitglieder, NJW (1966), S. 526–529.

Vetter, Eberhard, Corporate Governance in der GmbH - Aufgaben des Aufsichtsrats der GmbH, GmbHR (2011), S. 449–459.

Vetter, Eberhard, Zur Haftung im fakultativen Aufsichtsrat der GmbH, GmbHR (2012), S. 181–188.

Vogel, Hans-Josef, Die Verschwiegenheitspflicht der Vertreter kommunaler Gebietskörperschaften im Aufsichtsrat der GmbH, Städte- und Gemeinderat (1996), S. 252–255.

von Mutius/Albert, Sinn, Möglichkeiten und Grenzen einer Kontrolle der Erfüllung öffentlicher Aufgaben öffentlicher Unternehmen in: Gesellschaft für öffentliche Wirtschaft und Gemeinwirtschaft (Hrsg.), Kontrolle öffentlicher Unternehmen, Bd. 2, Baden-Baden 1982, S. 25–45.

Voormann, Volker, Der Beirat im Gesellschaftsrecht, 2. Aufl., Köln u.a. 1990.

Vorbrugg, Georg, Unabhängige Organe der Bundesverwaltung, München 1965.

Voßkuhle, Andreas, § 43 Sachverständige Beratung des Staates in: *Isensee, Josef/Kirchhof, Paul* (Hrsg.), Handbuch des Staatsrechts der Bundesrepublik Deutschland, Bd. 3, 3. Aufl., Heidelberg 2005, S. 425–475.

Voßkuhle, Andreas, § 1 Neue Verwaltungsrechtswissenschaft in: Hoffmann-Riem, Wolfgang/*Schmidt-Aßmann,* Eberhard/*Voßkuhle, Andreas* (Hrsg.), Grundlagen des Verwaltungsrechts, Bd. 1, 3. Aufl., München 2022, S. 3–70.

Wagner, Jürgen, Aufsichtsgremien im Gesellschaftsrecht, Stuttgart, München (u.a.) 1998.

Wahl, Rainer, Organisation kommunaler Aufgabenerfüllung im Spannungsfeld von Demokratie und Effizienz in: *Henneke, Hans-Günter* (Hrsg.), Organisation kommunaler Aufgabenerfüllung, Stuttgart München (u.a.) 1998, S. 15–41.

Waldmann, Knut, Das Kommunalunternehmen - Organisationsform für Baden-Württemberg, Stuttgart 2005.

Weber, Christoph, Privatautonomie und Außeneinfluss im Gesellschaftsrecht, Tübingen 2000.

Weber, Werner, D. IV. GmbH in: *Wurzel, Gabriele/Schraml, Alexander/Gaß, Andreas* (Hrsg.), Rechtspraxis der kommunalen Unternehmen, 4. Aufl., München 2021, S. 238–265.

Weber, Werner, D. V. Aktiengesellschaft in: *Wurzel, Gabriele/Schraml, Alexander/Gaß, Andreas* (Hrsg.), Rechtspraxis der kommunalen Unternehmen, 4. Aufl., München 2021, S. 265–293.

Weber-Rey, Daniela/Buckel, Jochen, Corporate Governance in Aufsichtsräten von öffentlichen Unternehmen und die Rolle von Public Corporate Governance Kodizes, ZHR (2013), S. 13–49.

Weckerling-Wilhelm, Dorothee/Mirtsching, Katharina, Weisungsrechte in kommunalen Gesellschaften mit beschränkter Haftung, NZG (2011), S. 327–331.

Weiblen, Willi, Die Novellierung des Gemeindewirtschaftsrechts zur besseren Steuerung und zu mehr Verantwortung für die Gemeinden, BWGZ (1999), S. 1005–1011.

Weiblen, Willi, Das neue kommunale Unternehmensrecht: Freibrief für neue Märkte oder Interessenausgleich?, BWGZ (2000), S. 177–184.

Weirauch, Boris, Beschlussfassung im Gemeinderat über Aufsichtsratsangelegenheiten kommunaler Tochtergesellschaften - Sind kommunale Entscheidungsträger im Doppelmandat befangen?, KommJur (2019), S. 281–286.

Werner, Rüdiger, Die Zurechnung von im Aufsichtsrat vorhandenem Wissen an die Gesellschaft und ihre Folgen, WM (2016), S. 1474–1479.

Werner, Rüdiger, Auskunftsansprüche der Öffentlichkeit gegenüber Aktiengesellschaften unter Beteiligung der öffentlichen Hand, NVwZ (2019), S. 449–455.

Werner, Rüdiger, Das Auskunftsrecht des Gemeinderats gegenüber dem Gemeindevertreter im Aufsichtsrat der kommunalen AG, NVwZ (2023), S. 1800.1803.

Wernsmann, Rainer in: *Gröpl, Christoph* (Hrsg.), Staatliches Haushaltsrecht Kommentar, 2. Aufl., München 2019, § 65 BHO.

Wessing, Kurt/Hölters, Wolfgang, Die Verschwiegenheitspflicht von Aufsichtsratsmitgliedern nach dem Inkrafttreten des Mitbestimmungsgesetzes, DB (1976), S. 1671–1674.

Westermann, Eike Christian/Maier, Stefan, Berichtspflichten der Geschäftsleitung kommunaler Unternehmen, KommJur (2011), S. 169–171.

Wilhelm, Jan, Öffentlichkeit und Haftung bei Aufsichtsräten in einer kommunalen GmbH, DB (2009), S. 944–948.

Wilhelm, Jan, Kapitalgesellschaftsrecht, 5. Aufl., Berlin 2020.

Wilhelmi, Sylvester, 4. B. Die Vorstandtätigkeit und ihre Überwachung in: Verlag Moderne Industrie (Hrsg.), Handbuch des Aufsichtsrats, 2. Aufl., München 1977, S. 243–299.

Will, Martin, Informationszugriff auf AG- Aufsichtsratsmitglieder durch Gemeinden, VerwArch (2003), S. 248–266.

Wilsing, Hans-Ulrich/Linden, Klaus von der, Selbstbefreiung des Aufsichtsrats vom Gebot der Gremienvertraulichkeit, ZHR (2014), S. 419–442.

Wilting, Wilhelm, Weitergabe von vertraulichen Informationen im Rahmen der §§ 394, 395 AktG, AG (2012), S. 529–541.

Wisskirchen, Gerlind/Kuhn, Anke/Hesser, Nadine in: *Ziemons, Hildegard/Jaeger, Carsten/Pöschke, Moritz* (Hrsg.), Beck'scher Online-Kommentar GmbHG, 49. Aufl., München 2021, § 37 GmbHG.

Wißmann, Hinnerk, § 14 Grundmodi der Aufgabenwahrnehmung in: *Hoffmann-Riem, Wolfgang/Schmidt-Aßmann, Eberhard/Voßkuhle, Andreas* (Hrsg.), Grundlagen des Verwaltungsrechts, Bd. 1, 3. Aufl., München 2022, S. 1025–1114.

Witte, Andreas, Zum Informationsrecht des Gesellschafters einer mitbestimmten GmbH, ZGR (1998), S. 151–166.

Wolff, Patrick, 8. Aufsichtsrat in: *Frodermann, Jürgen/Jannott, Dirk* (Hrsg.), Handbuch des Aktienrechts, 9. Aufl., Heidelberg u.a. 2017, Rn. 1–118.

Wollenschläger, Ferdinand, § 2 Verfassungsrechtliche Grundlagen des Öffentlichen Wirtschaftsrechts in: *Schmidt, Reiner/Wollenschläger, Ferdinand* (Hrsg.), Kompendium Öffentliches Wirtschaftsrecht, 5. Aufl., Berlin, Heidelberg 2019, S. 63–118.

Wollenschläger, Ferdinand, B. Europa- und verfassungsrechtliche Vorgaben in: *Wurzel, Gabriele/Schraml, Alexander/Gaß, Andreas* (Hrsg.), Rechtspraxis der kommunalen Unternehmen, 4. Aufl., München 2021, S. 15–63.

Wurzel, Gabriele/Gaß, Andreas, K. Entscheidungskriterien für die Wahl der Rechtsform in: *Wurzel, Gabriele/Schraml, Alexander/Gaß, Andreas* (Hrsg.), Rechtspraxis der kommunalen Unternehmen, 4. Aufl., München 2021, S. 891–914.

Zeichner, Wolfgang, Die Voraussetzungen für die Beteiligung des Bundes/ eines Landes an einem Unternehmen nach § 65 Abs. 1 BHO/LHO und ihre Prüfung durch den Rechnungshof, AG (1985), S. 61–70.

Zezschwitz, Friedrich von, rechtsstaatliche und prozessuale Probleme des Verwaltungsprivatrechts, NJW (1983), S. 1873–1882.

Ziche, Christian, Weisungsrechte gegenüber Aufsichtsratsmitgliedern in Satzungen kommunaler Eigengesellschaften in der Rechtsform der GmbH, DÖV (2014), S. 111–117.

Zieglmeier, Christian, Kommunale Aufsichtsratsmitglieder, LKV (2005), S. 338–340.

Ziekow, Jan, Öffentliches Wirtschaftsrecht, 5. Aufl., München 2020.

Zöllner, Wolfgang, Berichtspflicht beamteter Aufsichtsratsmitglieder aufgrund von § 55 BBG?, AG (1984), S. 147–149.